Die verschiedenen Modi der Existenz

Étienne Souriau (1892–1979) lehrte an den Universitäten von Aix-en-Provence und Lyon, bevor er Professor an der Sorbonne wurde, wo er einen Lehrstuhl für Ästhetik innehatte. Er war Herausgeber der *Revue d'esthétique* und wurde 1958 in die *Académie des sciences morales et politiques* gewählt. Mit *Die verschiedenen Modi der Existenz* liegt nun erstmals eine Monographie Souriaus in deutscher Sprache vor.

Die verschiedenen Modi der Existenz

Étienne Souriau

mit einer Einleitung von
Isabelle Stengers und Bruno Latour

übersetzt von
Thomas Wäckerle

Titel der französischen Originalausgabe:
Les différents modes d'existence
© Presses Universitaires de France, 2009

Bibliographische Information der Deutschen Nationalbibliothek
Die Deutsche Nationalbibliothek verzeichnet diese Veröffentlichung in
der Deutschen Nationalbibliographie; ; detaillierte bibliographische
Informationen sind im Internet unter http://dnb.d-nb.de abrufbar.

Veröffentlicht von meson press, Hybrid Publishing Lab,
Centre for Digital Cultures, Leuphana Universität Lüneburg
www.meson-press.com

Designkonzept: Torsten Köchlin, Silke Krieg
Umschlaggrafik: Ellen van Deelen, Flickr
Korrektorat: Ferdinand Auhser
Die Printausgabe dieses Buchs wird gedruckt von Lightning Source,
Milton Keynes, Vereinigtes Königreich.

ISBN (Print): 978-3-95796-015-3
ISBN (PDF): 978-3-95796-016-0
ISBN (EPUB): 978-3-95796-017-7
DOI: 10.14619/003

**Die digitalen Ausgaben dieses Buchs können unter
www.meson-press.com kostenlos heruntergeladen werden.**

Gefördert durch das EU-Großprojekt Innovations-Inkubator Lüneburg

Diese Publikation erscheint unter der Creative-Commons-Lizenz "CC-BY-
SA 4.0 International". Nähere Informationen zu dieser Lizenz finden sich
unter: http://creativecommons.org/licenses/by-sa/4.0/.

Inhalt

Die Sphinx des Werks 9
Isabelle Stengers und Bruno Latour

DIE VERSCHIEDENEN MODI DER EXISTENZ
Étienne Souriau

[I] **Fragestellung** 81
Ontischer Monismus und existenzieller Pluralismus. Ontischer Pluralismus und existenzieller Monismus. – Ihr Verhältnis, ihre Verbindungen. – Philosophische Folgen: Reichtum oder Armut des Seins; die erwünschten Ausschließungen. – Metaphysische, moralische, wissenschaftliche und praktische Aspekte des Problems. Methodenfragen.

[II] **Die intensiven Modi der Existenz** 91
Grobkörnige und Zartfühlende. – Alles oder Nichts. – Das Werden und das Mögliche als Existenzgrade. – Zwischen dem Sein und dem Nichtsein: Stufen, Entfernungen und Perspektiveneffekte. – Die reine Existenz und die vergleichende Existenz. – Die ontische Besetzung der Stufen. – Reine Existenz und Aseität. – Existenz und Wirklichkeit.

[III] **Die spezifischen Modi der Existenz** 113
Abteilung I: Das Phänomen; das Ding; Ontisches und Identität; Universalien und Singularien. – Das Psychische und das Körperliche – das Imaginäre und das Fürsorgebedürftige – das Mögliche, das Virtuelle – das Problem des Noumenalen.
Abteilung II: Das Problem der Transzendenz. – Existieren und seinen Prozess führen. – Existenz an sich und Existenz für sich. – Der Übergang.
Abteilung III: Semanteme und Morpheme. – Das Ereignis; die Zeit, die Ursache. – Die synaptische Ordnung und die Kopula. – Ist eine erschöpfende Liste der Modi der Existenz möglich?

[IV] **Von der Überexistenz   163**
Die Probleme der Vereinheitlichung [unification]; – die simultane Teilhabe an mehreren Gattungen der Existenz; – die substanzielle Vereinigung [union]. – Die Überexistenz in Werten; – qualifizierte oder axiologische Existenz; – Trennung der Existenz und der Wirklichkeit als Werte. – Der zweite Grad. – Das Über-Sein* von Eckhart und das Eine von Plotin; – die kantischen Antinomien; – die Konvergenz der Erfüllungen; – der dritte Grad. – Der Status des Überexistierenden; – seine Beziehung zur Existenz. – Schlussfolgerungen.

SUPPLEMENT

Über den Modus der Existenz des zu vollbringenden Werks   195
Étienne Souriau

Literatur   217

Anmerkungen des Übersetzers   223
Thomas Wäckerle

Die Sphinx des Werks

Isabelle Stengers* und Bruno Latour**

Hier liegt das vergessene Buch eines vergessenen Philosophen vor. Nicht aber eines missverstandenen Philosophen, der völlig unbekannt in seiner Dachkammer eine radikale Theorie geschaffen hätte, die, bevor sie einen späten Erfolg erfahren hätte, Gegenstand von allgemeinem Spott gewesen wäre. Im Gegenteil, Étienne Souriau (1892–1979) hat Karriere gemacht, hat Amt und Würden gekannt, ist in den Genuss aller Auszeichnungen gekommen, die die Republik ihren verdienten Kindern vorbehält. Und dennoch sind sein Name und sein Werk aus den Gedächtnissen verschwunden, in der Manier eines stillgelegten Ozeandampfers, der an Ort und Stelle gesunken ist. Man erinnert sich gerade noch daran, dass er in Frankreich für die Entwicklung jenes philosophischen Zweiges verantwortlich zeichnete, den man die Ästhetik nennt. Man kann es sich schlecht erklären, dass er so bekannt, so etabliert war und dann vollständig verschwunden ist.

Diesbezüglich müssen wir uns auf Hypothesen beschränken, so schwer wiegt die Stille, die sich seit den 1980er Jahren über ihn gelegt hat.[1] Es stimmt, dass sein Stil pathetisch, förmlich und oft technisch ist; dass er stolz von seiner Gelehrtheit Gebrauch macht; dass er die Leser schonungslos ausschließt, die sein enzyklopädisches Wissen nicht teilen. Es stimmt auch, dass Souriau alles verkörpert, was die wütenden jungen Leute, die der Welt „Nein" sagen wollen, nach dem Zweiten Weltkrieg zu verabscheuen lernen: angefangen von der Wurzel, die Roquentin zum Erbrechen bringt, über die Tugenden der Moral und der Vernunft bis zu den Sicherheiten des bürgerlichen Denkens. Kein Zweifel, er gehörte zu diesen einflussreichen intellektuellen Philosophen, die Paul Nizan hasste, zu diesen Lehrmeistern der Sorbonne, die schon Péguy anprangerte.

---

* Ich verdanke es Marcos Mateos Diaz, einem Tiefseetaucher, der mir während eines Aufenthalts in den Cevennen unerwartet *L'instauration philosophique* in die Hände gab, dass ich Souriau trotz dem Vergessen, das sein Werk in die Tiefe riss, entdeckt habe. Seither hat die von Souriau aufgeworfene Frage, sein Werk und sein Schicksal zwischen uns unaufhörlich Überlegungen und Gespräche angeregt – „Vertraulichkeiten ohne einen möglichen Gesprächspartner", schreibt Deleuze. Möge dieses Vorwort ihren Lauf nicht unterbrechen.

** Hingerissen von diesem Buch, auf das mich Isabelle Stengers brachte, habe ich es zunächst als den einzigen Versuch begriffen, der eben jener Untersuchung über die Modi der Existenz nahesteht, die ich seit ungefähr einem Vierteljahrhundert verfolge. Sehr schnell verfasste ich dann einen ersten Kommentar, der zu interessiert war, um treu zu sein (siehe den unveröffentlichten Artikel unter http://www.bruno-latour.fr/articles/article/98-SOURIAU.pdf). Als es darum ging, ein Vorwort für die Neuauflage dieses brennend aktuellen Buches zu verfassen, rief ich selbstverständlich Isabelle um Hilfe und behielt nur einige Absätze meines Kommentars.

1 Der Sammelband *in memoriam, L'art instaurateur* (Daniel Charles, Milan Damnjanovic, Mikel Dufrenne, Harold Osborne et al. 1980) ist kaum erhellender als die Doktorarbeit einer seiner Schülerinnen (Luce de Vitry-Maubrey 1974).

Im Gegensatz zu allen Denkern dieser Epoche, die heute immer noch weithin bekannt sind, beschreitet Souriau einen unverschämt patrimonialen Weg. Er profitiert reichlich von einem vielseitigen Erbe, das der Fortschritt in den Wissenschaften und in den Künsten eingebracht hat und innerhalb dessen er umherschweift, selbstgefällig nach Art seines ersten Lehrmeisters, Léon Brunschvicg. Dieser beschrieb den Vormarsch der Wissenschaften als eine Art Kuriositätenkabinett, aus dem der Philosoph in aller Ruhe und in einer stets reineren Form die Gesetze des Denkens herausarbeiten könnte. Étienne Souriau ist kein Denker ohne Vorprägung. Diese Selbstgefälligkeit genügt nicht, um das Vergessen zu erklären, das sein Werk gezeichnet hat, ein noch radikaleres Vergessen als dasjenige, das Brunschvicg oder André Lalande getroffen hat – und dem Gaston Bachelard nur entronnen ist, weil er die Vernunft unter das Zeichen des „Nein" gestellt hat. Es sieht ganz danach aus, als ob der hoch dekorierte Souriau als jemand wahrgenommen wurde, der gleichwohl „nicht einzuordnen" war, und das sogar für diejenigen seiner Zeitgenossen, die sich nicht am heftigen Bruch beteiligten; dass er einen Weg verfolgte, den sich niemand anzueignen wagte, um ihn zu kommentieren, ihn in einen Zusammenhang zu stellen, weiterzuführen oder zu plagiieren. Als ob er irgendwie „abschreckend" gewirkt und daher allmählich um sich herum eine Leere geschaffen hätte – wenn auch eine respektvolle.

Jedenfalls musste das Buch, das nun neu aufgelegt wird, die wenigen Philosophen, die dennoch glaubten, Souriau zu „kennen", mit völligem Unverständnis treffen. Als setzte er auf 170 dichten Seiten, die 1943 auf dem schlechten Papier der Rationierungsmaßnahmen des Krieges veröffentlicht wurden, die eigentliche Bedeutung dieser Tradition, in der er sich selbstsicher bewegte, noch einmal aufs Spiel, ohne sie doch zu verraten. Als ob sich diese Tradition plötzlich in einem solchen Maße veränderte, dass sie alle Gewissheiten ins Straucheln brachte. *Die verschiedenen Modi der Existenz* neu aufzulegen, indem man den Vortrag „Über den Modus der Existenz des zu vollbringenden Werks" anhängt, der dreizehn Jahre später bei der *Société française de philosophie* gehalten wurde und so für den Haupttext eine Art Epilog[2] darstellt, heißt, die Wette einzugehen, Souriau könne die ganze Kühnheit wiedererlangen, die er damals hatte.

Gilles Deleuze hatte sich in dieser Kühnheit nicht geirrt, wie auch diejenigen herausfinden werden, die ein wenig mit dem Autor von *Differenz und Wiederholung*[3] vertraut sind. Man muss jedoch auf eine Anmerkung in letzter Minute

---

2 Étienne Souriau, „Über den Modus der Existenz des zu vollbringenden Werks" (1956), als Supplement zum vorliegenden Band abgedruckter Text.
3 Ein beliebiges Beispiel ist eben jenes „Problem des zu vollbringenden Kunstwerks", das in *Differenz und Wiederholung* (Deleuze [1968] 1997, 249) Proust zugeschrieben wird, aber eine Entwicklung eröffnet, die Mallarmé und Souriau auf außergewöhnliche Weise miteinander vermählt. Siehe auch die Definition des Virutellen als zu erfüllende Aufgabe, S. 268.

in *Was ist Philosophie?* warten, um eine Affinität klar zu erkennen, die dennoch so offensichtlich ist wie der berühmte entwendete Brief von Edgar Allan Poe.[4] Es stimmt, dass sich Deleuze mit einem Eingeständnis seiner Schuld gegenüber Souriau nicht nur am Originellsten der Gegner Bergsons angelehnt hätte, sondern auch zu eben jener alten Sorbonne zurückgekehrt wäre, der er entschieden den Rücken zukehren wollte. Heute ist diese Sorbonne untergegangen und die Luft ist gesättigt von kleinen Streitereien, deren Kakophonie weder Souriau noch Deleuze vorhersehen konnten. Trotz des überholten Stils des Buches von 1943 rührt das Aufsehen nunmehr vor allem von einer Begegnung mit einem Philosophen, der hochmütig und furchtlos Philosophie „macht", der das Problem entwirft, indem er dem antwortet, was er eine „Befragungssituation" nennt, eine Situation, die ihn mahnt, zu antworten, die einen regelrechten Nahkampf des Denkens eröffnet und jeden Zensureffekt in Bezug auf das zurückweist, von dem „wir genau wissen", dass man darüber nicht mehr sprechen sollte – zum Beispiel Gott, die Seele oder selbst das Kunstwerk. Ohne je in Mode gewesen zu sein, ist Souriau tatsächlich ein „aus der Mode gekommener" Philosoph. Und dennoch, heute hat sein Text die Kraft einer eindringlichen Frage erlangt: Was habt ihr aus der Philosophie gemacht?

Diese Frage muss wieder hörbar gemacht werden. Denn *Die verschiedenen Modi der Existenz* ist ein schwieriges, konzentriertes und beinahe gehetztes Buch, in dem man sich schnell verlieren kann, so dicht gedrängt sind die Ereignisse des Denkens, so schwindelerregend die Perspektiven, die unaufhörlich Gefahr laufen, den Leser in die Flucht zu schlagen. Wir legen diesen langen Kommentar vor, weil auch wir uns in dem Buch sehr oft verloren haben … Wir glaubten, dass es uns vielleicht gelingen würde (indem wir uns zu zweit zusammengetan haben!), dass der Leser dieses Buch nicht für einen Meteorstein hält, der in die Wüste geprallt ist. Um es zu etwas anderem zu machen als zu einer seltsamen kleinen Abhandlung von beunruhigender Komplexität, muss man es als Erstes flächig ausbreiten, indem man die Bahn, in die es sich einordnet, in Erinnerung ruft. Und gerade bei Souriau ist alles eine Frage der Bahn oder eher der *Überfahrt*.

„Rate oder du wirst verschlungen werden"

Die großen Philosophien sind nur schwierig aufgrund der extremen Einfachheit der Erfahrung, die sie zu erfassen suchen, und für die sie im Sensus communis lediglich stehende Begriffe vorfinden. Das trifft auf Souriau zu. Sein bevorzugtes Beispiel, auf das er jedes Mal zurückkommt, ist das Kunstwerk, das Werk, das gerade dabei ist, gemacht zu werden, oder dem von Deleuze

---

4   Es handelt sich um die Anmerkung 6, S. 49 von *Was ist Philosophie?* (Deleuze und Guattari [1991] 1996).

aufgegriffenen Titel seines Vortrags entsprechend: das *zu vollbringende* Werk. Das ist der Schmelztigel, in dem er im Laufe seiner Arbeit immer wieder von neuem seine Philosophie durchspielt, das ist der Stein der Weisen seines großen Werks. Im Buch von 1943 trifft man auf diese *experientia crucis* ebenso wie im Vortrag von 1956 in einer besonders reinen Form. Sie wird zunächst unter plakativer Banalität dargestellt, an der Grenze zum Klischee:

> Ein Tonhaufen auf dem Bock des Bildhauers. Eine unbestreitbare, vollkommene und erfüllte dingliche Existenz. Aber keine Existenz des ästhetischen Wesens, das sich erst entfalten muss.

> Jeder Druck der Hände, der Daumen, jede Aktion des Modellierstabs vollendet das Werk. Schaut nicht auf den Modellierstab, schaut auf die Statue. Mit jeder Aktion des Demiurgen nimmt die Statue allmählich Gestalt an. Sie geht auf die Existenz zu – auf die Existenz, die sich schließlich in einer erfüllten und starken, aktualen Anwesenheit zeigen wird. Nur in dem Maße, wie die Tonmasse dazu steht, dieses Werk zu sein, ist sie Statue. In ihrem fernen Verhältnis zum letztendlichen Gegenstand, das ihr ihre Seele gibt, entwickelt sich die zunächst schwach existierende Statue allmählich, sie formt sich und existiert nach und nach. Zuerst erahnt sie der Bildhauer nur, allmählich erfüllt er sie durch jede dieser Bestimmungen, die er dem Ton gibt. Wann wird sie fertiggestellt sein? Wenn die Konvergenz vollständig sein wird, wenn die physische Wirklichkeit dieses materiellen Dings und die geistige Wirklichkeit dieses zu vollbringenden Werks übereinstimmen und völlig deckungsgleich sein werden; sodass sie sich sowohl in der physischen als auch in der geistigen Existenz zugleich mit sich selbst im Innersten eins fühlen wird, wobei das eine der durchscheinende Spiegel des anderen ist. (§ 33)

Man möchte sagen, dass Souriau regelrecht nach einem Grund sucht, um geschlagen zu werden: der Bildhauer vor seinem Tonhaufen, das ist der *topos* des freien Schaffens schlechthin, das einer formlosen Materie seine Form aufzwingt. Was kann wohl der Nutzen eines so klassischen Beispiels sein? Vor allem wenn es möglich ist, mit ihm zur alten platonischen Idee einer „geistigen Wirklichkeit" zurückzukehren, nach deren Modell sich das Werk richtet. Warum flirtet Souriau derart mit der Möglichkeit eines monumentalen Missverständnisses? Weil für ihn eben die Konstruktion des Problems zählt und nicht die Sicherheiten, nach denen der Zeitgeist verlangt, die Gewissheit, dass man eindeutig in der Ablehnung des platonischen Modells übereinstimmt. In diesem Beispiel sucht er gerade danach, das Denken eine scheinbar einfache Entwicklung skizzieren zu lassen, um sich dann zu bemühen, nacheinander all die Modelle zurückzuweisen, die im Verlauf der Geschichte der Philosophie dafür verwendet wurden, sie wiederzugeben. Gerade die Banalität des Klischees bringt die Originalität der Verarbeitung zur Geltung. Er unterzieht seinen Leser einer Prüfung, die besonders schwer auszuhalten ist (wir können das bezeugen): der Überfahrt, die vom Entwurf bis zum Werk führt, bis zum Ende zu folgen, ohne irgendeines der bekannten Modelle der Verwirklichung, der Konstruktion, des Schaffens, der Emergenz oder der Planung anzuwenden.

Damit der Leser eine Chance hat, die Prüfung zu bestehen, wäre es nicht schlecht, wenn er als Erstes den hier abgedruckten Vortrag von 1956 liest. Denn mit ihm versucht Souriau, die alten Männer der *Société de philosophie* für sein Denken zu interessieren (Gaston Berger, Gabriel Marcel, Jacques Maritain, die heute alle ein wenig in Vergessenheit geraten sind), die sich von ihrer Disziplin eine ganz andere Vorstellung als diejenige machen, die damals die Avantgarden der Kunst, des Denkens oder der Politik beschäftigt. Souriau beginnt mit einer extremen Verallgemeinerung des Entwurf-Begriffs:

> Um mein Problem deutlich darzustellen, werde ich von einer alles in allem banalen Bemerkung ausgehen, die Sie mir bestimmt ohne Schwierigkeit zugestehen werden. Diese Bemerkung, die außerdem eine bedeutende Tatsache ist, ist die existenzielle Unfertigkeit von jedem Ding. Nichts, nicht einmal wir selbst, ist uns auf eine andere Art und Weise gegeben als in einer Art Dämmerlicht, in einem Halbdunkel, in dem sich Unfertiges abzeichnet, in dem nichts die Fülle der Anwesenheit oder evidente Offenkundigkeit oder totale Erfüllung oder volle Existenz besitzt. (S. 195f.)

Die Überfahrt, die vom Entwurf zum Werk führt, ist, wie man sieht, nicht auf den Tonhaufen und auf den Bildhauer oder auf den Töpfer beschränkt. *Alles* ist Entwurf; *alles* verlangt nach Erfüllung: die einfache Wahrnehmung, aber auch das Innenleben und die Gesellschaft. Die Welt der Entwürfe wartet, bis wir sie wieder aufgreifen; das aber, ohne uns irgendetwas zu versprechen oder uns irgendetwas aufzuzwingen. Und da ist der Tonhaufen wieder:

> Der bereits erstarrte Tonblock, den der Modellierstab schon geformt hat, ist da, auf dem Bock, und doch ist er nur ein Entwurf. Natürlich ist dieser Block, von Beginn an bis zur Vollendung, genauso anwesend, genauso vollständig und genauso gegeben, wie es diese physische Existenz nur erfordern kann. Der Bildhauer führt ihn dennoch schrittweise zu diesem letzten Streich mit dem Modellierstab hin, der die vollständige Entäußerung des Werks als solches ermöglichen wird. Und während dieses langsamen Fortschreitens schätzt er unaufhörlich im Gedanken, natürlich auf eine völlig globale und approximative Art und Weise, die Entfernung ab, die diesen Entwurf noch von dem fertiggestellten Werk trennt. Eine Entfernung, die sich unaufhörlich verringert: Dieses Fortschreiten des Werks ist die progressive Annäherung der beiden existenziellen Aspekte des Werks, als zu vollbringendes oder als vollbrachtes. Genau in dem Augenblick, wo der letzte Streich des Modellierstabs erfolgt, wird jede Entfernung aufgehoben. Der modellierte Ton ist wie das treue Spiegelbild des zu vollbringenden Werks und das zu vollbringende Werk ist nunmehr

wie verkörpert im Tonblock. Sie ergeben nur noch ein und dasselbe Wesen. (S. 210f.)

Die Fehlinterpretation läge hier darin, zu glauben, dass Souriau den Übergang einer Form auf eine Materie beschreibt, wobei das Ideal der Form schrittweise auf die Wirklichkeit übergehen würde, wie eine Potenzialität, die über die Vermittlung des mehr oder weniger inspirierten Künstlers ganz einfach wirklich würde. Die Überfahrt, über die er mit uns spricht, ist zudem das exakte Gegenteil einer *Unternehmung*. Wenn es um eine Unternehmung ginge, wäre die Vollendung nur die abschließende Deckungsgleichheit zwischen einem Plan und einer am Ende konformen Wirklichkeit. Die Vollendung ist nun aber nicht die Unterwerfung des Tons unter ein Bild dessen, was im Gegenzug als ideales Modell oder vorgestelltes Mögliches verstanden werden könnte. Es ist gerade die Vollendung selbst, die schließlich eine Statue schafft, nach dem Bild von ... nach dem Bild wovon eigentlich? Nach dem Bild von nichts: Das Bild und sein Modell kommen gemeinsam in der Existenz an. Man muss das Bild des Spiegels völlig abwandeln, da es ja die Vollendung der Kopie ist, die bewirkt, dass sich das Original in ihr spiegelt. Es besteht keine Ähnlichkeit, sondern Deckungsgleichheit, Aufhebung der Entfernung zwischen dem zu vollbringenden Werk und dem vollbrachten Werk. Die ganze Frage besteht darin, zu lernen, vom Entwurf zur Vollendung überzugehen, indem man auf alle Reflexe der Philosophie des Mimetischen verzichtet. Nichts ist im Voraus gegeben. Alles entscheidet sich unterwegs.

Der Leser beginnt zu verstehen, dass es trotz des so veralteten Stils keineswegs um eine Rückkehr zum Ideal des Schönen geht, dessen Ausdruck das Werk und dessen Medium der Künstler wäre. Es erübrigt sich, auf den Planer, den Schöpfer, den Verwirklicher und sogar auf den Künstler zu zählen. Kein Autor übernimmt das Steuer. Während dieser ganzen Überfahrt gibt es keinen Steuermann. Zählen Sie nicht auf etwas Menschliches, das sich auf den Wegen der Freiheit bewegte. Mitten im Existenzialismus kehrt Souriau die Urteile Sartres um: nämlich jene einer Welt aus Kontingenzen, in welcher allein die Freiheit des Menschen erstrahlte, auf dem die schwere Last liegt, sich selbst zu vollbringen. Bei Souriau ist sehr wohl alles kontingent oder eher entworfen, aber auf dem Menschen lastet das Gewicht des zu vollbringenden Werks – und das Werk gibt ihm kein Original vor, das zu kopieren wäre. Bei ihm begibt sich alles so, als ob die Wurzel von Roquentin von diesem verlangte, sich an die Arbeit, sich auf den Weg zu machen, um ihre Skizze zu vervollständigen. Man erkennt, dass die Prüfung, die mit dem banalen Klischee von Ton und Bildhauer anfing, schon schwieriger wird. Es ist kein heimliches Einverständnis mit dem Begriff des Schaffens oder schlimmer: mit dem der Kreativität zu befürchten.

Man könnte einwenden, dass Souriau lediglich eines der banalsten Probleme wiedererkannt hat und dass man sich, wie man nur zu gut weiß, wenn die

Verwirklichung einer Unternehmung auf die Abstimmungen mit dem Wirklichen, auf die Widerstände des Materials trifft, immer recht und schlecht zwischen diesen beiden bewegt, während man wartet, bis sich das Original mit der Kopie deckt. Nun, Souriau benennt mitnichten diesen unbeirrbaren Weg. Er zeigt mit dem Finger auf etwas Schwindelerregendes, vor dem sich die Planer, die Verwirklicher, die Schöpfer, die Konstrukteure in Acht nehmen, es vorzubringen: Alles kann jederzeit misslingen, das Werk wie auch der Künstler. Souriau wandelt diese scheinbar so einfache Überfahrt, die von der Idee zu ihrer Verwirklichung führt, in einen echten Kampfparcours um, und zwar aus diesem vortrefflichen Grund, weil das Werk ebenso wie der Künstler – und die Welt selbst – jederzeit in Gefahr ist. Ja, bei Souriau kann die Welt misslingen … Ohne Tätigkeit, ohne Unruhe, ohne Fehler kein Werk, kein Sein. Das Werk ist kein Plan, kein Ideal, keine Unternehmung: Es ist ein Monstrum, das das Agens infrage stellt. Genau das dramatisiert er 1956 mit der Anrufung einer Begriffsperson, die er *die Sphinx des Werks* nennt und der er diese vernichtende Maxime zuschreibt: „Rate oder du wirst verschlungen werden."

> Ich lege Gewicht auf den Gedanken, dass das Werk, so sehr es in Arbeit ist, auch in Gefahr ist. In jedem Augenblick, bei jedem Akt des Künstlers, oder eher *durch* jeden Akt des Künstlers kann es leben oder sterben. Die gewandte Choreographie des Improvisators, der im gleichen Augenblick die Probleme erkennt und löst, vor die ihn dieses hastige Fortschreiten des Werks stellt, die Angst des Freskanten, der weiß, dass kein Fehler zu reparieren sein wird und dass alles in der Zeit gemacht werden muss, die ihm bleibt, bevor der Putz getrocknet ist, oder die Arbeiten des Komponisten oder des Literaten auf ihren Tischen, die das Recht haben, in aller Ruhe nachzudenken, zu überarbeiten und auszubessern; ohne ein anderes Drängen oder Antreiben als das der Abnutzung ihrer Zeit, ihrer Kräfte und ihres Könnens; nichtsdestoweniger haben die einen wie auch die anderen unaufhörlich, in einem langsamen oder schnellen Fortschreiten, auf die stets von neuem gestellten Fragen der Sphinx zu antworten – rate oder du wirst verschlungen werden. Doch es ist das Werk, das sich entfaltet oder auflöst, das fortschreitet oder verschlungen wird. (S. 204)

Wie man sieht, wird die Prüfung für den Künstler ebenso wie für den Leser um einiges gefährlicher. An die Stelle des geraden Weges, den die Unternehmung vorlegt, tritt das schwindelerregende Zaudern, das gänzlich von dem gekennzeichnet ist, was Souriau die grundlegende „Irrbarkeit" der Überfahrt nennt.

Man möchte sagen, dass diese Irrbarkeit nur für den Künstler gilt, der ja immer ein wenig durchgeknallt ist; wenn Sie aber einen Ingenieur, einen Gelehrten, einen Unternehmer, einen Architekten fragen, dann wüssten diese bestimmt zu planen, vorherzusehen, zu schaffen und zu konstruieren, indem sie nach und nach die unvorhergesehenen Widerstände des Materials unter Kontrolle bringen. Souriau denkt das nicht. Er spricht deshalb vom Werk und vom Künstler, weil er das topischste, vielsagendste Beispiel benötigt: dasjenige, das überall anderswo Metaphern, Kontraste oder Gegensätzlichkeiten liefert. Aber in der Tat geht es für ihn darum, „überall anderswohin" überzufahren, denn das „zu Vollbringende" antwortet überall auf die bedeutende Tatsache der existenziellen Unfertigkeit.

Man erkennt die Ironie der Bezeichnung des Ästhetikers, die ihm diejenigen zuschreiben, für die der Name Souriau nicht völlig unbekannt ist. Es stimmt zwar tatsächlich, dass er (mit seiner Tochter) der Hauptautor des *Vocabulaire d'esthétique* ist und dass er diesen Zweig der Philosophie lange Zeit gelehrt hat.[5] Trotzdem, und das ist für den Gründer der Ästhetik doch sehr erstaunlich, ignoriert er die zeitgenössische Kunst mit derselben einmaligen Gleichgültigkeit wie den Existenzialismus! Marcel Duchamp gibt ihm genauso wenig zu denken wie Jean-Paul Sartre. Mit der Ruhe eines Mandarins spricht er genau in dem Moment vom zu vollbringenden Werk, als alle Künstler mit dem Schlachtruf „Nieder mit dem Kunstwerk!" für die äußerste Freiheit des Künstlers kämpfen. Dieser völlig unzeitgemäße Denker der Sorbonne, der ein Werk verfolgt, das in keiner Beziehung zu den Leidenschaften des zeitgenössischen Künstlers steht, welcher sich mit den Wandlungen des Ikonoklasmus auseinandersetzt, stellt den exemplarischen Fall eines Idioten im Sinne von Deleuze dar, nämlich jemanden, für den „es etwas Wichtigeres gibt", das ihn davon abhält, dem beizupflichten, was die anderen mobilisiert. Souriau sucht im äußerst überspitzten Beispiel des altmodischen Künstlers vor seinem altmodischen Tonhaufen das Geheimnis einer Überfahrt, auf der das Rätsel der Sphinx, die zu verschlingen in der Lage ist, nie zurückgestellt werden darf.

Hüten wir uns im Übrigen davor, darin ein Lob auf die Freiheit des Künstlers zu erkennen. Es gibt darin keine Freiheit, der Künstler muss sich für das Werk aufopfern, aber dieses Werk kündigt ihm nichts an und hält nichts für ihn bereit. Es beunruhigt ihn, es lässt ihm keine Ruhe, es weckt ihn nachts, es ist ganz und gar Forderung. Aber es ist stumm. Nicht so stumm wie die Wurzel von Roquentin, deren Passivität gerade der Freiheit des Menschen Hohn spricht. Stumm wie die Sphinx des Werks. Und plötzlich erbricht Roquentin nicht mehr, sondern beginnt davor zu zittern, dieser stummen Wurzel als einem Entwurf, der verlangt, vollendet zu werden, nicht gewachsen zu sein.

Der Leser versteht bereits, dass er mit wenigstens zwei Rätseln konfrontiert ist: demjenigen, das die Sphinx aufgibt, und demjenigen, das Souriau aufgibt, um die Überfahrt des Werks zu verstehen, ohne sie sofort in eine Unternehmung umzuformen. Um diese Bahn zu benennen und zu erwirken, dass man sie mit keiner anderen Idee verwechselt – Schaffen, Emergenz, Fabrikation, Planung, Konstruktion –, schlägt er sehr früh das schöne Wort der *Errichtung*

---

5   Souriau und Souriau 1999. Das ist das einzige noch verfügbare Werk von Souriau.

vor, dann das noch rätselhaftere des *Fortschreitens* oder der *anaphorischen Erfahrung*.[6]

> Um zu wissen, was ein Sein ist, kann man allgemein sagen, dass man es errichten, sogar konstruieren muss, sei es auf direktem Wege (glücklich in dieser Hinsicht, wer *Dinge macht*!), sei es auf indirektem und durch Repräsentation; dass man es also bis zu dem Augenblick errichten muss, wo es sich, auf den höchsten Punkt seiner wirklichen Anwesenheit emporgehoben und zur Gänze für das bestimmt, was es dann wird, in seiner vollständigen Erfüllung, in seiner eigentlichen Wahrheit manifestiert. (Souriau 1938, 25)

Von „Errichtung" zu sprechen heißt, den Geist darauf einzustellen, die Frage des Werks genau im umgekehrten Sinn zum Konstruktivismus aufzugreifen; umgekehrt, da er tief von einer Auseinandersetzung um Verantwortung geprägt ist. Errichten und konstruieren sind vielleicht verwandte Ausdrücke, aber die Errichtung hat den bemerkenswerten Vorteil, nicht mit all dem metaphorischen Gepäck des Konstruktivismus belastet zu sein – ein Gepäck, das man „nihilistisch" nennen kann, denn es geht immer darum, das zu leugnen, was die Attribuierung einer exklusiven Verantwortung an einen Ausdruck verhindert, um welchen Ausdruck es sich auch immer handelt. Die Berufung auf das Motiv der „Konstruktion" ruft deshalb stets einen kritischen Ton hervor, weil es vorzugsweise nicht für diejenigen gebraucht wird, die sich als Schöpfer herausstellen, da sie diese exklusive Verantwortung übernehmen, sondern gegen diejenigen, die die Verantwortung über das, was sie machen, gerne irgendetwas anderem als sich selbst zuweisen würden. Aber alles beginnt vielleicht mit dem Modell des Töpfers – oder mit dem Töpfergott –, der einem Ton, welcher für indifferent – beim Gott, der *ex nihilo* schöpft, sogar für inexistent – gehalten werden muss, einen einseitigen Willen aufzwingt. Die Welt ist nicht einmal Schlamm, der vom göttlichen Hauch erfasst wird. *Fiat!* Und eben mit diesem Töpfer beginnt Souriau wieder, wenn er auf seinen Bildhauer und seinen Tonhaufen hinweist. Von einem Kunstwerk zu sagen, dass es „errichtet" wird, heißt sich darauf einzustellen, aus dem Töpfer denjenigen zu machen, der die Form des Werks aufnimmt, auffängt, herstellt, erkundet und auffindet – wie man einen Schatz auffindet. Wenn die Werke auch von einem Entwurf herrühren, so halten sie stand, widersetzen sich und nötigen ab – und

---

6   Die Anapher, eine Stilfigur, die von der Wiederaufnahme und der Wiederholung Gebrauch macht, und zwar, um ein Ansteigen der Intensität auszulösen, das sich des Lesers beziehungsweise des Zuhörers bemächtigt, aber auch des Sprechers selbst; die Leser von Péguy kennen ihre Wirksamkeit. Aber Péguy ist es auch, der in *Clio* von der „unheimlichen Verantwortung" des Lesers spricht, von der das Schicksal des Werks abhängt: „Durch unsere Hände, durch unsere Pflege, durch unsere bloßen Hände wird ihm eine ständig unvollendete Erfüllung zuteil" (Péguy 1987, 118). Péguy – hervorstechender Denker der Anapher, das heißt der schöpferischen Wiederholung, und ein großer Bergsonianer gegenüber dem Ewigen.

die Menschen, ihre Autoren, müssen sich für sie *aufopfern*, was dennoch nicht heißt, dass sie ihnen als einfache Durchgangsleitung dienen.[7] Die Zeit der Musen ist vergangen, und die Frage der Verantwortung hat sich verändert. Wenn der Bildhauer verantwortlich ist, dann insofern, als er „zu bürgen hat"; und er wird angesichts dieses Tons, dem er nicht helfen konnte, sich zu erfüllen, zu bürgen haben.

Für Souriau muss jedes Wesen errichtet werden, die Seele genauso wie der Körper, das Kunstwerk genauso wie das, was auf wissenschaftliche Art und Weise existiert, das Elektron oder das Virus. Kein Wesen hat Substanz; wenn sie vorhanden sind, dann weil sie errichtet worden sind. Führen Sie die Errichtung in die Wissenschaften ein, so werden Sie die ganze Epistemologie verändern; führen Sie die Errichtung in die Gottesfrage ein, so werden Sie die ganze Theologie verändern; führen Sie die Errichtung in die Kunst ein, so werden Sie die ganze Ästhetik verändern; führen Sie die Errichtung in die Frage nach der Seele ein, so werden Sie die ganze Psychologie verändern. Jedes Mal fällt die im Grunde ziemlich alberne Idee eines Geistes weg, der die Ursache der Handlung ist und dessen Konsistenz dann auf Umwegen auf eine Materie übertragen wird, die keine andere Haltung, keine andere ontologische Würde hätte, als diejenige, zu der man sich herabließe, sie ihr zuzugestehen. Die Alternative, die völlig zu Unrecht „realistisch" genannt wird, ist dabei nur ein Umweg dieses selben Umwegs oder eher seine Rückkehr durch einen Boomerangeffekt: da sich dann das Werk, die Tatsache, das Göttliche, der Psychismus aufdrängen und dem Menschen, dem alles Erfindungsvermögen aberkannt wurde, ihre Konsistenz anbieten. Die Errichtung ermöglicht den Austausch von Gaben, die viel interessanter sind, ermöglicht Transaktionen mit ganz anderen Typen von Wesen, und zwar in der Wissenschaft genauso wie in der Religion, in der Psychologie und in der Kunst.

Die Begriffe, die Souriau bereitstellt, haben, und er wiederholt das unablässig, unabhängig von der Erfahrung, die sie erfordert, keinen Sinn, sie haben nur aufgrund dessen Wert, was man ihr Dramatisierungsvermögen nennen kann. Man könnte von Souriau sagen, dass er versucht, den Empirismus zu erneuern, aber sein Empirismus ist keineswegs der, den wir Hume und seinen so zahlreichen Nachfolgern verdanken. Für ihn ist es nicht im Geringsten von Interesse, dass es hier vor mir irgendeinen weißen Fleck gibt und dass ich aus ihm ableiten kann, dass es sich dabei um einen Stein handelt. Ihm gibt das zu denken, was die Erfahrung, „ein Werk zu vollbringen", in ihrer Nichtableitbarkeit von jeglicher soziologischen, psychologischen oder ästhetischen Konditionierung verlangt. Darin ist Souriau ein Schüler von James: nichts als die

---

7   Einer von uns hat versucht, eben dieses Verhältnis mit dem Neologismus des „faitiche" zu bezeichnen, siehe Latour 2009. [„faitiche" setzt sich aus „fait" (Tatsache) und „fétiche" (Fetisch) zusammen, Anm. d. Übers.].

Erfahrung, einverstanden, aber dann die *ganze* Erfahrung. Wahrhaftig, dem, was man Wirklichkeit nennt, fehlt es noch sehr an Realismus.

Ein monumentales Projekt

Wir beginnen, eine Ahnung davon zu bekommen, wohin Souriau unterwegs ist, was ihn beherrscht: die Sphinx oder das, was er auch den „Engel des Werks" (S. 205) nennt. Aber woher kommt er? Wie man vielleicht schon vermutet, kann die intellektuelle Biographie Souriaus keiner anderen Überfahrt folgen als derjenigen seines Denkens des zu vollbringenden Werks: Sie folgt wohl einem bestimmten Weg, aber der kann nicht die Verwirklichung einer Unternehmung sein. Im Grunde hat er deshalb niemals aufgehört, die Verbindung zwischen der Frage der Wirklichkeit und derjenigen des Werks zu denken, um ihre Formulierung ständig zu überarbeiten. In seiner Doktorarbeit *Pensée vivante et perfection formelle* (Souriau 1925b), die 1925 veröffentlicht wurde, kommt das Wort „Errichtung" vor, ohne als solches thematisiert zu werden; 1943 erneuert er es völlig, bevor er es 1956 auf abgemilderte Weise darstellt. Die Errichtung, bis dahin einfach das Erringen der Wirklichkeit, drängt dann die Frage nach den Modi der Existenz auf.[8]

Betrachten wir als Erstes das Motiv der Wirklichkeit als Erringung. Souriau hat diese Position, die aus ihm einen der ausdrücklichsten und offenkundigsten Anti-Bergsonianer macht, zunächst in Bezug auf die Wissenschaft erforscht. Er stellt seine Untersuchung damals wie folgt dar:

> Wer Wissenschaft sagt, benennt damit ein abstraktes und kollektives Werk, ein höheres und ein soziales Leben des menschlichen Geistes, die expansive Ausbeutung des bereits in bescheideneren Kämpfen davongetragenen Sieges, der es der individuellen Ideation, einem Phänomen unter den Phänomenen, einem singulären Ereignis, das sich im Strom der Orte und der Stunden zusammenrollt, ermöglicht, zugleich in unterschiedliche Punkte und Augenblicke einzudringen, die Rahmen des *hic* und des *nunc* zu sprengen, doch ohne dabei aufzuhören, sein Sein und seine Lebenskraft aus der Mitte der Wirklichkeit zu schöpfen. (Souriau 1925b, X)

Das Denken hat seine Abstraktion nicht zu beklagen, die Art und Weise, wie es ein Verständnis der Dinge erringt, ein Verständnis, das ein Werk der Vernunft ist, was Stabilität, Konstanz und Unnachgiebigkeit der Argumentation bedeutet; weil es so an seiner eigenen Erfüllung wirkt. „Die Erringung unseres eigenen Denkens ist nicht von derjenigen der Außenwelt zu trennen, sie sind

---

[8] Modus der Existenz, ein Ausdruck, der später in Mode kam: siehe Gilbert Simondon, *Du mode d'existence des objets techniques* (1958) [dt.: *Die Existenzweise technischer Objekte* (2012)] und Haumont 2002, 67–88.

ein und derselbe Vorgang" (Souriau 1925b, 232).⁹ Denken genügt nicht; auch nicht, eine Idee zu haben, die uns im nächsten Augenblick entrinnen kann. Wenn „ein Bewusstsein haben" bedeutet, fähig zu sein, sein Leben in (relativer) Kontinuität zu leben, sich „hier und jetzt" zu erinnern, was man anderswo und kurz zuvor gedacht hat, dann ist auch das Bewusstsein eine Erringung.

> Was wir ‚einen Gedanken in unserem Geist behalten' nennen, heißt, ihn für alle Bedürfnisse, die wir von ihm haben können, noch einmal zu denken; was wir ‚ihn noch einmal denken' nennen, heißt, aus ihm noch einmal einen anderen zu machen, der von der gleichen Form ist. (Souriau 1925b, 234)

Die erste Formel, die Souriau für die Überfahrt der Erfüllung anführt, ist also diese *Form*, die hier gerade aufgetaucht ist und die sich als Schlüssel einer Kontinuität darstellt, welche nicht im Voraus gegeben ist, sondern welche es zu erringen gilt.

Aber die Formen werden nicht das Privileg der Epistemologie darstellen. Man muss auf den Ästhetiker Souriau zurückkommen, aber diesmal, um klarzustellen, dass er auch deshalb gegen die Strömung gewirkt hat, weil er im Hinblick auf die Ästhetik große Ambitionen hatte – ein monumentales Projekt, das sich seit 1925 abzeichnet. Die Ästhetik sollte eine Disziplin mit wissenschaftlichem Einschlag werden, welche die Vielheit dieser verschiedenartigen Wesen zum Gegenstand hat, die die Werke sind, und zwar vom Standpunkt der Formen aus verstanden, die sie verwirklichen. Die Werke bilden also das, was Souriau ein Pleroma¹⁰ nennt, eine Welt aus in „Offenkundigkeit" errichteten Wesen: jedes einzelne in seinem vollständigen Glanz, in seiner zugleich singulären und essenziellen Anwesenheit. Es kommt der Ästhetik zu, fähig zu werden, aus ihnen die architektonischen Gesetze exakt so herauszuarbeiten, wie es die Naturwissenschaften für die Welt der Dinge tun. Genauer gesagt: Ebenso wie die Physiologen und die Anatomen verstanden haben, was einen Körper bestehen lässt, indem sie die Lebewesen in ihrer Mannigfaltigkeit miteinander verglichen haben, würde die Ästhetik lernen, das Pleroma der Werke zu erforschen, die eben auch eine Ordnung, eine Hierarchie und konstitutive Normen haben. Souriau möchte so etwas wie der Cuvier oder der Claude Bernard dieses merkwürdigen Lebendigen sein, das die Werke sind. Dieses Bestreben, das auch noch das *Vocabulaire d'ésthetique* ausfüllt, das sich 1979, im Jahr seines Todes, in Arbeit befand, impliziert eine Vorstellung des Werks, die exakt dem entspricht, was seine Zeitgenossen dekonstruierten: Souriau

---

9   Wir werden dieses grundlegende Motiv in der Definition der Dinglichen wiederfinden, S. 41 und folgende.
10 Ein Ausdruck der alten Philosophie, der „Fülle" bedeutet. Für Souriau existieren zahlreiche Pleromata, wie zum Beispiel das der „Philosopheme", das die mühselige Arbeit der Philosophen existieren lässt – siehe Souriau 1939.

ist unbestreitbar der Philosoph der Monumentalität[11], einer organischen und kohärenten Monumentalität, die über schrittweise und wohlgeordnete Bestimmungen errungen wird. Denn eben in dem Maße, wie die Wirklichkeit monumental ist, ist sie lesbar, das heißt, können ihre Gesetze entschlüsselt werden. Man wird das beim Lesen dieses Texts bestätigen.

Und dennoch gehört das Buch, das man lesen wird, der Ästhetik nicht mehr an als der Epistemologie. Um zu verstehen, bis zu welchem Grad es sich um ein Buch der Philosophie, der Metaphysik handelt, muss man der Falle ausweichen, die bevorzugt die Formen mit dem Erkennbaren verknüpft, und zwar auf die Gefahr hin, dass die Überfahrt der Erkenntnis auf das simple Zusammenwirken des erkennenden Subjekts und des erkannten Objekts reduziert wird – während man die Verantwortung bald dem einen und bald dem anderen zuweist. Wenn die Formen nicht nach Art der Bedingungen der Möglichkeit dem Denken oder der Wahrnehmung angehören, gehören sie auch nicht dem Ding an, in dem sie ruhend ihren Sitz hätten, in Erwartung, entdeckt zu werden. Sie gehören der Problematik der als Erringung aufgefassten Verwirklichung an. Sie manifestieren sich in der Operation selbst, dank der das Denken ebenso wie das, was gedacht wird, gemeinsam ihre Festigkeit erreichen. Die Formen, so wird Souriau in *L'instauration philosophique* schreiben, besitzen „die Schlüssel zur Wirklichkeit" (Souriau 1939, 18). Aber diese Schlüssel öffnen kein Tor, da die Wirklichkeit ja errichtet werden muss. Die Schlüssel benennen vielmehr das Rätsel, dessen Lösung die Verwirklichung ist. Noch eher als einer Disziplin (sei sie nun wissenschaftlich, psychologisch, ästhetisch oder philosophisch) eine Unternehmung vorzugeben, sind die Formen in den Augen von Souriau das, was den Begriff der Wirklichkeit mit dem des *Gelingens* verbindet. Genau das fehlt dem klassischen Empirismus noch immer: Das Ergreifen kann fehlschlagen. Keinerlei Gewissheit ist gegeben. Wenn sich die Verwirklichung dem Anspruch der Formen fügen muss, dann kann die Befriedigung dieses Anspruchs nicht mit der Unterwerfung unter wie auch immer geartete, allgemeine Bedingungen gleichgesetzt werden. Er verlangt eine Wahl, Entsagungen und Entscheidungen. Er ist das, was das errichtende Agens in ein Abenteuer versetzt und es dazu bringt, sich an die Arbeit zu machen. Das trifft schon auf den Wissenschaftler zu, der weder plant noch entdeckt, sondern errichtet, und zwar indem er „die Wirksamkeit der Kunst, Fragen zu stellen" (Souriau 1925b, 248), entfaltet. Die Errichtung benennt in diesem Fall die Experimentalvorrichtungen, die aktive Vorbereitung der Beobachtung, die

---

11 Man kann übrigens das der „Immanenzebene" gewidmete Kapitel in *Was ist Philosophie?* als einen außergewöhnlichen Versuch lesen, die Errichtung des „Philosophems" von Souriaus monumentaler Konzeption zu retten (Deleuze und Guattari [1991] 1996). Die Immanenzebene selbst ist ebenfalls zu errichten, aber über die Erschaffung von Begriffen, in einem Zickzackkurs und mit herumtastenden Experimenten; und sie wird als Zuschnitt auf dem Chaos niemals mit den Begriffen, die sie bevölkern, identifizierbar sein.

Herstellung von Tatsachen mit dem Vermögen, zu zeigen, ob die durch eine Vorrichtung verwirklichte Form geeignet ist, sie zu erfassen, oder nicht. Aber es trifft auch auf den Künstler zu. Jedem Typus der Errichtung entspricht ein Typus der Wirksamkeit, der über die Verwirklichung eines Wesens entscheidet. Der einzige gemeinsame Zug ist das, was die Errichtung dem Agens abverlangt, das, wovon die Verwirklichung der Lohn ist: Eifer und klarer Verstand. Das ist das „geistige Wappen", dem sich Souriau verschreiben wird.

Souriau will dieses Wappen als anti-bergsonianisches. Unter Rückgriff auf das Motiv der Antitypie, das traditionell mit der Undurchdringlichkeit der ausgedehnten Wesen verbunden wird, die einen Platz auf einer Welt besetzen, der alle anderen ausschließt, bekräftigt er die Unvereinbarkeit der Formen untereinander. Eine Verwirklichung bedingt Opfer und Entsagungen. Mit Eifer gilt es, sich auf etwas einzulassen, unterscheiden muss man aber mit klarem Verstand. Und er richtet sich gerade an den Philosophen der gegenseitigen Durchdringung, der Osmose, an den Kritiker dessen, was trennt und aussortiert, wenn er schreibt:

> Man muss ein Philosoph sein, ein Verstandesmensch, ein Forscher der schönen abstrakten Konstruktionen, um die Zeit als eine Anreicherung begreifen zu können, welche die Vergangenheit, da sie sie in vollem Umfang konserviert, unaufhörlich durch die Integration einer gänzlich neuen Gegenwart vervollständigt. Für diejenigen, die leben, für diejenigen, die sich an den Ecken des Lebens stoßen, die sich bei ihren harten Stößen verletzen, besteht die Zeit aus Vernichtung. (Souriau 1925b, 153)

Souriau, ein genauer Leser Bergsons, lehnt es ab, ihm zu folgen, weil er in der schöpferischen Evolution und im Begriff der Dauer das Risiko eines gewissen Sich-gehen-Lassens erkennt. Für ihn geht es darum, zu erringen, und nicht darum, zu koinzidieren. Was ihn zum Denken bringt, ist nicht die bergsonsche Sympathie, sondern Bergson selbst, in einer möglichst direkten Auseinandersetzung mit den Worten, dem Rhythmus des Satzes, der Arabeske der Entwicklung.[12] Denn die Welt Souriaus ist eine Welt, wo die Unternehmungen scheitern, wo sich Träume zerschlagen, wo Seelen Verletzungen und Verminderungen, sogar Vernichtung erleiden.

Aber völlig unvermittelt stellt der junge Philosoph auf den letzten Seiten seiner Doktorarbeit ein Bestreben zur Schau, das auf schwindelerregende Art und Weise über dieses ruhige Gebiet hinausgeht – ob es nun einer aristotelischen oder kantischen Linie folgt –, auf dem die Formen kursieren. Genau hier erweitert Souriau mit einem Schlag den Begriff der Errichtung auf die

---

12 So auch in *L'instauration philosophique*: „Bergson! Es erübrigt sich, daran zu erinnern, wie vollendet, abgeschlossen, *ad unguem* seine Philosophie doch ist; und wie sehr selbst seine gewaltige philosophische Zerstörung, seine Weigerung, sich einer Vielheit von Aspekten der Welt und der Existenz anzunehmen, mit der vollständigen Ausführung der Bestimmung dessen verbunden ist, was er gelten lässt" (Souriau 1939, 358).

gelebte Existenz selbst. Auch ein Leben muss errichtet werden, das heißt, durch eine Form gehalten werden:

> Sich in einer dieser Formen zur Kenntnis zu nehmen, welche die Harmonie und die Vollkommenheit vor allem Niedergang und vor aller Verwirrung bewahren, ist die anfängliche Bedingung des vollen Lebens, des erhabenen Lebens, eines Lebens, das dieses Namens wirklich würdig ist. Die Form angesichts aller Abenteuer, aller unerwarteten Ereignisse aufrechtzuerhalten, ist von da an der fundamentale Akt dieses Lebens: Sein Name ist auch Treue. (Souriau 1925b, 273)

Es geht ganz und gar nicht mehr um wissenschaftliches Wissen, um künstlerisches Schaffen, sondern um die Treue gegenüber sich selbst. Als Beispiel dient nun nicht mehr die Wissenschaft oder die Kunst, sondern merkwürdigerweise das Drama, das sich am Ende der Jugend abspielt, wenn „diese vage Begeisterung der Jugend auf der Suche nach dem Leben, Platz machen muss für das Leben selbst", wenn

> die Kraft des Traumes abzunehmen beginnt; die Lebendigkeit der Illusion, der Erfindungsreichtum, die Unbestimmtheit, welche all die Lücken verbirgt, die große Purpurwolke, die das Ziel verdeckt, all das zehrt aus und verkümmert […]. Genau dann kappen viele den Traum, geben sich dem Zufall hin, verleugnen sich selbst und geben es somit auf, zu leben, denn, wie man sieht, heißt sich zu verleugnen, den einzigen Fehler zu begehen, der tödlich ist. Recht und schlecht ersetzen sie die erste Form durch eine andere, wagen mit dem, was ihnen bleibt, ein neues Leben und zehren die Dauer ihrer Körper auf, ohne dass es ihnen gelingt, zu leben. (Souriau 1925b, 274)

Während er einige Motive des Stoizismus wiederaufgreift, appelliert Souriau, „Sohn seiner Werke" zu werden, nämlich dort, wo die bergsonsche Magie wie Circe dazu anregen könnte, sich den Genüssen eines Werdens hinzugeben, das sich aus sich selbst heraus anreicherte. Es geht für die Seele darum, „sich zu vergegenwärtigen" und auf das allein zu setzen, was

> der Handlung, dem wirksamen Werk der Verwirklichung eine Struktur [verleiht], die so solide ist und so erhabene Wünsche bewirkt, dass sie nichts anderes als die Kraft des Treueides, des Schwurs ist, den man gegenüber sich selbst geleistet hat. (Souriau 1925b, 273)

Und in den letzten Zeilen von *Avoir une âme*, 1938 veröffentlicht, als er zum zweiten Mal mobilisiert wird,[13] formuliert er diesen Schwur kurz und bündig:

---

13 Während des Ersten Weltkrieges verbrachte Souriau einige Jahre in Gefangenschaft. In seiner *Abstraction sentimentale* (Souriau 1925a), wo er beabsichtigt, sich einer objektiven Untersuchung des Gefühlslebens zu widmen, entscheidet er sich, als Dokument einen Text zu untersuchen, der den Ansprüchen der Objektivität genügt, weil er, so erklärt Souriau, nicht als Antwort auf diese Frage geschrieben worden ist. Dieser Text ist kein

Es steht nicht in der Macht, die einer Seele eignet, unsterblich zu werden. Es steht nur in ihrer Macht, dessen würdig zu sein. Wenn wir ums Leben kommen, steht es wenigstens in unserer Macht, zu *bewirken, dass dies ungerecht sei*. Eine Seele zu haben heißt, gewissermaßen zu bewirken, dass, wenn sie ums Leben kommen muss, ihr letzter Ruf [...] mit gutem Recht der Seufzer Desdemonas aus dem Jenseits sein kann: O ungerechter Mord! *O, falsely, falsely murder'd*! (Souriau 1938, 141)

Ans Werk

Hier stehen wir nun an der Schwelle der *Verschiedenen Modi der Existenz*. Die Prüfung ist klar definiert: Ob es sich um die Wissenschaft, die Kunst oder die Seele handelt, man wird vom Entwurf zur Wirklichkeit gehen müssen, ohne auf irgendeine Grundlinie zählen zu können, die sich insgeheim und unauffällig verwirklichen würde: eine Substanz, ein Plan, ein Projekt, eine Evolution, eine Vorsehung, eine Schöpfung. Und dennoch darf das unerschöpfliche Auffinden der Wesen genauso wenig der bloßen menschlichen Freiheit übertragen werden, die in einer rein kontingenten Welt verloren ist. Das ist die Bahn, in welche sich dieses Buch einfügt. Wir sind an der Reihe, sie unsererseits zu durchlaufen und die Prüfung wie das Wagnis anzunehmen, über glühende Kohlen zu gehen.

Einerseits hat man den Eindruck, dass Souriau immer wieder dieselbe Bewegung der Wirklichkeit denkt, andererseits, dass er unvermittelt seine gesamte Apparatur modifiziert. Als ob er die Würfel in der Überzeugung von neuem warf, dass man die Prüfung keinesfalls besteht, wenn man nicht die gesamte Partie noch einmal durchspielt.

Ziehen wir eine Zwischenbilanz. Die Problemstellung steht schon seit 1938 mit *Avoir une âme* fest, als Souriau das Prinzip seiner Forschung definierte, einer Forschung, die jedoch dem Gebiet der Psychologie anzugehören scheint (als ob der Autor hier Studenten und Freunden Gehör schenkt, die zu ihm gekommen sind, um Rat zu suchen oder ihm ihre quälenden Fragen anzuvertrauen):

Man hat nicht das Recht, philosophisch von einem Wesen als wirklich zu sprechen, wenn man im selben Moment, in dem man die Art der direkten oder intrinsischen Wahrheit nennt, die man für es gefunden hat (ich meine damit seine Seinsweise in seinem maximalen Zustand luzider

anderer als seine eigenen Notizbücher aus der Gefangenschaft. Und was die langen Fragmente, die diesen Notizbüchern entnommen wurden, erzählen, ist wirklich um einiges lesbarer als die Thesen, die sie stützen sollen: Es geht um einen täglichen Kampf, um ein unterbrochenes Leben zu akzeptieren, und zwar in der vollen Härte dieser Unterbrechung, das heißt, ohne den Schimären und den melancholischen Gefühlen nachzugeben, die das Leben des Gefangenen mit Träumen bevölkern, das heißt mit „Müßiggang". Es ist nicht unmöglich, dass der Philosoph, der gegen Bergson die Wahl der Härte und der Treue getroffen hat, in den Festungen von Ingolstadt geboren wurde.

Anwesenheit), nicht auch sagt, auf welcher Ebene der Existenz man sozusagen zur Jagd geblasen hat; auf welchem Gebiet man es gehetzt und getroffen hat. (Souriau 1938, 23)

Der Kontrast zwischen dieser Forderung und der Art und Weise, wie er sich in *L'instauration philosophique* auf die Existenz bezieht, ist frappierend; das Buch erschien zwar im selben Jahr, wurde aber schon seit viel längerer Zeit vorbereitet.[14] „Existieren" war darin einfach ein Synonym für das, was er 1925 „leben" nannte:

> Ihr Kinder nehmt an, dass ihr existiert; dass die Welt existiert, und wie in einer Kombination, wie in einer wechselseitigen Anpassung dieser beiden Dinge leitet ihr euer Wissen über das ab, was ist. Nun, ich sage nicht, dass ihr gar nicht existiert, sondern dass ihr nur unvollkommen existiert, auf eine unbestimmte Weise, auf halbem Wege zwischen der wirklichen Existenz und dieser Abwesenheit von Wirklichkeit, die vielleicht sogar die Abwesenheit von Existenz mit sich bringt. Denn die Existenz selbst braucht Wirklichkeit, um wahre Existenz und Existenz von etwas oder von jemandem zu sein. Oder es gibt wenigstens viele Arten von Existenzen. Aber unsere wirkliche, konkrete und individuelle Existenz zeigt sich beinahe immer als eine zu erfüllende. Ihr werdet eure Wirklichkeit erfüllen, wenn ihr manifest und für euch selbst in eurer ‚Aseität'[15] sein könnt, wie Prémontval sagte; in der ‚Offenkundigkeit' eures Seins, wie Strada sagte, in seinem vollkommenen Glanz, in seiner zugleich singulären und essenziellen Anwesenheit – und das stellt ein Problem der Wahrheit dar. Ihr, die ihr glaubt, zu existieren, existiert also nur in dem Maße, wie ihr, mehr oder weniger, an dem teilhabt, was eure wirkliche Existenz wäre; und eben im Verhältnis zu dem, was sie wäre, existiert ihr zurzeit. (Souriau 1939, 6)

Ein weiterer Kontrast, bei dem man erkennen wird, dass er sich unmittelbar aus dem ersten ergibt: In *Die verschiedenen Modi der Existenz* bezieht sich Souriau nicht mehr als Erstes auf die Errichtung, sondern, wie wir schon hervorgehoben haben, auf die „anaphorische Variation". Während die Errichtung auf den Verwirklicher und die Verwirklichung weist, dramatisiert die anaphorische Variation das Fortschreiten dessen, was zu Beginn ein Tonhaufen war und sich in einem Werk vollendet. Hier ist der Mensch derjenige, der sich aufopfern muss. Und genau das, was diese Aufopferung erfordert und wovon sie zeugt,

---

14 Es ist nicht auszuschließen, dass Souriau, da er damit rechnete, (das zweite Mal) mobilisiert zu werden, *Avoir une âme*, eine merkwürdige Komposition zwischen Philosophie und psychologische Studien, überstürzt verfasste und auch deshalb das Werk mit einem Feuerwerk an nicht ausgearbeiteten Propositionen beschließt. Ein Zeugnis „für den Fall", dass das eintritt, was eintreten hätte können?

15 Die Aseität, die Existenz aus sich selbst heraus – ein scholastischer Ausdruck – steht im Gegensatz zu der Abalietät (*ab alio*) – der Existenz aus einem Bezug oder einer Abhängigkeit zu einem anderen heraus (Anmerkung der Kommentatoren).

dieser tatkräftige Beistand, welcher der Anapher entgegengebracht wird, stellt das Hauptthema des Exposees von 1956 dar.

Mit *Die verschiedenen Modi der Existenz* lenkt Souriau die Forschung auf einen unbestreitbar metaphysischen Weg. Es handelt sich nicht um einen Sinneswandel, da Souriau, wie man gesehen hat, sein monumentales Projekt einer Wissenschaft der Ästhetik vorantreiben wird. Souriau selbst tritt für Kontinuität ein; 1952 bekräftigt er, dass seine verschiedenen Werke „der Liste von großen Problemen [folgen], die es für ihn während seiner gesamten Laufbahn als Philosoph *in einer bestimmten Ordnung* aufzugreifen galt" (Souriau 1925b, XIII).[16] Aber glättet die Erinnerung die Ereignisse nicht? Oder ist Souriau gar gerade dabei, eine „monumentale" Version von sich selbst herzustellen? Tatsächlich hat es keinen Zweck, sich zu fragen, ob dieses Hineinmanövrieren in die Metaphysik der Überfahrt durch die „großen Probleme" zuzurechnen ist, die Souriau schon seit seinen Anfängen aufzugreifen geplant hatte, oder ob es auf die äußeren Umstände antwortet (erneut Krieg, die neue Generation von Philosophen, die sich verächtlich von den Ansprüchen der alten abwendet – nieder mit Brunschvicg und Bergson! –, um mit dem Hegel Alexandre Kojèves, mit Husserl und Heidegger zu denken). Denn selbst wenn Souriau die Liste der Probleme festgelegt hat, die er aufzugreifen hätte, so geht es nicht um die Gestaltung eines Programms, das nur noch abzuarbeiten wäre, was dem Begriff der Errichtung selbst vollkommen widersprechen würde. Kein punktierter Strich, bei dem es genügte, ihn mit einem dicken Strich nachzuziehen. Souriau ist der Mensch der Überfahrt und nicht der Unternehmung, und die „bestimmte Ordnung" bedeutet ebenso gut: „Im Augenblick ist das zu groß für mich". Das Einzige, was wir sagen können, ist, dass dieses kleine, aber dichte, scheinbar labyrinthische und merkwürdig kurze Buch, das in der Zeit der größten Unsicherheit geschrieben wurde, auf die lebendige Erfahrung eines „jetzt oder vielleicht nie!" antworten musste; genau jetzt geht es darum, Metaphysik zu betreiben, das heißt,

> etwas aufzufinden (wie man einen Schatz ‚auffindet'); positive Modi der Existenz zu entdecken, die uns mit ihren Siegespalmen entgegengehen, um unsere Hoffnungen, unsere Intentionen oder unsere problematischen Spekulationen aufzunehmen, um sie aufzufangen und aufzurichten. Alle andere Forschung ist metaphysischer Hunger. (§ 66)

Wo man im ersten Kapitel eine Gliederung findet, der es vor allem nicht zu folgen gilt …

Zu Beginn scheint alles einfach. Die Steigung ist sanft. Warum drängten wir uns mit dieser ganzen Einleitung auf? Das erste Kapitel ist ein erstes Kapitel.

---

16   Das Zitat kommt in einem Text mit dem Titel „Trente ans après" vor, den Souriau 1952 anlässlich der Neuauflage seines Buches schrieb.

Es gibt eine Gliederung. Zusammenfassungen. Übergänge. Man glaubt sich bei der Lehramtsprüfung für Philosophie; man hat es mit einer Hausarbeit zu tun. Es ist knapp, es ist technisch, es enthält viele Anspielungen, aber letzten Endes ist das Argument klar: Man wird sich daran machen, die Modi der Existenz zu *zählen*. An den Eingangstoren dieses Buches gibt es keine Sphinx.

Außer, dass gerade Souriau seiner Gliederung nicht folgen wird. Das erste Kapitel kündigt eine Unternehmung an, die er in eine Überfahrt umwandeln wird ... und schon werden sich die Dinge komplizieren. Alles begibt sich so, als ob sein Aufbau zwischen zwei Logiken hin und her gerissen wäre. Es gibt einesteils das Projekt einer Übersicht, eines synoptischen Blicks auf die Existenz in ihrer Gesamtheit (§ 16); und es gibt anderntells ein vollkommen unterschiedliches Problem, welches das gesamte Argument unter Spannung setzt. Daher der furchtbar kontrastreiche Charakter eines Buches, das sich zunächst unter dem Aspekt einer strengen Organisation darstellt und dann unter demjenigen der heimlichen Rückkehr zur ursprünglichen Frage der Errichtung. Der ersten Logik entsprechen die Kapitel I und III sowie der Beginn des vierten; der zweiten das Kapitel II und das Ende des vierten. Beide Logiken sind eigenständig, aber nicht aus demselben Grund. Eine zusätzliche Schwierigkeit: Souriau tut so, als ob nichts wäre, da er die Titel, Untertitel und Übergänge[17] vervielfacht, als ob er stets gleichen Schritts auf demselben Weg vorrückte – während er sich bemüht, das Dahinschreiten selbst abzuwandeln ...

Wie Bergführer, die, um später nicht beschuldigt zu werden, ihre Kunden getäuscht zu haben, auf den Gipfel zeigen, weisen auch wir auf den Endpunkt hin. Hier also die letzten Sätze des Buches:

> Eben durch den Gesang von Amphion erheben sich die Mauern der Stadt. Eben durch die Lyra von Orpheus stehen die Symplegaden still und setzen sich fest, während sie das Schiff Argo passieren lassen. Jeder Tonfall unserer Stimme, der hier der Akzent der Existenz selbst ist, ist eine Stütze für diese höheren Wirklichkeiten. Wir können, indem wir auch nur einige Augenblicke zwischen den Abgründen des Nichts existieren, einen Gesang vortragen, der mit der Kraft des Zauberwortes jenseits der Existenz erklingt und vielleicht sogar die Götter in ihren Zwischenwelten die Sehnsucht nach dem Existieren verspüren lässt; – und das Verlangen, hier herabzusteigen, an unsere Seite, als unsere Gefährten und Ratgeber. (§ 111)

Dorthin muss man gelangen. Teufel auch, das scheint ziemlich steil zu sein. Wie erfolgt dieser Übergang von einer Zählung der Modi der Existenz auf diesen gewaltigen und alles in allem sehr unklaren Perspektivenwechsel, der

---

17 Indem er die Anaphern vervielfacht, diesmal im Wortsinn der literarischen Werkanalyse: alles, was die Kontinuität der Elemente eines Texts durch die Effekte der Verweise, des Nachdrucks und der Wiederholung sicherstellt.

es erlaubt, die Existenz mit anderen Wesen in einem solchen Maße zu teilen, dass die Götter uns beneiden? Am Anfang des Buches steht der Philosoph am Steuer, er entscheidet und sortiert die Modi der Existenz aus; am Ende entscheidet er nicht mehr im Geringsten. Wahrhaftig, man muss nicht mehr nur einer Sphinx, sondern einer ganzen Sphinx-Allee die Stirn bieten.

Beginnen wir damit, was sich im ersten Kapitel noch als eine Abhandlung darstellt, die jene nicht übereinstimmenden Antworten systematisch zu ordnen vorgibt, welche die Philosophen der jüngeren Zeit wie auch diejenigen der *philosophia perennis* insgesamt zu ein und demselben Problem geliefert haben: Auf wie viele Arten kann man die Existenz begreifen?

Stellen wir zunächst den Sinn des Wortes „Modus" in diesem scheinbar banalen Ausdruck „Modus der Existenz" klar. Der Begriff ist genauso alt wie die Philosophie, aber bis dahin betrachtete man den *modus* im Diskurs als eine Modifikation des *dictum*, dessen Privileg es gerade war, sich selbst ähnlich zu bleiben. In der Abfolge der Sätze: „er tanzt", „er will tanzen", „er würde gerne tanzen können", „er möchte so gerne wissen, wie man tanzt", verändert sich das „tanzen" trotz der mitunter schwindelerregenden Einbettung von Modalisierungsreihen[18] nicht. Genau nach diesem Modell des Diskurses dachte man zunächst die Modalisierung des Seins, indem man zum Beispiel den Grad der Existenz von der Potenz zum Akt variieren ließ, ohne aber je so weit zu gehen, das „was" zu modalisieren, das zum Akt überging. So zahlreich und unstet sie auch sein mögen, die Prädikate kamen wie Tauben immer wieder zurück, um sich im selben Taubenschlag der Substanz einzuquartieren ...

Und daher stellt Souriau zu Beginn des Buches sein Projekt in einem Gegensatz zur altehrwürdigen Sammlung von Kategorien dar, deren Projekt wiederum mindestens bis auf Aristoteles zurückgeht: Zwar gibt es in der Tat mehrere Arten und Weisen, etwas über etwas zu sagen, aber es geht nichtsdestoweniger immer noch um das *Sagen*. Man wechselt also die Tonart nicht, nämlich diejenige der Kategorien, welche der Etymologie des griechischen Wortes *cata-agoureuo* entsprechend gerade darin besteht, „öffentlich über etwas oder gegen etwas zu sprechen". Anders ausgedrückt, der alte thomistische Ausdruck *„quot modis praedicatio fit, tot modis ens dicitur"* geht nicht über die engen Grenzen des *Sagen-Wollens* hinaus. Der Multirealismus, um mit William James zu sprechen, möchte nun aber sehr wohl andere Modi der Existenz erforschen als einzig die Handlung, mehrere Dinge über ein und dasselbe Wesen zu sagen. Er hätte gerne, dass es mehrere Seinsweisen gibt.[19]

18 „Man muss daher annehmen, dass die Modalität dem Prädikat, das sie modifiziert, zu einem anderen Modus der Existenz verhilft" (Fontanille 1998, 168).
19 Nach Souriau stellt sich dasselbe Problem bei Spinoza: „[D]as *esse in alio* [soll] nicht von der Tatsache aus verstanden werden [...], auf eine andere Art und Weise als auf diejenige der Substanz zu existieren, sondern von der Tatsache aus, in eben ihrer Existenz zu sein. Die Bedeutung des kleinen Wortes *in* in diesem Satz ist der Schlüssel des gesamten

Er hätte es vielleicht gerne, aber sobald der Philosoph die Vielheit der Modi der Existenz anerkennt, riskiert er, von der Menge an Kandidaten verschluckt zu werden.

> Die ganze Welt wird eben sehr weit, wenn es mehr als eine Gattung der Existenz gibt; wenn es wahr ist, dass man sie nicht erschöpft hat, wenn man alles, was existiert, gemäß einer ihrer Weisen durchlaufen hat, zum Beispiel derjenigen der physischen Existenz oder derjenigen der psychischen Existenz; wenn es wahr ist, dass man sie, um sie zu verstehen, noch in alles einbeziehen muss, was ihr ihre Bedeutungen oder ihre Werte verleiht; wenn es wahr ist, dass man an jedem ihrer Punkte, als Schnittpunkte eines determinierten Netzes aus konstituierenden Relationen (zum Beispiel räumlich-zeitliche), ein völlig neues Gesamt an Determinationen des Seins wie zu einem Kellerfenster, das sich in eine andere Welt öffnet, zusammenfügen muss; ein neues Gesamt an Determinationen, die zeitlos, nicht-räumlich, vielleicht subjektiv oder qualitativ oder virtuell oder transzendent sind. (§ 10)

Deshalb kann Souriau gleichzeitig behaupten, dass die Philosophie nicht aufgehört hat, sich über dieses Problem der Vielheit der Modi der Existenz zu befragen – zum Beispiel bei Plotin –, aber dass sie nie wirklich über *einen einzigen Modus* hinaus gezählt hat. Sie konnte zu keinem Zeitpunkt auf den Ariadne-Faden verzichten, der ihr erlaubte, sich nicht im Labyrinth der Welten zu verlieren, die sich zueinander öffnen: die Identität der Substanz mit sich selbst, welche die Tradition seit der Herausforderung des Parmenides nicht loslässt. Zwar musste man dem Sein wohl das Nichtsein hinzufügen – das beginnt mit Platon, und jede Philosophie definiert sich über die Hinzufügung der einen oder anderen Form von Nichtsein –, aber all diese Hinzufügungen sind eher wie Arten von Epizyklen, die das zentrale Privileg der Substanz nicht hinterfragen. Es hat sich deshalb niemand vor ihm für die Errichtung interessiert, weil der Weg vom Entwurf zur Erfüllung im Grunde immer nur ein Nachziehen einer gestrichelten Linie mit einem vollen Strich war. Was würde passieren, wenn es gar keine gestrichelte Linie gäbe und man völlig auf die Substanz verzichtete?

> Eine Schlüsselfrage, sagten wir vorhin; ein zentraler Punkt, in dem die größten Probleme zusammenlaufen. Welcher Wesen werden wir uns mit unserem Geist annehmen? Wird die Erkenntnis der WAHRHEIT ganze Populationen von Wesen opfern müssen, die ausgeschlossen sind aus der gesamten existenziellen Positivität; oder wird sie, um sie aufzunehmen, die Welt verdoppeln, verdreifachen müssen?

> Spinozismus, nämlich diese Anstrengung, nicht die existenziellen Spezifitäten zu überschreiten, sondern sie mit einem gänzlich von der ontischen Ordnung übernommenen und nur in dieser Ordnung wirksamen Instrumentarium aufzuheben" (§ 91, Fußnote).

Eine praktische Frage ebenso. So bedeutend ist die Auswirkung für jeden von uns, zu wissen, ob die Wesen, die er setzt oder voraussetzt, die er erträumt oder begehrt, mit einer Existenz des Traumes oder der Wirklichkeit, und zwar welcher Wirklichkeit, existieren; zu wissen, welche Art der Existenz vorbereitet ist, sie aufzunehmen, anwesend, um ihnen Halt zu geben, oder abwesend, um sie zu vernichten; oder wenn das eigene Denken, da man zu Unrecht nur eine einzige Gattung berücksichtigt, reichhaltige und vielseitige existenzielle Möglichkeiten brachliegend lässt und das eigene Leben diese vernachlässigt.

Andererseits eine bemerkenswert begrenzte Frage. Wir sehen, sie hat sehr wohl Platz in derjenigen, ob dieses Wort: ‚existieren' denselben Sinn in all seinen Verwendungen hat oder nicht; ob die verschiedenen Modi der Existenz, die die Philosophen anzeigen und unterscheiden konnten, diesen Namen der Existenz voll und gleichermaßen verdienen.

Eine positive Frage schließlich. Eine der wichtigsten unter ihren Auswirkungen, die sich die Philosophie vornehmen kann: Sie stellt sich in Form von genauen Urteilen dar, die sich zur methodischen Kritik eignen. Die wichtigsten dieser Urteile in der Geschichte des menschlichen Denkens zu erfassen; ihre Tafel anzuordnen; danach zu suchen, welcher Art von Kritik sie unterstehen; genau hierin liegt eine substanzielle Aufgabe. (§ 14)

Ein entscheidender Punkt vielleicht, aber wie sind die Probleme, die nach Souriau in diesem Punkt zusammenlaufen, miteinander zu verbinden? Kann die vielleicht substanzielle, aber alles in allem ziemlich klassische Aufgabe, die in der Geschichte des menschlichen Denkens hervorgebrachten Urteile zu erfassen, ihre Liste aufzustellen, sie zu kritisieren oder zwischen ihnen zu schlichten, mit der furchtbaren Verantwortung verbunden sein, festzulegen, welcher Wesen man sich annimmt, welche Wesen man von jeglicher existenziellen Positivität ausschließt? Gewiss, eine Möglichkeit existiert, um diese beiden unterschiedlichen Aufgaben miteinander konvergieren zu lassen, die zwar in beiden Fällen diejenigen eines Friedensrichters sind, aber über unterschiedliche Ansprüche entscheiden: diejenigen der Wesen und diejenigen der Philosophen. Die Sache wäre erledigt, wenn die nicht übereinstimmenden Urteile auf einem Königsweg geordnet würden, der zum guten Standpunkt führte, demjenigen, der es erlaubt, abzuleiten, welche Wesen dort allgemein anerkannt sind, wo die empirische Ratlosigkeit herrscht. Aber das ist eine Versuchung, die Souriau am Ende des dritten Kapitels energisch zurückweisen wird. „Trügerischer Versuch, falsche Klarheit", so wird er behaupten:

> Deshalb müssen wir der Versuchung standhaft widerstehen, diese georteten Modi der Existenz zu erklären oder abzuleiten. Hüten wir uns vor der dialektischen Faszination. Gewiss, mit ein wenig Einfallsreichtum wäre es einfach, zu improvisieren und eine Dialektik der Existenz in groben Zügen

zu zeichnen, um zu beweisen, dass es gerade nur diese Modi der Existenz geben kann; und dass sie sich gegenseitig in einer bestimmten Ordnung hervorbringen. Aber dabei stürzen wir alles um, was es in den hier gemachten Feststellungen an Wichtigem geben kann. (§ 86)

Die Notwendigkeit, zu widerstehen, kündigt sich tatsächlich schon im ersten Kapitel an. Die Uneinigkeit über einen Königsweg zu ordnen, heißt, zu behaupten, dass dieser Weg zwischen den Zeilen existiert, das heißt, dass derjenige, der ordnet, sich darauf beschränkt, eine Konvergenz zur Kenntnis zu nehmen, die keiner vor ihm gesehen hat. Souriau hebt nun aber hervor, dass keine Entschärfung des Problems in Sicht ist, die Frage der Existenz war immer offen und sie wird es bleiben (wir möchten sogar hinzufügen, dass sie heute ein regelrechtes Schlachtfeld geworden ist). Aber es kommt noch schlimmer. In Bezug auf die Existenz „[s]ind die Antworten der Philosophen doch tendenziös. Zur gleichen Zeit, wie sie behaupten, begehren sie" (§ 2), und das Begehren hat hier die Kraft von „Bronzetore[n], die sich durch ihr schicksalhaftes Schlagen öffnen und schließen, in der Philosophie der großen Erwartungen, im Universum der weitreichenden Regionen" (§ 9).

Der synoptische Überblick erhält eine andere Stoßrichtung. Es geht nicht mehr darum, Theorien in Klassen einzuteilen, von denen jede einzelne das behandelt, was „wirklich existiert", und zwar im Gegensatz zu dem, was „nur Konstruktion" wäre, bloße Illusion, mit deren Aufhebung sich der Philosoph rühmen würde. Das hieße, die Wünsche und tendenziösen Antworten zu klassifzieren – es hieße, zu dekonstruieren und keinesfalls zu errichten. Es hieße, auf die Rolle des „Friedensrichters" Anspruch zu erheben, der über den Parteien steht, und das mit verschwindend geringer Berechtigung. Wer die Wünsche der anderen klassifiziert, kann sich seiner eigenen Klassifizierung nur entziehen, wenn er sich als wunschlos darstellt, als vollkommen gleichgültig gegenüber der umstrittenen Frage. Das ist selbstverständlich nicht Souriaus Anspruch.

Das Problem ‚betrifft uns' (S. 195), lesen wir in seinem Text von 1956, und Souriau meint damit nicht, dass es sich nur an uns richtet, sondern dass wir von ihm verpflichtet werden, ob wir es wollen oder nicht. Die Frage der Modi der Existenz ist in der Tat eine praktische, sogar eine pragmatische, und zwar in dem Sinn, in dem William James danach fragte, was ein Leben erfordert, das würdig ist, gelebt zu werden. Jedenfalls ist das die Lesart, die wir vorschlagen: Der synoptische Blick wird der Diversität der Modi der Existenz die Macht einer Befragungssituation verleihen, in der es nicht einfach darum geht, zu antworten, sondern zu errichten, die Überfahrt zu schaffen, welche durch die Antwort erforderlich wird. Eine Überfahrt, die nirgendwohin sonst als in die Bestimmung dessen mündet, „wie" wir von den Modi der Existenz betroffen sind – es sollte diesbezüglich genügen, auf die letzten drei Sätze des Buches zu verweisen, in welchen die „Untersuchung" endet.

Dieser Vorschlag einer Lesart trifft auf einen Einwand, der quasi automatisch kommt, wie all diejenigen, die die Kritik in einen bedingten Reflex umwandeln. Da Souriau ja nicht neutral ist, da er ja tatsächlich in die kühne Konstruktion des Problems verwickelt ist, die ihm sein „Wunsch" aufdrängt, der Errichtung ihren metaphysischen Adelsbrief zu verleihen, ist er „wie die anderen". Der synoptische Blick ist nur ein Köder, man wird uns nicht zum Narren halten. Was ebenso heißt: Nicht nur sind wir von Souriaus Frage nicht betroffen, wir sind auch entschlossen, es zu bleiben. Aber genau dann taucht die einzigartige Kraft dieses kleinen Buches auf. Für den, der sich für diesen kritischen Weg entscheidet, wird es unlesbar sein. Weit davon entfernt, wie ein Köder zu funktionieren, ist jede Etappe der Untersuchung, die über die verschiedenen Modi der Existenz durchgeführt wird, imstande, völlige Verwirrung auszulösen, wenn man sie so betrachtet, als ob sie darauf abzielte, das Tendenziöse hinter einem Anschein von Unparteilichkeit zu verbergen.

Unsere Lesart wird sich auf Souriaus Seite stellen, der einzige Weg, so denken wir, ihn zu lesen. Genauer gesagt wird sie für eine Kohärenz zwischen dem eintreten, woraus Souriau das Problem zu konstruieren beabsichtigt, und der Art und Weise, wie er es konstruiert. Die Liste der Modi, die Frage, wie viele es von ihnen gibt, ist gewiss ein Vorwand, aber dieser verhehlt eine traurige Wahrheit nicht, diejenige eines Souriau, der die Existenz auf souveräne Art und Weise verteilt, wie einen Ruhmestitel, welcher denjenigen verliehen wird, die dem Wunsch des Souveräns dienlich sind. Die Liste funktioniert wie eine Überfahrt, die von der Frage nach dem anaphorischen Fortschreiten hervorgerufen wurde (eine metaphysische Frage, die sich aus der errichtenden Tatsache heraus aufdrängt), eine Überfahrt, auf der jeder Moment eine Erfahrung verlangt und erforderlich macht, die selbst anaphorisch ist. Tatsächlich eine Sphinx-Allee, und jede einzelne verlangt, dass wir raten – das heißt, dass wir die erforderliche anaphorische Entwicklung vornehmen.

Eine Überfahrt im Sinne Souriaus ist nicht kumulativ: die Lösung eines Rätsels versetzt nicht in die Lage, auf das nächste zu antworten. Aber alle werden hier etwas gemeinsam haben. Immer wenn man es schafft, wird das bedeuten, die Erfahrung zu machen, dass der Philosoph seine Stellung als Richter eingebüßt hat, dass die Wesen die Kraft erhalten haben, ihre Wahrheit, den Modus der Existenz, der ihnen eigen ist, festzulegen. Im Verhältnis zu diesen Modi der Existenz, zu dem, was sie verlangen, zu ihrer jeweils eigenen Vollkommenheit, zu ihrem „eigenen Gelingen in der Kunst des Existierens" müssen *wir* uns einordnen. Indem wir ihnen dann das hinzufügen, was sie eventuell benötigen, um in der Existenz gehalten zu werden (Abalität), wenn sie nicht über das Vermögen verfügen, an sich und aus sich selbst heraus zu existieren (Aseität). Es geschieht daher eben im Verhältnis zu ihnen, dass *wir*, die die Frage nach der Existenz stellen, uns als Eingeordnete und Betroffene vorfinden.

Wo man in Kapitel II auf eine merkwürdige Geistergeschichte stößt

Der Leser wird also mit zwei gegeneinander versetzten Parcours konfrontiert: Der eine behandelt die Frage nach dem *Wie viele* der Modi und der andere, der das *Wie* behandelt, erweist sich als angemessen, gleich welchem Modus zu entsprechen. Um die Dinge zu komplizieren, bezeichnet Souriau diese zweite Frage (die aber, wie wir wissen, sowohl die erste als auch die letzte Frage ist) mit dem trügerischen Ausdruck der Überexistenz, den man keinesfalls für eine Art Appell an die Transzendenz halten darf. Gedulden wir uns, wir haben es noch lange nicht geschafft.

Mit den „intensiven Modi" beginnt das, was Souriau selbst eine „Untersuchung" nennt. Man erinnere sich an seinen Zuruf an diese Kinder, die meinen, dass sie existieren: „Ihr existiert nur schwach." Ist das Existieren zu einem Mehr oder einem Weniger fähig? Das wäre schon eine erste Frage, die es wert wäre, dass man sie in die Liste der philosophischen Urteile einträgt. Aber die Überfahrt endet vielmehr in einer Prüfung: Was passiert, wenn wir in die Situation versetzt werden, für die Welt antworten zu müssen, anstatt dass die Welt *für uns* antwortet? Roquentin rechnete mit der Wurzel, ohne sich ihrer gewahr zu werden: Sie war „selbst"verständlich. Aber siehe da, plötzlich fehlt sie oder existiert nur noch, wenn er selbst die Kraft hat, sie in der Existenz zu bewahren – das wäre wirklich ekelhaft. Der Roquentin von Souriau gerät angesichts derselben Wurzel ins Wanken. Seine Existenz in seinem Verhältnis zu der Wurzel steht auf dem Spiel, und die Wurzel steht im Verhältnis zu ihrer eigenen wieder aufgenommenen und fortgesetzten Existenz auf dem Spiel – fortgesetzt, *weil* wieder aufgenommen. Paradoxerweise definiert Souriau die Existenz, indem er dem Existenzialismus nicht folgt.

Wie hat Souriau also seine Sache vorangetrieben? Der an „Kinder" gerichtete Zuruf, „ihr existiert nur schwach", lenkt unmittelbar hin auf den Kontrast zwischen dem, was sie sind, und dem, was sie werden könnten, das heißt auf den Standpunkt des Möglichen, auf das, was in ihnen potenziell, zum Emergieren bereit ist. Wer wünscht diesen Kindern nicht, dass ihre Lebensintensität zunimmt, dass ihr Leben jedenfalls an Erfahrungen reicher wird? Aber diesen Standpunkt bezeichnet Souriau als „liebenswürdig" (§ 19), und die erste Prüfung besteht darin, ihn zurückzuweisen. Ihn anzuerkennen hieße, die Frage abzuwürgen, das Problem in den Termen darzustellen, die die Lösung ergeben. Ist die Emergenz nicht gerade der Begriff, der unter der Gegenwart die Zukunft erkennt, die schon halb unterwegs ist, die gestrichelte Linie, die den vollen Strich vorbereitet? Souriau wird ebenso sehr die andere, rivalisierende Antwort zurückweisen, derzufolge die Existenz das wäre, was man entweder vollständig oder überhaupt nicht besitzt. In beiden Fällen, so schreibt er, befinden wir uns auf dem Gebiet der *doxa*, das heißt von Antworten, die nur zufriedenstellend erscheinen, weil das Problem, dem sie zu antworten scheinen, nicht konstruiert worden ist. Antworten, die beliebig und endlos miteinander rivalisieren.

Die Konstruktion des Problems wird also beginnen: Die Frage der Existenz muss, so wie wir sie in den Ausdrücken der Stärke und der Schwäche stellen können, durch eine „existenzielle Affirmation" durchgehen, um der *doxa* zu entkommen. Rufen wir uns ins Gedächtnis, dass man für jedes Wesen klarstellen können muss, „auf welcher Ebene der Existenz man sozusagen zur Jagd geblasen hat" (Souriau 1938, 23). Die Frage der Stärke oder der Schwäche findet die Ebene, auf der sie eine tatsächliche, Furcht erregende Befragung wird, nun aber nur von der tatsächlichen Erfahrung einer Auflösung in das Nichts aus.

> Bestehen wir darauf: Die Frage: ‚Bin ich?' darf nicht der Frage: ‚Was bin ich?' unterworfen werden. Die Antwort: ‚Ich bin nicht' oder: ‚Ich bin kaum' darf nicht bedeuten: ich bin nicht ich selbst; oder: ich bin es nicht, der ist, sondern etwas ist, und ich habe nur daran teil. Zum Beispiel ist es dann eben Gott, der ist; oder (Umstellung des *Ich denke** auf das *Es denkt in mir**) es ist das *Denken**, das ist. Die Antwort: ‚nein'; oder: ‚kaum' muss bedeuten: Dort, wo ich nachsehe, dort, wo ich die Existenz empfinde, gibt es nur wenig oder überhaupt keine Existenz. Was anderswo und für etwas anderes ist, ist nicht von Belang. (§ 26)

Und genau deshalb ist zum Beispiel Descartes der Prüfung nicht nachgekommen, die Souriau aufgegeben hat. Das Cogito „wurde nicht gefährdet, selbst durch die Hypothese des Genius malignus nicht" (§ 20). Descartes hat, als denkendes Existierendes, niemals akzeptiert, dass die Antwort auf die Frage „Bin ich?" „Nein!" sein kann. Für ihn sind die Stärke oder die Schwäche nicht demjenigen immanent, der „ich" sagt, sie sind auch nicht seinem Denken immanent. Er ist nicht ins Wanken geraten. Er wollte lediglich das denkende Wesen auf einer Skala einordnen, die von der geringsten bis zur höchsten Vollkommenheit aufsteigen würde. Das ist ein wenig so, als ob man die Körpergröße eines kleinen Jungen, der noch wächst, mit der Frage verwechselt, ob dieses Kind weiterhin wirklich existieren wird. Man könnte denselben Einwand gegen Heidegger vorbringen. Er wirkt des Seins als Sein viel zu sicher, als dass man glauben könnte, dass er sich der Prüfung unterzogen hat. Er verlässt sich auf das Sein. Aber wenn ihm das Sein gerade fehlte? Wenn Heidegger sich daran gemacht hätte, für es zu antworten, und es fehlte? Das hat er nicht bedacht. Durch diese Prüfung ist er nicht gegangen.

Und genau an diesem Punkt (§ 27, S. 102) verlässt Étienne Souriau, wenigstens für dieses Kapitel, die Geschichte der Philosophie und macht sich daran, eine ganze Reihe von Begriffspersonen zu erfinden, die sich im Gegensatz zu Descartes oder Heidegger der Prüfung des Kippens unterziehen werden: „Ich

---

*   Im Original deutsch, Anmerkung des Übersetzers.

nehme es auf mich, für das zu antworten, das mich existieren lässt, aber es kann sein, dass ich ohne Halt dastehe." All diese Figuren machen die Erfahrung des Wankens, sogar der Vernichtung: Der Geist löst sich auf; der Schiffbrüchige lässt sich sinken; der Mann der religiösen Berufung begegnet der Frage: „Habe ich die Kraft, meine Mission zu ertragen?" In allen drei Fällen wird die Figur von ihrer Schwäche nicht durch das Beispiel einer anderen überzeugt, die stärker, hellsichtiger und aufrichtiger ist als sie. Sie hat keinen Vergleichspunkt, keine Menschenkenntnis, keine Vergangenheit, keine Zukunft. Der Geist existiert als Gesandter, der beauftragt ist, Rache zu üben; der Schiffbrüchige schwimmt, weil er schwimmen kann, weil er, als sein Schiff mitten im Ozean gekentert ist, schwimmen musste; der Mann mit missionarischer Berufung wird durch den Ruf Gottes, dem er antwortet, existenziell konstituiert. In allen drei Fällen gibt es zunächst einen Halt. Eine Welt ist vorhanden, diejenige des Auftrags, der Gewohnheit oder der religiösen Institution, um einen Grund und eine Bedeutung zu liefern. Aber in allen drei Fällen kann es dazu kommen, dass dieser Halt fehlt – „Warum tue ich das?" Und sofort wird jede einzelne dieser Figuren der Gründe beraubt, die sie trugen und die ihr Gewissheit gaben. Was jedem widerfährt, so betont Souriau, der sich *ernsthaft* über sein Sein befragt. Um auf die Prüfung einzugehen, die uns Souriau darstellt, um auf die Überfahrt zu gehen, muss man gezögert haben, muss man beim Gewahr-Werden, dass die anaphorische Erfahrung sehr wohl auch *keinen Bürgen* haben könnte, erzittert sein. Wie soll man demjenigen glauben, der vom Sein spräche, ohne riskiert zu haben, von der Sphinx verschlungen zu werden?

Vorsicht, wenn Souriau hier von Gott spricht, das heißt, wenn er das Beispiel des Gläubigen behandelt, geht es keinesfalls um Transzendenz – und genau das bestätigt sich zweifellos in seinem elaboriertesten Buch, L'ombre de Dieu[20] [*Der Schatten Gottes*]. Der Mann mit der religiösen Berufung „verliert seinen Glauben" nicht insofern, als er plötzlich schließen würde, dass „Gott nicht existiert" – in etwa wie ein Kind, das plötzlich versteht, dass seine Geschenke von seinen Eltern und nicht vom Weihnachtsmann kommen. Ihm

---

20 Souriau 1955. Das Wort „Schatten" ist zu betonen, und man muss das gerade für diejenigen klarstellen, die hier allzu schnell höhnisch lachten; Souriaus Frage ist keinesfalls diejenige nach der Existenz Gottes, auch nicht die Erfahrung des Beistands, den man in den anaphorischen Variationen eines Lebens erhält. Eifer und ein klarer Verstand sind nicht die Privilegien des Gläubigen, sie zehren auch nicht speziell vom Glauben. Der Unterschied ist, dass der Gläubige eine aktive und empfindbare wechselseitige Beziehung erbittet und sucht. Der spirituelle Wunsch des Gläubigen ist es, „dass allem, was sich in ihm ereignet und was sich auf sein spirituelles Leben auswirkt, [...] unmittelbar etwas antwortet, gewiss ganz Unterschiedliches, vielleicht Liebe, vielleicht Mitleid, vielleicht Wut, etwas, das zumindest unmittelbar, korrelativ und zumindest auch von derselben Ordnung ist; dass, wenn man dafür so schwache Wörter gebrauchen kann, alles, was sich in ihm an Spirituellem ereignet, sofort und auf wechselseitige Art und Weise das ‚interessiert', was sich am anderen äußersten Ende dieses unendlichen Durchmessers befindet" (S. 308).

bietet sich keine „andere" Welt ohne Gott, und auch nicht die Entdeckung einer existenziellen Freiheit, um die ihn die Augenscheinlichkeiten der Welt gebracht hatten. Die Befragung ist ernst, sie ist sogar Furcht erregend, und doch geht es für Souriau nicht um einen Weg in Richtung Freiheit, sondern um einen Zugang zu dem, was ein „reiner" Modus der Erfahrung bedeutet, den die Begriffsperson bezeugen muss. Der Mann des Glaubens hat den Glauben nicht verloren, er macht die Erfahrung dieses „reinen" Glaubens, der frei ist von den Augenscheinlichkeiten der religiösen Wirklichkeit. Da er nicht mehr in eine Welt verwickelt ist, die für ihn antwortet und ihm Halt gibt, gibt ihm nur noch der Ruf Gottes Halt, dessen Antwort er ist, als ein Instrument für Gott, der ihm eine Mission gegeben hat. Insofern antwortet Gott für ihn, er gibt ihm seine Existenzberechtigung, er steht ihm bei, auf die Gefahr hin, ihn zu beurteilen, ihn ins Nichts zurückzuschicken, wenn er schlecht oder schwach antwortet. Aber wer versichert ihn dessen? Denn es ist ganz genauso richtig – und hierin liegt das wahre Umstürzen der existenziellen Verantwortung –, dass Gott ihn für seine Mission braucht, das heißt, dass Er von ihm abhängt. „Furcht erregende[s] Vermögen, die Frage umzukehren" (§ 28). Gott, der seine Existenzberechtigung war, der für ihn antwortete, ist nun *das, wofür er antworten muss*. Die Frage ist nicht mehr, ob er imstande sein wird, seine Mission zu erfüllen, sondern ob er die Kraft hat, diese Mission auszuhalten, wo er sich doch nur selbst Halt geben kann. Es ist an ihm, zu antworten. Ist er stark oder schwach?

> Das eine und das andere zugleich. Ich habe diese Stärke. Ist sie wirklich Stärke oder Schwäche? Wer wird das beurteilen? Hat das überhaupt einen Sinn? Ich bin diese Stärke, so wie sie ist, sie selbst in ihr selbst. (§ 28)

Immer wenn es um die reine Existenz geht, misst man die Existenz nicht mehr in Bezug auf irgendetwas Intensiveres, Stärkeres oder Schwächeres – diese Ausdrücke sind nur für die Wirklichkeit angemessen. Als sich der Missionar gewiss war, für Gott zu antworten, als die Welt und seine eigenen religiösen Gewohnheiten ihm Halt gaben und die Berechtigung seiner Mission bestätigten, genügte es, um sie genau zu beschreiben, mit dem Finger auf diese solide und konsistente Zusammensetzung zu zeigen. Man konnte sogar versucht sein, die Berufung durch die Welt zu erklären, die sie festigt und die ihr Nahrung gibt, ebenso wie das Meeresufer in der Ferne die Anstrengung des Schwimmers auslösen könnte. Aber der Augenblick der Furcht erregenden Befragung gehört der reinen Art des Glaubens an: Gott zu antworten oder *für* Gott zu antworten heißt, aus sich selbst heraus die Kraft zu haben, diese Mission auszuhalten.

Hier darf man sich wiederum nicht täuschen; Souriau wird von der anaphorischen Erfahrung geleitet und keinesfalls von irgendeiner romantischen Faszination oder irgendeinem tendenziösen Vorrecht, das dem existenziellen Wanken, der Prüfung, die den Glauben erschüttert, oder dem Gefühl der

Vanitas, das den Schwimmer überkommt, eingeräumt wird. Diese Erfahrungen sind die Signatur der reinen Existenz, der Feinheit, in die sie uns versetzt, wenn man sich auf sie beschränkt. Die anaphorische Erfahrung verleiht daher keiner existenzialistischen Versuchung Ausdruck und vor allem keiner Geringschätzung für die Wirklichkeit und den Halt, den sie gibt. Sie verlangt bloß, „Faktoren der Wirklichkeit (die für jeden Modus der Existenz zu analysieren sind) und vermeintliche Faktoren der Existenz" (§ 31) nicht zu verwechseln. Eine reine Gattung der Existenz hat keine Faktoren und übermittelt als solche keine Botschaft.

Es ist also die Unterscheidung zwischen Wirklichkeit und reiner Gattung der Existenz, die ausschlaggebend ist. Sie teilt zwischen dem Souriau, der die Errichtung als eine „Tatsache" denkt, weil er die Wirklichkeit und das Gelingen miteinander verbindet, und dem Souriau, der die Errichtung von der Frage nach den Modi der Existenz aus problematisiert. Und gerade an diesem Punkt kommt das Beispiel des Tonhaufens und *seines* Bildhauers, das wir weiter oben analysiert haben (S. 11–14), zum ersten Mal vor. Souriau warnt uns: Das Problem hat sich verändert. „Schaut nicht auf den Modellierstab, schaut auf die Statue": auf eben diese Statue, die unter der Bedingung, dass der Bildhauer für sie antwortet und dass sie für ihn antwortet oder auch nicht antwortet, auf die Existenz zugeht.

Wir kommen an den Endpunkt der Umformung jenes Problems, das durch die intensiven Modi aufgeworfen wurde: Die anaphorische Erfahrung teilt dessen Terme neu auf. Die *doxa* stellte diejenigen, die behaupten, dass man entweder völlig oder überhaupt nicht existiert, denjenigen gegenüber, die eine Existenz denken wollten, die reicher, vollkommener und wahrer werden könnte. Nein, die intensiven Variationen berühren die reine Existenz nicht, die sich „genügt […], trotz des Anscheins ihres Flackerns und ihrer Feinheit, in den sie uns versetzt, wenn man sich auf sie beschränkt" (§ 36). Dafür haben sie in der anaphorischen Bewegung Relevanz, denn die Etappen der Überfahrt – jede einzelne von ihnen ist voll und ganz – sind im Verhältnis zur Vollendung dieser Bewegung nur noch Entwurf und Vorbereitung. Ja, wir können sagen, dass wir mehr oder weniger existieren, aber nur in der Perspektive dieses anaphorischen Fortschreitens, das aus einem Leben ein regelrechtes Werk macht. In der Perspektive, dass derjenige, der sich nicht dem zu vollbringenden Werk unterwirft, sich nicht fragt, ob sein Leben Wirklichkeit hat oder nicht.

Und genau hier stoßen wir wieder auf den gegeneinander versetzten Plan, da ja das Werk per definitionem dazu zwingt, mehrere Modi der Existenz zusammenzufügen: selbstverständlich den Ton, aber auch die Seele des Künstlers, ohne die Statue zu vergessen, die auf der Suche nach ihrer Form ist – und alle drei befinden sich in großer Gefahr, zu misslingen. Da das hier schon drei Modi ergibt, müssen wir von der Frage des „wie?" auf die Frage des „wie viele?" übergehen.

Der Anfang von Kapitel III und die ersten fünf Modi der reinen Existenz

„Jeder Modus ist für sich allein eine Kunst des Existierens" (§ 36). „Für sich allein", das ist die Herausforderung, die das dritte Kapitel unter Spannung setzt. Es geht nicht darum, reine Existenz und Wirklichkeit in einen Gegensatz zu bringen, sondern jeden Modus zu befragen, was seine eigene Art und Weise ist, „Wirklichkeit hervorzubringen". Der Vergleich von Modus zu Modus darf daher nicht angestellt werden, indem man den Weg über die Vermittlung einer Substanz nimmt, die ihnen gemeinsam wäre und deren Variationen sie alle wären, sondern, indem man jedem einzelnen das Vermögen verleiht, auf seine Weise die Gesamtheit der ontologischen Kategorien zu erzeugen, die ihm eigen sind. Es ist ein wenig so, als ob jeder Modus ein besonderes *Schnittmuster* besitzen würde (im Sinn des Wortes, wie man es bei Näharbeiten versteht), ein ontologisches Schnittmuster, das zu den anderen Modi nicht passt oder das, wenn man sich darauf versteift, es dennoch anzupassen, Deformierungen, Falten, etwas Unbequemes, kurz: zahllose Kategorienfehler mit sich bringen würde.

Das dritte Kapitel ist das längste des Buches und scheint am logischsten organisiert zu sein, wenn diese Organisation auch völlig trügerisch ist. Da das zu vollbringende Werk ja gewissermaßen dazu zwingt, mehrere Modi miteinander zu kreuzen, ist es entscheidend, nunmehr die Unterschiede zu betrachten, die zwischen ihnen bestehen (schließlich besagt das auch der Titel des Buches!); von ihnen hängt die Qualität der Existenz ab, die in Kapitel IV zur Schlüsselfrage wird. Die Organisation des Kapitels ist im Grunde eine zweifache (um nicht zu sagen eine zweideutige): Man durchquert eine Palette von Modi (Vorsicht, die Ausdrücke sind eigenartig): als Erstes die Phänomene, dann die „Dinglichen" (hier sind die Begriffe und die Seelen enthalten!), dann die „Fürsorgebedürftigen" (im Grunde die Wesen der Fiktion), danach die Virtuellen, bevor die „Synaptischen" zur Sprache gebracht werden. Aber gleichzeitig stellt ihr Verhältnis zur Errichtung die Präzisionswaage dar, auf der man diese Modi nacheinander wiegt: Jeder einzelne repräsentiert einen unterschiedlichen Grad von Risiko, ein Risiko, in dem sich das Gelingen oder das Scheitern der anaphorischen Erfahrung immer klarer manifestiert. Im Phänomen kann man das Risiko, das von seiner Existenz eingegangen wird, nicht spüren; im Virtuellen spürt man es ganz und gar; während man es in den Elementen dazwischen allmählich erahnt. Das Risiko, dass der Entwurf misslingt, wird, indem man von einem Modus zum anderen geht, immer größer, da man sich ja schrittweise von der Aseität (Existenz an sich) zur Abalietät (Existenz in Abhängigkeit eines anderen) bewegt.

Die Phänomene in Offenkundigkeit

Der erste Modus, der von Souriau aufgegriffen wird, derjenige des Phänomens, hatte noch nie Glück mit den Philosophen. Man hat das Phänomen zu sehr emporgehoben, indem man ihm den zweifelhaften Status verliehen hat, die einzige legitime Quelle für jegliche mögliche Erkenntnis zu liefern; man hat es zu sehr herabgesetzt, indem man aus dem Phänomen den bloßen trügerischen Schein gemacht hat, der die wahren Wirklichkeiten verbergen würde – zweite Qualitäten, von denen man sich abwenden muss, wenn es darum geht, zu den ersten Qualitäten, den einzig wirklichen, zu gelangen. Aber genauso wenig wie Whitehead bewegt sich Souriau in einer Welt, die in erste Qualitäten und zweite Qualitäten verzweigt wäre (Whitehead [1920] 1990; Stengers 2002). Das Phänomen verdient also in seinen Augen weder dieses Übermaß an Ehre noch diese Unwürdigkeit. Nein, Souriau will das Phänomen *unabhängig* von dem schlecht einstudierten Begriff der Materie erfassen, ohne es sofort in die immerwährende Frage zu verwickeln, was dem Objekt und was dem Subjekt angehört. Er wird sich seiner nicht als Gegenstück zur Subjektivität bedienen. Anders ausgedrückt, es gibt kein Jenseits und kein Diesseits des Phänomens. Es besitzt seinen eigenen Modus.

> Um die phänomenische Existenz zu begreifen, muss man – wir sagen es noch einmal – vor allem vermeiden, das Phänomen als Phänomen *von* etwas oder *für* jemanden zu verstehen. Eben das ist der Aspekt, den das Phänomen annimmt, wenn man, da man an die Betrachtung der Existenz über eine andere Modalität herangegangen ist, nachträglich auf es stößt, zum Beispiel in seiner Rolle der Manifestation; oder wenn man, da man es als Ausgangspunkt angenommen hat, versucht (wie die Phänomenologen), eine Verschiebung in Richtung anderer Existenzen vorzunehmen, indem man das ontologische Denken und die ontologische Erfahrung auf die morphematischen Verbindungen überträgt, die mit ihm zusammenhängen und die von ihm aus zu anderen Modi führen. Man begreift es in seinem existenziellen Gehalt wohl nur, wenn man es als das empfindet, was dem Halt gibt und was das einzig auf sich selbst stellt, was sich an es anlehnen und sich in ihm, mit ihm und durch es festigen kann. Und in dieser Eigenschaft erscheint es als Modell und als Eichmaß der Existenz. (§ 45)

Die Erfahrung, die durch das reine Phänomen geboten wird, ist tatsächlich etwas ganz anderes als das, was die ersten Empiristen die Empfindung nannten: „In der Empfindung ist das Phänomenische sehr intensiv, aber auch sehr gemischt. Gewissermaßen sind die Empfindungen der Krach des Phänomens" (§ 41). Zum ersten Mal seit dem ersten Empirismus finden wir uns vor einem Vektor wieder, einer „Vektion" sagt Souriau, der schließlich von der Frage der Erkenntnis oder von der Pflicht, nur der Bürge einer Intentionalität zu sein, befreit ist. Souriaus Phänomen wird nicht mehr zwischen dem, was es *hinter* ihm gäbe – die ersten Qualitäten –, und dem, was es *vor* ihm gäbe – die zweiten Qualitäten –, in die Zange genommen. Was diesen vollkommen eigenständigen und als solchen von der Philosophie selten charakterisierten Modus definiert, ist seine Offenkundigkeit:

> Er ist Anwesenheit, Glanz, nicht zurückzuweisende Gegebenheit. Er ist und sagt sich als das aus, was er ist.
>
> Man kann sicherlich versuchen, ihm diese irritierende Qualität der Anwesenheit-durch-sich auszutreiben. Man kann ihn als fein, instabil und vergänglich anprangern. Heißt das nicht einfach, die eigene Verunsicherung vor einer reinen Existenz eines einzigen Modus einzugestehen? (§ 37)

Das reine Phänomen eines einzigen Modus „verunsichert"! Warum? Weil wir nur selten von ihm aufgehalten werden; wir werden nur selten daran gehindert, es als Phänomen *von etwas* oder *für* jemanden zu begreifen, als Zugang zu einem Substrat oder als Bürge einer Intentionalität. Aber es geht nicht darum, sich mit ihm zu brüsten, sondern vielmehr darum, das anzuerkennen, was wir ihm zu verdanken haben. Denn „die Großzügigkeit des Phänomens" (§ 37) ist es, sich allen anderen Modi zu geben und von diesen nichts zu erhalten. In was für einem Fall können wir es trotzdem in seiner ganzen Reinheit fassen? Die Sprache sagt es uns, man „lässt sich fassen", und so bezeugt sie das Phänomen, seine „Vektionen der Appetition, seine Tendenzen auf das andere zu", denen man „in ihrer Strahlung folgen [kann], insofern sie immer noch aus dem Stoff des Phänomens gemacht bleiben" (§ 40). Selbstverständlich ist es nach Souriau das Privileg des Werks und sogar des Kunstgegenstands, dem Phänomenalen dieses Vermögen zu verleihen, die existenzielle Verschiebung vorübergehend auszusetzen, die vom Manifesten zur Manifestation „von" verläuft, das Privileg also, sich in seinem eigenen existenziellen Gehalt durchzusetzen.

Das Phänomen erscheint aufgrund seiner Großzügigkeit für die anderen „als Eichmaß der Existenz", und nicht weil es die anderen Modi der Existenz in einen schwachen Zustand versetzen würde. Souriau ist kein Romantiker und auch kein Mystiker, der die unsagbare Wahrheit feiert, die durch das menschliche Treiben verfälscht würde. Wenn er Mystiker ist, dann ein Mystiker der Monumentalität. Das sinnliche Schauspiel besitzt eine ganz andere Qualität, als unsagbar zu sein: Es sagt sich als das aus, was es ist. Daher seine Aseität: Es hat seinen Seinsmodus nur von sich selbst; der Zuschauer ist es, der in ihm, mit ihm und durch es gesetzt wird. Wenn sich der Spaziergänger daran macht, ein frühlingshaftes Schauspiel zu genießen, wird er eben für die Komposition dieses Schauspiels empfänglich: Dieses Schauspiel schlägt in seinen Bann wie ein Werk, obwohl es nicht das Ergebnis der Arbeit irgendeines Komponisten ist.

Man wird einwenden, dass das Schauspiel einen Zuschauer hat und dass es ohne Zuschauer kein Schauspiel gäbe. Das hieße, Souriau sehr schlecht zu verstehen: Es ist nicht der Zuschauer, der die Bedeutung des Schauspiels auf eine indifferente, für jede Bedeutung verfügbare Grundlage projiziert, es ist das Schauspiel, das seinem Zuschauer *Halt gibt*. Man erinnere sich, dass Souriau in seiner Doktorarbeit hervorgehoben hatte, dass der Zuschauer, wenn er im Gedächtnis behalten will, was er empfunden hat (und sei es nur, wenn er Phänomenologe ist, um davon eine Reduktion durchzuführen), die Form des Schauspiels – oder die Seele, wie er hier schreibt – wieder instand setzen und erringen wird müssen. Und dabei geht es gleichermaßen um die Erringung seiner eigenen Seele. Man versteht schon, dass Souriau der Phänomenologie genauso wenig verfallen wird wie dem Existenzialismus. Worauf es ankommt, ist, eine existenzielle Reduktion und keine phänomenologische vorzunehmen. Das Phänomen wird hier in maximaler Entfernung zur Phänomenologie eingeordnet, von der Souriau, indem er Kipling zitiert, mit vergnügter Härte sagt: „Sodass eine Phänomenologie in diesem Sinn der Ort ist, an dem man das Phänomen am wenigsten suchen kann. *The darkest place is under the lamp*, wie Kim sagt" (§ 40).

Die dinglichen Modi: Was ist ein Ding?

Der Leser begreift den schwindelerregenden Charakter dieser Untersuchung, wenn Souriau zum zweiten reinen Modus übergeht, den er *réique* (vom Lateinischen *res*), also dinglich nennt. Existieren bedeutet, die Kunst des Existierens auszuüben. Das Phänomen war imstande, der Existenz einer Seele, die für es antwortet, Halt zu geben – sagt man von einer Landschaft nicht, dass sie „eine Seele hat", oder von einem Schauspiel, dass es „fesselnd" ist? Wenn es für eine Seele, begriffen als „phänomenisches Ich", eine Kunst des Existierens gab, so entdecken wir nun, dass es auch für das Dingliche eine Kunst des Existierens gibt, die sich durch einen anderen Seinsmodus bietet. Dieser erzeugt zugleich die Vernunft und das Ding, beide als das definiert, was sich auf die Suche nach Permanenz und Identität macht. Da jedem Modus der Existenz die Kunst einer Ausarbeitung auf einer besonderen Ebene entsprechen muss, existiert nämlich für jeden Modus eine andere Art und Weise, sich der Prüfung der Anapher zu unterziehen. Es gibt daher genauso viele Typen von Formen – man müsste sagen: der Formation von Formen –, wie es Modi gibt.

Von seiner Doktorarbeit an hat Souriau, wie man weiß, in der Wissenschaft das erste Beispiel für die Arbeit der Formen gefunden: Der erkennende Geist wird durch die Anstrengung der dinglichen Wesen, ihr Recht auf die Existenz zu erwerben, eingesetzt, errichtet. Die Frage fällt nicht in die Erkenntnistheorie. Sie inszeniert nicht das erkennende Subjekt, das sowieso nie der reinen Existenz gegenübersteht, da es ja immer mit einer plurimodalen Wirklichkeit zu tun hat (diese Blume, Duft und Farben, aber auch dieses Ding, das ich pflücken, zertreten, in Stücke reißen und dadurch erkennen kann). Es ist ein wenig so, als ob jede Form in ihrer Spur eine Art und Weise, „eine Seele zu haben", zurücklässt. Das Phänomen lässt eine hinter sich zurück; das *Ding* lässt eine andere hinter sich zurück.

Aber was ist ein Ding, wenn es auf seinen reinen existenziellen Gehalt reduziert wird? Es ist das, was durch seine Manifestationen hindurch erhalten bleibt – im Gegensatz zum Phänomen, das *nur* seine Manifestationen (und zwar alle) war. Mit dem, worauf die Vernunft zu antworten lernt, verlassen wir den Modus des Phänomens. Wenn sich das sinnliche, phänomenale Schauspiel beim Zuschauer aufdrängt, so drängt sich der reine Modus des dinglichen Existierens seinerseits auf als

> eine gegenüber der Situation hier oder da in einem entfalteten und nach Raum und Zeit geordneten Universum indifferente Anwesenheit. Darin liegt seine Existenzgrundlage. Als Kunst des Existierens ist er die Erringung und die Verwirklichung, das wirkliche Besitzen dieser der Situation gegenüber indifferenten Anwesenheit. (§ 47)

Dieses Mal wird die notwendige Arbeit, um die kontinuierliche Existenz der Dinge sicherzustellen, lebhaft empfunden: Die Errichtung wird viel präsenter, und mit ihr das eingegangene Risiko, dass alles misslingt. Denn im Gegensatz zu den Phänomenen existiert das Ding nicht in Offenkundigkeit, es fesselt nicht und es bedarf großer Anstrengungen, sich zu der Unterscheidung zwischen dem, was erhalten bleibt, und dem, was manifest ist, durchzuringen:

> [E]s [ist] die Identität des Dings durch seine diversen Erscheinungen hindurch, die es bestimmt und konstituiert. Es herrscht über den systematischen Charakter des Dings Übereinstimmung, und über eben jene Tatsache, dass es spezifisch darin charakterisiert wird, durch seine Erscheinungen oder noetischen Verwendungen hindurch numerisch eins zu bleiben. (§ 46)

„Numerisch eins" – alles ist da. Die Phänomene bildeten eine Komposition, die völlig spüren zu lassen das Privileg des Kunstwerks war. Die Dinge bilden ihrerseits ein System, aber unter der Bedingung, dieses System auf die Art und Weise der „noetischen Verwendung" existieren zu lassen. Heißt das, dass wir schließlich bei der „wahren Wirklichkeit" angelangt sind, derjenigen, die die Wissenschaftler in ihren Labors untersuchen, derjenigen dieses Steins, der dorthin fällt, wo er fällt, auf die Gefahr hin, den Schädel eines Passanten zu zertrümmern? Haben wir es endlich mit dem zu tun, was die Wissenschaftler in den Ausdrücken der Bewegung und der Energie beschreiben, mit der Verkettung von Ursachen und Wirkungen? Selbstverständlich nicht. Die Wissenschaften sind zu komplexe Institutionen und eindeutig zu plurimodale Praktiken, um einen reinen Modus der Existenz darzustellen. Galilei brauchte um einiges mehr als seine schiefe Ebene, damit sein Gelingen – das heißt:

die noetische Verbindung einer physikalisch-mathematischen Relation, die numerisch eine ist, mit den Kugeln, die er rollen ließ – das Synonym für die „Begründung der modernen Wissenschaften" (Stengers 2006) wurde.

Souriau sucht eben nicht die vom menschlichen Geist „unabhängige" Wirklichkeit, sondern das Ding, das es schafft, durch den Raum und die Zeit hindurch ähnlich zu bleiben, und das *aufgrund dieser Tatsache* und gleichsam obendrein die *res cogitans* erzeugt. Ganz alleine? Nein. Dank einer weiteren Arbeit, in der die Errichtung jedes Mal sichtbarer wird. Welch Anstrengung, um gegenüber der Situation indifferent zu werden! Ein ausschlaggebender Punkt, umso mehr, als Souriau, man wird sich daran erinnern, schon in seiner Doktorarbeit auf eben jener Tatsache bestand, dass es einer der Aspekte dieser Identität ist – zum Beispiel, den Gedanken des gleichseitigen Dreiecks behalten zu können –, sie *wieder instand setzen* zu können. Was beim dinglichen Modus der Existenz auf dem Spiel steht, ist eben nicht eine inhumane Wirklichkeit, die ohne Beziehung zum Denken wäre. Im Gegenteil, der dingliche Status *enthält* das Denken, und das sogar auf dreifache Art und Weise: als Bindung, als Bewusstsein und als Agens.[21] Was erklärt, warum Souriau keine Sekunde auf den Versuch verschwendet, zu verstehen, durch welches Wunder das Denken und die Außenwelt in Übereinstimmung gebracht werden können: Es geht zwei Mal um dieselbe Sache, anders ausgedrückt: um die Welt, die im Modus der Existenz des Dings wieder erfasst wird.[22]

Anstatt vom Raum und der Zeit auszugehen, um Dinge zu definieren (erste Qualitäten), deren bloßer äußerer Anschein die Phänomene wären (zweite Qualitäten), macht Souriau aus dem Modus der reinen Existenz der Dinge das, was eine besondere Form von Raum und Zeit erzeugt. Aber die Großzügigkeit des Phänomens sollte man hier vergessen. Die Signatur des Modus der reinen dinglichen Existenz ist es gerade, eine Zeit und einen Raum zögerlich und mühevoll herzustellen.

Um das dem dinglichen Modus eigene Gelingen genau zu beschreiben, schlägt uns Souriau ein Gedankenexperiment vor: Er bittet uns, ein großflächiges Blatt Papier zu zerknüllen oder ein langes Band auf sich selbst zusammenzufalten; danach durchbohrt man sie mit einer Nadel; am Ende, wenn das Blatt oder das Band wieder auseinander gefaltet sind, erscheinen sie (phänomenale Erscheinung) übersät mit Löchern – beim Blatt zufällig, beim Band der Länge

---

21 Man erkennt hier, wie sehr diese wirre Metaphysik mit den viel nüchterneren *science studies* zusammengebracht werden kann und wie man eine Verbindung zwischen dem hier definierten Ding und den „unwandelbaren Mobilen" [*„mobiles immuables"*] herstellen kann, denen in der Wissenschaftsgeschichte nachgegangen wird. Siehe zum Beispiel Netz 2003.

22 Auf den letzten Seiten des Buches wird er den Begriff der „Korrespondenz" gebrauchen, um der Übereinstimmung zwischen dem Entwurf und dem Werk einen anderen Namen zu geben, indem er die Metapher des Spiegels wie auch die jeder *mimesis* endgültig aufbricht.

nach, wobei jedes Loch die Evidenz eines „hier und jetzt" repräsentiert. Dann wendet er diesen sonderbaren Vergleich auf zwei Beispiele an, die scheinbar in keiner Relation zueinander stehen: auf ein Theorem und auf Monsieur Durand, das heißt einerseits auf das platonische Objekt, andererseits auf das partikuläre Individuum! Aber zu beiden stellt er dieselbe Frage: Wie ist es zu verstehen, dass sie „numerisch eins" werden, wo es doch keine Substanz und keinen raumzeitlichen Rahmen gibt, um ihnen in der Existenz Halt zu geben?

In beiden Fällen muss man denken können, dass es nur ein einziges Loch gibt, wie es auch nur eine einzige Nadel gibt. „Die dingliche Existenz ist wie die Einheit des Lochs oder der Nadel. Als reiner Modus des Existierens ist der dingliche Modus besitzanzeigende Anwesenheit seiner selbst in diesem Miteigentum" (§ 47). Wenn man anerkennen muss, dass es eine Indifferenz des Theorems im Verhältnis zu seiner Situation gibt, eine Indifferenz im Verhältnis zu der Stelle auf dem Blatt, die durchlöchert worden ist, so muss man das folglich auch, zwar nicht für Monsieur Durand, aber für den reinen Modus der Existenz anerkennen, dessen Erringung sicherstellt, dass es eine „Durandität" gibt. Aber nur unter Achtung von unterschiedlichen Bedingungen, Bedingungen, die den jeweiligen Fällen des zerknüllten Papiers und des Bands entsprechen, kann man sagen, dass das Theorem und Monsieur Durand alle beide „numerisch eins" sind.

Dem Fall des Bands entspricht der Typus von Ubiquität der singulären Dinge, deren phänomenale Manifestationen auf eine mit bestimmten Gesetzen konforme Art und Weise miteinander in Verbindung stehen müssen. Und das unabhängig davon, ob es nun um Monsieur Durand oder um seine Pfeife geht. Ihre Ubiquität ist zeitlich beschränkt, und das noch dazu unter der Voraussetzung, dass ihre Erscheinungen eine gewisse Ordnung einhalten – ob wir diese nun als Altern oder Abnutzung beschreiben. Es gibt eine Geschichte der Dinge. Aber sie kommen nicht in den Genuss von räumlicher Ubiquität: Wenn Monsieur Durand oder seine Pfeife „hier" phänomenal erscheinen, werden weder der eine noch die andere im selben Augenblick anderswo sein können. „Für sie gibt es ein Alibi" (§ 49), schreibt Souriau. Überdies ist ein singuläres Ding, insofern es existiert, nie nirgendwo. Was wir mit der eigentlichen Definition des Status „wahrhaftig existieren" gleichzusetzen geneigt wären, ist tatsächlich allein das Los der Dinge, dessen zwingenden Charakter die *conditio humana* ausspricht: „Nie auf einmal an zwei Orten zu sein, ist trist. Stets irgendwo zu sein, dieser Umstand ist noch härter" (§ 49).

Aber welchem Fall entspricht derjenige des zerknüllten Papiers, der Fall der Entitäten, die „eins" und solchen Bedingungen nicht unterworfen sind?

> Das gleichseitige Dreieck an sich ist die eine Essenz von verschiedenartigen phänomenalen Erscheinungen, von konkreten Dreiecken, die in der Welt nach Zufall verteilt und voneinander getrennt sein können, wie die

> Menschen nach Zufall verteilt sind, die gemeinsam an einer identischen menschlichen Natur teilhaben, die in ihnen allen ist. (§ 48)

Man darf keinesfalls so tun, als ob man mit dem dinglichen Modus endlich die reale Welt entdeckt hätte. Die Gleichseitigkeit musste errichtet werden, und die Errichtung der menschlichen Natur (ein Leitmotiv von Souriau) ist, so sagen wir, noch kaum im Entwurfsstadium. Was die singulären Dinge betrifft, so verbietet uns die an sich anaphorische Erfahrung des Nadellochs, den reinen Modus der Existenz mit irgendeinem „träge, schwerfällig oder mechanisch gesicherte[n] zeitliche[n] Fortbestehen" (§ 53) zu verwechseln. Die Indifferenz kann deshalb transversal zu Ordnungen sein, die wir so gerne voneinander getrennt halten, weil man diese Indifferenz durchsetzen muss, ohne sich je über eine Raumzeit sicher sein zu können, die den zu erkennenden Dingen wie auch dem erkennenden Geist als Rahmen diente. Ohne auch je den Dingen die Fähigkeit zu handeln zu verleihen, das heißt, die Fähigkeit, das zu erklären, was sich im Lauf der Zeit ereignet. Die Zeit hat hier eine Ordnung, das ist alles. Lebewohl also den kleinen Körpern, deren Stöße Veränderungen und Ereignisse erklären mussten. Lebewohl dem so bequemen Gegensatz zwischen objektiver Wirklichkeit und erkennendem Subjekt.

Die Wende, die Souriau der Epistemologie verleiht, ist ziemlich verblüffend: Da man für jeden Modus der Existenz ja fragen sollte, welches seine eigenen Faktoren der Wirklichkeit sind, begibt sich alles so, als ob jeder Typ von Schauspiel einen neuen Typ von Zuschauer einsetzen würde. Schon die Seele des Spaziergängers, der vom Schauspiel des Frühlings gefesselt wird, bezeugte die „Vektionen in der Appetition" einer phänomenalen Wirklichkeit, die als eine harmonische Zusammensetzung verstanden wird, einen Faktor der Wirklichkeit dieser Welt. Aber wenn es um das Denken als Bindung des Systems und als Bewusstsein von der Existenz geht, die in der Identität eins ist, werden die beiden Vektoren, Dinge und Gedanken, koproduziert. Man muss sich folglich davor in Acht nehmen, aus dem Denken das zu machen, wovon ein psychisches Wesen Ursache oder Urheber wäre. Was die dinglichen Wesen *voraussetzen*, was in ihre Konstitution Eingang findet, sind Kohäsion und Bindung:

> Geben wir Acht, denn es *[das Denken, Anm. d. Komm.]* kann nicht als Produkt oder Ergebnis der Handlung eines psychischen Wesens verstanden werden, das selbst als dinglich, als vom zusammengesetzten Ding verschieden verstanden würde und das Subjekt oder abgetrennte Substrat des Denkens wäre. Dieses hat kein anderes Substrat als das Ding selbst, das es zusammensetzt und spürt. In gewisser Hinsicht rein unpersönlich, muss man sich davor hüten, es so zu begreifen, wie es im dinglichen Status wirksam ist, indem man in diesen all das hineinträgt, was wir von anderswo her vom Denken verstehen und wissen. So wie es dieser Status impliziert, ist es ganz einfach Bindung und Kommunikation. Es ist auch

Bewusstsein, wobei dieses letzte Wort einfach als phänomenaler Schimmer aufgefasst wird; was dieses Bewusstsein der einen und identischen Existenz auf die Feststellung zurückbringt, dass wir von ihm als existierend nur in der Gestalt sprechen, in der es luzide und für sich selbst anwesend ist – was vielleicht nicht konstitutiv ist. Letzten Endes ist es vor allem die systematische Kohäsion, die Bindung, die hier in dieser Rolle des Denkens essenziell und konstitutiv ist. Es ist sogar zu fragen, ob es nicht vielmehr um einen *Faktor* als um einen *Effekt* des Denkens geht. (§ 51)

Die Innovation ist maßgeblich: das erkannte Objekt und das erkennende Subjekt sind gegenüber diesem Modus der Existenz nicht präexistierend. Es gibt nicht als Erstes ein Denken, das sich dann einem Objekt zuwenden würde, um aus ihm die Form zu extrahieren. Als Erstes gibt es „Bindung und Kommunikation", „systematische Kohäsion", was Souriau im vorangehenden Zitat das Vermögen, „numerisch eins zu bleiben", nannte; und *erst dann*, als Folgewirkung, gibt es ein besonderes Vermögen des Denkens, von dem er die Dreistigkeit besitzt, es als „einen phänomenalen Schimmer" zu definieren ... Das objektive Denken schimmert nur, wenn die Dinge vorüberziehen! Anders gesagt, es gibt objektives Denken nicht auf Anhieb: Es gibt Objekte oder eher Dinge, deren Zirkulation in der Welt den Seelen ihre rationale Tonalität verleiht, welche durch dieses Angebot verstärkt und vertieft wird. Das Denken „hat kein anderes Substrat als das Ding selbst, das es zusammensetzt und spürt". Darum also kehrt Souriau das ursprüngliche Verhältnis um, indem er aus der Kohäsion und der Bindung einen „Faktor" des Denkens macht, und nicht das, was als „Ursache" auf es verweisen würde. Die Seele der Dinglichen lässt ein Bewusstsein *more geometrico* hinter sich zurück.

Die dinglichen Modi: Wie stellt man es an, eine Seele zu haben?

Man wird einwenden, dass das, was für die Vernunft denkbar ist, für die Seele nicht denkbar ist. Zwar kann man im äußersten Fall akzeptieren, dass *res cogitans* und *res exstensa* gemeinsam und aus derselben Bewegung entstehen, die einen so einigermaßen kontinuierlichen raumzeitlichen Rahmen hervorgehen lässt, aber worin ist das für unser Bewusstsein gültig? Das hat weder Hand noch Fuß. Da kann man so viel Metaphysik betreiben, wie man will, man kann nicht im selben Atemzug die Ewigkeit der mathematischen Theoreme und die Kontinuität von Monsieur Durand erzeugen! Das bedeutet, zu vergessen, dass die den Dinglichen eigene Indifferenz gegenüber der Situation errungen wird. Was nun aber errungen wird, ist eine Form der *Monumentalität*. Die Seelen – die zu erlangenden, zu formenden, zu erprobenden Seelen – sind in diesem Sinne auch Dinge. Gerade weil sie danach streben, *Bestand* zu haben ...

Wenn dieses Wort ‚dinglicher Status', für die Seele schockierend und diese ‚Dinglichkeit' auf sie unanwendbar scheint, dann behalten wir das

Wort Dinglichkeit dem speziellen Kosmos der physischen oder praktischen Erfahrung vor; sprechen wir allgemeiner von einem ontischen Modus der Existenz, der den Psychismen ebenso angemessen sein wird wie den Reismen. Alles, was wir über die Psychismen behaupten, indem wir in ihnen diesen Modus des Existierens feststellen, ist, dass sie eine Art Monumentalität haben, die aus ihrer Organisation und ihrer Form das Gesetz einer Permanenz, einer Identität macht. Weit davon entfernt, ihr Leben aufs Spiel zu setzen, indem man sie auf diese Weise versteht, heißt es andererseits, sie zu verfehlen, wenn man die Seele nicht als Architektonik begreift, als harmonisches System, das zu Modifizierungen, Erweiterungen, manchmal zu Umstürzen und sogar zu Verletzungen imstande ist ... in einem Wort, sie als ein Wesen aufzufassen. (§ 52)

Was ist dann mit diesen psychischen Wesen selbst? Was ist mit Monsieur Durand, der durch seine verschiedenen phänomenalen Erscheinungen hindurch mit sich selbst identisch ist? Nun fragen wir nicht nach dem durandischen „phänomenischen Ich", das von der Landschaft gefesselt wird, und auch nicht nach Monsieur Durand, der vor Glück über eine neue Liebe strahlt, die Emotion einer verlorenen Liebe oder das Entsetzen über eine verratene Liebe hervorruft. Wir sprechen hier von der „Durandität", die diese verschiedenen Erscheinungen miteinander verbindet, welche die Monsieur Durand eigene „Monumentalität" zum Ausdruck bringt und aus deren Organisation und Form „das Gesetz einer Permanenz, einer Identität macht". Diese Durandität ist das, was Souriau eine Seele oder einen „Psychismus" nennt.

Es ist möglich, dass Étienne Souriau die Erfahrung dessen gemacht hat, was er unter seiner eigenen „Souriauität" versteht, die Erfahrung des „Selbstbesitzes im Unteilbaren der persönlichen Identität". Man wird sich an die Art und Weise erinnern, wie die Frage der Form am Ende seiner Doktorarbeit mit der Notwendigkeit, „sich selbst zur Kenntnis zu nehmen", in Verbindung trat. Aber es kommt dem Philosophen des Werks zu, die Erfüllung dieser edlen Wünsche mit der grundlegenden Ubiquität zu verbinden, die für den „ontischen Modus der Existenz" kennzeichnend ist, der Reismus und Psychismus enthält; und sie auch zu verbinden mit der Möglichkeit einer positiven Psychologie:

> Absurd und grob ist es im Chosalismus hingegen, die Seele als Analogon zu einem physischen und materiellen Ding zu betrachten – vor allem in den Bedingungen ihres Fortbestehens. Es ist schon zulässiger, aber immer noch unangemessen, sie nach dem ontischen Typus der Lebewesen und gemäß deren Konditionierungen zu begreifen. Aber es ist an der Psychologie – an einer Psychologie, die keine Angst vor dem Ontischen der Seele hat (soll sie es Psychismus nennen, wenn sie Angst vor dem Wort hat) –, ihre spezifischen Konditionierungen auszuformulieren, einschließlich der Vielheit, der Zusammensetzung und des Kontrapunkts der Seelen;

all dieses Interpsychischen, das aus ihrer Gesamtordnung einen Kosmos macht. (§ 52)

Étienne Souriau war dieser Psychologe, der keine Angst vor dem Ontischen hatte. „Eine Seele zu haben" bedeutete für ihn zuerst, dem ausgesetzt zu sein, dass sie „misslingt", dass man sie verkümmern lässt, dass man sich darin irrt, was sie vergrößern oder umstürzen kann; für ihn bedeutete es aber auch, bereit zu sein, die Verantwortung für die Verletzung zu übernehmen, die der Seele eines anderen zugefügt wurde. Während die Kunst des Existierens, die dem Phänomenischen eigen ist, den luziden Glanz verlangte, der sich auf nichts anderes als auf es selbst bezieht, lässt sich die Seele von Monsieur Durand nicht in einem Pleroma aus Luziditätspunkten zusammenfassen; sie verlangt einen Kosmos. Wenn die Liebeserfahrung „den diskreten und in sich geschlossenen, stellaren und mikrokosmisch begrenzten Charakter des Phänomens" haben kann (§ 44), erfordert ein verliebter Monsieur Durand seinerseits, dass das Objekt seiner Liebe nicht unerwartet, wie aus dem Nirgendwo gekommen, auftaucht. Und wie Souriau auf komische Art und Weise sagt, verhält es sich genauso mit der Pfeife, an der er herumkaut und die er dort wiederzufinden hofft, wo er sie zurückgelassen hat. Der Psychologe, der bestrebt wäre, das zu erfassen, was sich durch die phänomenalen Manifestationen von Monsieur Durand hindurch als identisch behauptet, wird eine parallele und kohärente Menge aus anderen Geschichten, „ein Pleroma von genau bezeichneten dinglichen Existenzen, in ihren Geschichten, ihrem Gesamtkanon harmonischen Existenzen" nicht unberücksichtigt lassen können (§ 50). Wir haben es hier mit dem Denken als Agens zu tun (und nicht mit dem Denker, der handelt), das in den verschiedenen Modi Kosmoi voraussetzt und formt. Im ontischen Modus gibt es einen Kontrapunkt, denn die Dinge handeln nicht ...

Man erkennt, wie Souriau dem Einfluss des Subjekts und des Objekts zur Gänze entgeht. Unmöglich, all das Hin-und-her-Wippen der kantischen Philosophie fortzusetzen. Objekt und Subjekt entstehen gemeinsam. Davor musste man sich, wenn es der Materie etwas hinzuzufügen galt, dem Geist zuwenden, es gab keine andere Einmündung. Und wenn dieser Geist auch Werte, Dimensionen und Größen verleihen konnte, so waren diese ohne jeglichen Zugang zum Sein – wie man von einem Land sagt, dass es einen „Zugang zum Meer" hat, nach ihm trachtet oder dass er ihm fehlt. Kant illustriert diese Schwäche auf perfekte Art und Weise: Er reiht eine Kritik an die nächste an, um dann die Moral, die Religion, die Ästhetik und die Politik hinzuzufügen, aber ohne ihnen deswegen Sein beimessen zu können, welches vollständig von der Erkenntnis in Beschlag genommen wird, die wiederum völlig außerstande ist, zu verstehen, wie es kommt, dass sie eine Welt objektiv erkennen kann, die sie letzten Endes gezwungen ist, zu verlassen. In diesem Buch sind nun aber Ding und Psychismus zweimal dasselbe Ding, insofern wenigstens, als sie es mit der raumzeitlichen Kontinuität zu tun haben – und Ding muss hier wörtlich verstanden werden.

Mit dieser verblüffenden Definition der Dinglichen verstehen wir allmählich, warum die klassische Philosophie die Mannigfaltigkeit nur hinnehmen konnte, indem sie aus ihr Prädikate von ein und derselben Substanz machte: Sie hat es nie akzeptiert, die „objektive" Erkenntnis so zu begreifen, dass sie einem überaus spezifischen Modus der Existenz untersteht, dem man alles geben sollte, was ihm zusteht – und Souriau gibt ihm viel, wie man gerade gesehen hat –, aber auch *nur*, was ihm zusteht. Eben weil er diese Disziplin nicht eingehalten hat, kann zum Beispiel Aristoteles glauben, dass er von verschiedenen Kategorien des Seins spricht, während er immer und ausschließlich in einem einzigen Modus der Befragung bleibt, demjenigen der Erkenntnis. Eben deshalb zieht Kant, wenn er Jahrhunderte später seine eigene Tafel an Kategorien entwirft, nicht eine Sekunde lang in Erwägung, dass sie alle im selben „Schlüssel" stehen könnten, sodass diese Mannigfaltigkeit an Zugängen allein auf die *libido sciendi* hinausläuft. Man hat die Kapazität des Modus der Existenz der Dinge immer überbewertet (obendrein, indem man ihn von den Psychismen getrennt hat), indem man so getan hat, als ob sie alle Modi des Seins festlegen würde, während sie einen Modus des Seins darstellt, der Seite an Seite mit den anderen besteht. Das entzieht der Erkenntnis nichts an Würde, Besonderheit und Wahrheit; aber bestimmt entzieht es ihr das Privileg, den anderen Modi der Existenz ihre Würde, ihre Besonderheit und ihre Wahrheit zu entreißen.

Bei Souriau wird das kantische Amalgam wirklich auseinandergenommen. Wir haben Phänomene (im weiter oben festgelegten Sinn), die schließlich mit ihrer eigenen „Offenkundigkeit" zirkulieren, ohne für ein Substrat (hinter ihnen) oder für ein intentionales Subjekt (vor ihnen) bürgen zu müssen. Wir haben andererseits, zusätzlich und darüber hinaus Dinge, deren Zirkulation, wenn man so sagen darf, als Luftwirbel oder Spur objektive Gedanken in den Köpfen derjenigen zurücklässt, die fähig sind, sich von ihnen informieren zu lassen. Und wir haben auch psychische Wesen, die die Frage nach ihrer Architektonik und nach dem aufdrängen, was diese erfüllen oder zugrunde richten kann. Man bewegt sich stets im Empirismus, aber es gibt mehr als eine Bleibe im Reich der Erfahrung.

Souriau wird es, wie man sich denken kann, nicht dabei bewenden lassen. Andere Modi der Existenz stehen noch an, alle gleich an ontologischer Würde. Mit ihm werden wir schließlich bis drei und sogar darüber hinaus zählen können: Frohlocken der Ontologie nach Jahrhunderten von Zwangsabstinenz! Ende des „metaphysischen Hungers"!

> Die Wesen der Fiktion brauchen unsere Fürsorge

Werden wir endlich das Recht haben, den Wesen Existenz zuzugestehen, die bisher in das „rein Subjektive" verwiesen wurden, zum Beispiel den Wesen der Fiktion? Diesen Geistern, Schimären und Imaginären, die mitunter so inkonsistent sind, dass wir große Mühe haben, die Erfahrung, die wir von ihnen gemacht haben, wieder zu finden oder noch einmal zu machen; die mitunter aber mit einer solchen Beharrlichkeit ausgestattet zu sein scheinen, dass sie „wahrer" scheinen als all die Durands, Duponds oder Dufours, mit denen wir bestimmt sind, zusammenzuleben?

> Umgekehrt gibt es fragile und inkonsistente Entitäten, die durch diese Inkonsistenz so verschieden von den Körpern sind, dass man zögern kann, ihnen irgendeine Art und Weise des Existierens zuzugestehen. Wir denken hier nicht an die Seelen (von denen schon die Rede war), sondern an diese Gespenster, diese Schimären, diese Morganas, welche die von der Imagination Vorgestellten sind, die Wesen der Fiktion. Gibt es für sie einen existenziellen Status? (§ 56)

Wenn derlei Wesen existieren, müssen sie ein „Positiv des Existierens" aufweisen, einen eigenen existenziellen Gehalt. Es gilt daher, der Versuchung zu widerstehen, sie durch das zu charakterisieren, was sie alle gemeinsam haben, nämlich eine Negation, denn bei allen

> handelt es sich um Wesen, die eines nach dem anderen aus allen kontrollierten und konditionierten Formen des ontischen Kosmos verjagt wurden. Allein ihr gemeinsames Unglück versammelt sie, ohne deswegen aus ihrer Gesamtheit ein Pleroma zu bilden, einen Kosmos. (§ 56)

Souriau spricht hier nicht von den Möglichen (die, wie man sehen wird, nicht mit den Virtuellen zu verwechseln sind), sondern von den Wesen der Fiktion. Es gibt eine Konsistenz, die den Wesen der Fitkion eigen ist, eine eigene Form der Objektivität, die Souriau mit dem schönen Wort *„syndoxisch"* definiert. In gewisser Weise teilen wir alle Don Juan, Lucien de Rubempré, Papageno, die Venus von Milo, Madonna oder *Friends*. Es handelt sich sehr wohl um *doxa*, aber um eine *doxa*, die uns hinlänglich gemeinsam ist, dass man diesen Wesen eine eigene Form der Monumentalität zugesteht. Unsere Geschmäcker können variieren, aber sie konzentrieren sich auf ausreichend gut verteilte Elemente, um einer gemeinsamen Analyse standzuhalten. Hat im Übrigen der Donjuanismus das Gebiet der Fiktion nicht für das der Psychologie verlassen? Aber auch Don Juan selbst existiert weiterhin. Paradoxerweise bleiben die Wesen der Fiktion, während die Psychismen erscheinen und verschwinden können.

> Auf St. Helena hatte Napoleon, da er Richardson wieder gelesen hatte, gewissenhaft das Jahresbudget von Lovelace ermittelt; und Hugo hatte

> bei der Vorbereitung von *Die Elenden* Jean Valjeans Bücher für jene zehn Jahre geführt, in denen er im Roman nicht erscheint (man denke darüber nach: die *remote presence* einer Romanfigur im Verhältnis zum Roman; das ist hoch dosiertes Imaginäres!). (§ 57)

Im Übrigen hat A. J. Greimas, ein enger Freund von Souriau, den Ausdruck der *Isotopie*[23] aus der Physik entliehen, um eben diese Form der syndoxischen Kontinuität zu erfassen, die den fiktionalen Erzählungen eigen ist. Eine Erzählung kann die Kontinuität ihrer Figuren nur durch Redundanzen erlangen, da ja jede Seite, jeder Augenblick, jede Situation von einer anderen verschieden ist. Das gerade nennt die Literaturtheorie *Anapher*, die es sicherzustellen erlaubt, dass eine Form durch ihre ständigen Veränderungen hindurch derselben Überfahrt folgt (Eco [1979] 1987). Auch hier wieder, in der fiktionalen Erzählung, muss man, wenn auch auf eine andere Art und Weise, alles, was Bestand haben wird, wieder von vorne beginnen, und man muss es ständig nach Art der Formen wieder von vorne beginnen, die von Souriau sehr früh im Verfahren der Wiederaufnahme definiert worden sind.

Und dennoch fehlt den Wesen der Fiktion ein entscheidendes Element, das sie radikal sowohl von den Phänomenen als auch von den Dinglichen unterscheidet:

> Ihr essenzielles Merkmal ist stets, dass die Größe oder die Intensität unserer Aufmerksamkeit oder unserer Besorgnis die Basis, das tragende Vieleck ihres Monuments oder der Schild sind, auf den wir sie heben; ohne weitere Wirklichkeitsbedingungen. Diesbezüglich sind sie völlig konditional und untergeordnet – wie doch die Dinge, die wir sonst positiv, substanziell glauben, wenn man sie aus der Nähe betrachtet, nur eine fürsorgebedürftige Existenz haben! Prekäre Existenzen, sie verschwinden mit dem Grundphänomen. Was fehlt ihnen? Die Ubiquität, die Konsistenz, die dingliche und ontische Grundlage. Diese *mock-existences*, diese Pseudo-Wirklichkeiten sind wirklich; aber darin falsch, dass sie den dinglichen Status formal imitieren, ohne seine Konsistenz, oder, wenn man es so ausdrücken will, seine Materie zu haben. (§ 59)

Die Wesen der Fiktion haben zwar einerseits die syndoxische Objektivität, aber andererseits sind sie von unserer *Fürsorge* abhängig. Dennoch rufen die Menschen diese Wesen nicht durch die Art und Weise hervor, in der sie sie aufnehmen; aber sie müssen ihre Aufnahme sicherstellen, ihnen als Stütze dienen – ja, ihre Rezeption! –, weil sie ihr „tragendes Vieleck" bilden. Es ist, als

---

23 In *Strukturale Semantik* (Greimas [1968] 1971) zitiert Greimas das sonderbare Buch von Souriau *Les deux cent mille situations dramatiques* (Souriau 1959). Die Isotopie wird im *Trésor de la langue française informatisé* wie folgt definiert: „Redundante Menge von semantischen Kategorien, welche die einheitliche Lektüre der Erzählung in dem Maße ermöglicht, wie sie sich aus den Teillektüren der Aussagen und der Auflösung ihrer Ambiguitäten ergibt, die von der Suche nach der einzigen Lektüre geleitet wird."

ob sich die Werke der Fiktion zu uns herabneigten; als ob sie fallen müssten ohne uns – ein wenig wie ein auf einem Schild stehender gallischer Häuptling, den niemand mehr tragen würde ...

Eine merkwürdige Metapher, um dieser Hülle Kontur zu verleihen, dieser Hülle, die so speziell ist, dass sie in ihrer Definition sowohl ihre Dauerhaftigkeit – es ist immer derselbe Don Juan – als auch ihr fehlendes Sein – Don Juan verschwindet ohne Interpreten – enthalten muss.

> Aber man kann auch aus der Kraft der anderen heraus existieren. Es gibt bestimmte Dinge – Gedichte, Symphonien oder Heimatländer –, die aus sich selbst heraus keinen Zugang zur Existenz besitzen. Damit sie sind, muss sich der Mensch hingeben. Und andererseits kann er vielleicht in dieser Hingabe eine wirkliche Existenz finden. (§ 36)

Eine erstaunliche Umformung dessen, was die Soziologie die „Rezeptionstheorie der Werke" nennt: Der Leser gibt dem Werk Halt, aber deswegen ist er selbst auch nicht frei. Nicht freier als der Künstler, der Gelehrte oder derjenige, der danach strebt, eine Seele zu erlangen, muss er sich, wie sie, hingeben. Und diese Hingabe hat nichts mit einer Selbsttäuschung zu tun. Derjenige, der Halt gibt, kann in dieser Unterstützung, die er gibt, eine wirkliche Existenz und nicht nur eine „mock existence" finden. „Ich bin Madame Bovary." Und das, wenn auch das Wesen der Fiktion den dinglichen Status bloß imitiert, wenn auch stets eine Grenze existiert, an der sich diese Welt der Fiktion, dieser Pseudo-Kosmos, „[auf]löst und fransig" wird. Selbst wenn in gewissen Fällen die Isotopie der Figur sogar unverbürgt ist. Was also macht sie da? Wie hat sie sich aus dieser unentrinnbaren Situation herausgezogen, in der wir sie zurückgelassen haben?

Erinnern wir zum Beispiel daran, dass Kapitän Haddock in *Im Reiche des Schwarzen Goldes* es nicht schaffen wird, auf eine derartige Frage zu antworten, und zwar in Bezug auf sein entscheidendes und unerwartetes Eingreifen: Wir erfahren nur, dass es „sehr einfach und sehr kompliziert zugleich" ist. Man kann sich die Erschütterung vorstellen, die der junge Leser des *Tim und Struppi* Magazins erlebt hat, als er begriff, dass er aufgrund dieses Balgs Abdallah den wahren Grund eines Rätsels, das ihn schon seit mehreren Wochen geplagt hatte, nie erfahren wird. Aber genauso können wir sagen, dass Tim und Kapitän Haddock hier ihre Existenz als fiktionale Wesen riskieren; sie riskieren, von ihren Lesern verstoßen zu werden. Eben weil die fiktionalen Figuren in einer Situation radikaler Abalietät sind. Sie hängen von uns ab, und dennoch können wir sie nicht grundlegend verändern.

Ein seltsamer Modus der Existenz? Gewiss, aber wie können wir vorgeben, von der Wirklichkeit zu sprechen, treu gegenüber der Erfahrung zu sein, empirisch zu sein, wenn wir nicht sehr genau beschreiben, wie diese Wesen existieren und uns existieren lassen? Was wären wir ohne sie? Leser, habt ihr nicht beim

Lesen der Abenteuer von Tim und Struppi gelernt, wer ihr seid? Und bisher haben wir zum Beispiel noch nicht einmal den Autor, Hergé, erwähnt, der entschieden hat, Kapitän Haddock auf eine Weise eingreifen zu lassen, von der er weiß, dass sie unerklärlich ist und ungeklärt bleiben wird. Hergé, durch den Haddock einen Zugang zur Existenz erhalten hat, den er nicht aus sich selbst heraus besaß, und der sich fragt, ob der Streich, den er dem Leser spielen wird, diesen Zugang nicht in Gefahr bringen wird. Hergé muss sich die Frage stellen: „Ist das machbar?" Genau auf eine derartige Frage antwortet ein weiterer reiner Modus der Existenz, der auch ersten Grades ist: das Virtuelle.

Die virtuellen Wesen

Wenn Tim, Haddock, Struppi und Abdallah nur als Prekäre Existenz haben, wenn sie aus „solchem Stoff wie der zu Träumen" sind, so hat das Virtuelle seinerseits überhaupt keinen Stoff, *und dennoch existiert es*. Es existiert mit einer Existenz, die durch eine Wirklichkeit bedingt ist, ohne dass diese Wirklichkeit sie enthält oder setzt. Man könnte zum Beispiel sagen, dass Hergé in Abhängigkeit von der Wirklichkeit seiner Leserschaft, die begierig darauf war, zu verstehen, ein Virtuelles erkannt hat, dessen Bedingung diese Leserschaft war, die es aber nicht erfüllte. Er hat sich keine imaginäre Leserschaft vorgestellt, die zu einem imaginierten Möglichen berechtigte. Er hat eine virtuelle Leserschaft erkannt, deren „Beschwörungsformel" die aktuelle Leserschaft darstellte.

> Die virtuelle Existenz ist daher von einer extremen Reinheit, einer extremen Geistigkeit. In gewisser Hinsicht könnte man sie als Läuterung des Imaginären betrachten, aber das Virtuelle behält stets einen Charakter der *Abalietät*, der seinen Wert ein klein wenig schmälern kann; es braucht ein Auflager. Gerade das ist es, was es konstituiert und definiert. Es ist eine konditionierte Konditionierung, abhängig von einem Fragment der Wirklichkeit, das seinem eigenen Sein fremd und für es wie eine Beschwörungsformel ist. (§ 63)

Da dem Leser die Wichtigkeit des Virtuellen, die hier auf drei Seiten dargestellt wird, entgehen könnte, müssen wir einen kurzen Umweg über dieses frühere Werk machen, über das wir schon gesprochen haben und das Souriau in einer Fußnote zitiert, *Avoir une âme: Essai sur les existences virtuelles*. Es geht hier, um bei unserem Beispiel zu bleiben, um die Seele von Hergé, um diesen Augenblick, in dem er „gewusst" hat, dass es machbar war, ein zugespitzter, luzider Augenblick, in dem sich das Virtuelle in seiner eigenen Offenkundigkeit gibt.

> Und es wäre ein schwerer Fehler, zu glauben, dass diese spitzen Scheitel, diese luziden Spitzen aus dem Sein hervorgehen, ‚wie die Degenspitze aus dem Degen hervorgeht'. Im Gegenteil, man muss um diese Spitze wissen, die in ihrer Zuspitzung (so immateriell sie auch sein mag) wirklicher ist als

der Degen, den sie gewissermaßen durch Rückstoß hervortreten lässt. (Souriau 1938, 114)

Die Leserschaft von Hergé, die überrascht, vielleicht auch enttäuscht ist, aber Treue und Aufmerksamkeit gegenüber den Figuren aufrecht erhält, zeichnet sich wie durch „einen Rückstoß" ab. Und der zugespitzte Augenblick, in dem sie sich abzeichnet, wird nicht durch die Seele von Hergé bedingt. Im Gegenteil, er bedingt sie. Vorsicht, es geht hier nicht um die ontische Seele, deren Monumentalität das gleichseitige Dreieck entsprach, die „More geometrico". Es geht um eine andere Art der Seele, um die Seele, die „sich in uns setzt", um diese singulären Gedanken, bei denen wir mitunter „einige Mühe haben, sie wieder zu finden und noch einmal zu machen", die aber in dem Maße, wie sie sich manifestieren,

> an ihnen etwas haben, das sie zu unseren macht; eine gewisse individuelle Qualität des ‚Ich denke', eine solche, aufgrund welcher sich mein eigenes ‚Ich denke' von dem des nächsten Menschen unterscheidet. Aber hüten wir uns davor, zu glauben, dass ich als Erstes bin; und dass danach dieses Denken meines ist, weil es von mir ein Herkunftszeichen erhalten hat. Gerade die Tatsache, dass es ein gewisses Herkunftszeichen hat, eine gewisse *nota personalis*, lässt dieses Ich hervortreten, in das es integriert werden kann. Wenn es dieses Zeichen nicht hätte oder es nicht haben könnte, könnte es mir nicht gehören. Es ist eben nicht das Ich, das diese singulären Gedanken existenziell und ontologisch erzeugt; es sind all diese singulären Gedanken, die dieses Ich integrieren […] Es hängt von ihnen als Wirklichkeit ab. Und tatsächlich, wo es kein einziges derartiges Denken gibt, ist dieses Ich abwesend. (Souriau 1938, 116–117)

Deshalb kann Souriau in *Die verschiedenen Modi der Existenz* behaupten, dass die kostbarsten Reichtümer des Innenlebens zu der Welt eben jener Anwesenheiten gehören, die Abwesenheit sind, immer in Abhängigkeit zu einem Fragment der Wirklichkeit, das, zu seinem eigenen Sein nicht zugehörig, so etwas wie ihre „Beschwörungsformel" darstellt. Und hier ermessen wir wieder, wie sehr Souriau gerade kein Bergsonianer ist. Die Zeit, die vergeht, rettet nicht viel hinüber, und ebenso wenig bewahrt sie auf. Sie verpasst, vergisst, lässt aus. Denn nicht dieser Reichtum wird betont, diese singulären Gedanken, die uns kommen, ohne dass wir sie erzeugten. In den Mittelpunkt wird nicht der Modus der Existenz gerückt, der dem Virtuellen „für uns" eigen ist, sondern vielmehr die Unzahl an Beschwörungen, welchen gegenüber wir taub bleiben:

> [W]ir leben umgeben von einem Wald aus unbekannten Virtuellen, von denen einige vielleicht bewundernswert, dazu geeignet sind, uns auszufüllen, und die wir nicht einmal zu betrachten, zu verwirklichen gedenken – und wäre es auch nur im Traum, in der Kladde des Imaginären. Und

wir tragen unsere Intentionen anderswohin, in Richtung des nicht zu vollendenden Absurden, in Richtung von Monstren. (§ 62)

Man muss den Ruf dieses letzten Satzes vernehmen, diesen Ruf des Verwirklichers, der im Text von 1956 noch einmal ertönt, und zwar mit dem Motiv der existenziellen Unfertigkeit:

> Die Brücke, die niemand zu erbauen gedenkt, deren Möglichkeit man nicht einmal kennt; aber deren Materialien alle da sind, und deren Natur, Spannweite und Form als einzige Lösung eines Problems vollkommen bestimmt sind – eines Problems, dessen Ausgangsmaterial vollendet und unbeachtet ist – diese Brücke existiert mit einer virtuellen Existenz, die positiver ist als diejenige, die begonnen wurde und deren Vollendung durch einen Fehler oder eine Unzulänglichkeit in der Planung unmöglich wird. (§ 62)

Wie man sich denken kann, benennt Souriau nicht den Demiurgen, den Schöpfergott; keine prometheische Fantasie beherrscht diesen Philosophen des zu vollbringenden Werks. Es geht nicht darum, um jeden Preis zu verwirklichen. Das Virtuelle führt eher eine Dramatisierung des „Machbaren" herbei. Souriau ist der Denker der Errichtung und nicht des unmöglichen Werks oder des von einem trügerischen Imaginären verführten Schöpfers. Das „Machbare" ist das, was das Agens der Errichtung in jedem Moment der Überfahrt unterscheiden muss. Bei Souriau werden der Pfeil wie auch das Ziel der Intentionalität stets umgekehrt. Keine phänomenologische Versuchung. Kein Anthropozentrismus. Die Frage des „Machbaren" scheidet die Errichtung von der Manifestation eines Willens des Schöpfers oder seiner Intentionalität. Niemals ein *ex nihilo*, niemals ein *„Fiat"*, das über das, was sein wird, souverän entscheidet, und niemals ein „das ist doch nur Konstruktion".

Indessen sind wir noch weit vom Ziel der Untersuchung entfernt. Denn wenn „die oben auf den Säulen unterbrochene Kurve der Rippen [...] im Nichts den abwesenden Schlussstein hervortreten [lässt]" (§ 62), so hat die Beschwörungsformel des Schlusssteins, den diese sich jeweils in Richtung der anderen beugenden Rippen konstituieren, an sich selbst nicht das Wirksame eines Appells, desjenigen des zu restaurierenden Gewölbes. Das Virtuelle hat als Modus reiner Existenz nicht den imperativen Charakter, der das kaleidoskopische Spiel der singulären Gedanken von der Überfahrt desjenigen unterscheidet, der ein Werk vollbringt. Die Virtualität muss eine Vektion haben, die Kurve das aufnehmen, was die „Beschwörung" in ein „zu vollbringen" umwandelt. Und selbstverständlich appelliert Souriau hier nicht an den Willen des Schöpfers, der nach Art des *deus ex machina* kommt, um einem schwachen Plot Ersatz zu bieten. Wir haben es mit dem zu tun, was er im Verhältnis zur reinen Existenz als ein Problem zweiten Grades definiert, ein Problem, das diese zwar aufzuwerfen, aber nicht zu lösen erlaubt: das Problem des anaphorischen

Fortschreitens. Eben darum sind wir noch nicht am Ende unserer Anstrengungen angelangt.

Und hier treffen wir auch wieder auf diesen merkwürdigen, gegeneinander versetzt angeordneten Plan. Von den Phänomenen an bis zu den Virtuellen hat Souriau die Modi der Existenz wie einen Fächer entfaltet, und zwar ausgehend von der vollständigsten Aseität bis hin zur gewagtesten Abalietät. Man könnte glauben, dass er schließlich das Problem dieses anaphorischen Fortschreitens aufwirft, dessen Beschwörungsformel das Virtuelle zu sein scheint. Aber es wurden, wie wir erfahren, noch nicht alle Elemente des Problems zusammengetragen. Die ontischen Modi der Existenz erlauben seine Formulierung nicht.

Das Ende von Kapitel III und die Frage der Synaptischen

Als ob die abgelegten Prüfungen nicht reichten, wird Souriau eine weitere, noch schwierigere wagen. Als ob die Offenkundigkeit der Phänomene anzuerkennen, die ganze Epistemologie des Subjekts und des Objekts aufzugeben, die Seelen in ihrer Monumentalität zu erfassen, Fürsorge für die Wesen der Fiktion zu haben und die Welt mit nicht erfassten Virtualitäten zu füllen, nicht genügt hätte, um die Wegstrecke der Anapher zu bestimmen. Und nein, all das genügt nicht, denn jeder einzelne dieser Modi verbleibt in sich selbst, während doch die Erfahrung verlangt, sie stets zusammenzufügen – so, wie die Statue im Atelier des Bildhauers verlangte, die Phänomene, die Seelen und die Virtuellen miteinander zu verbinden. Wenn es daher zutrifft, dass das zu vollbringende Werk das Multimodale erfordert, muss die Wegstrecke der Anapher im *Übergang* selbst definiert werden, durch welchen das Aufeinandertreffen mehrerer Modi möglich wird. Zählt so viele ontische Modi, wie ihr wollt, legt uns Souriau nahe, schichtet sie zu Pyramiden auf, und ihr werdet immer noch nicht definiert haben, wie man von einem zum anderen kommt. Von einem Modus zum anderen zu gehen, überzugehen, umzuschlagen, zu gleiten, ist nun aber die Erfahrung selbst, und Souriau ist als Erstes Empirist à la James: nichts als die Erfahrung, o.k., aber dann die ganze Erfahrung.

Um die Transition als reinen Modus verständlich zu machen, bedient sich Souriau eines Vergleichs, den er selbst als hinkend bezeichnet: denjenigen zwischen den Wörtern (die Semanteme) und den Verben (die Morpheme). Die ersten stehen mit der Formel, „es ist und sagt sich als das aus, was es ist", in Verbindung; die zweiten bewirken die Transition. Die Semanteme, das heißt die ontischen Modi, werden durch die Frage der Errichtung, durch die Einsetzung des Werks in die Existenz erforderlich, da sich das Gelingen in der Kunst des Existierens ja immer auf einer durch einen dieser reinen Modi definierten Ebene der Existenz entscheidet. Und doch sind sie unzureichend, denn über die Transition, die aktive und wirkliche Veränderung, die modale Innovation – über die Morpheme schweigen sie. Die Ausarbeitung herzustellen, welche die Transition verlangt, das ist die Prüfung, der sich Souriau selbst unterzieht, indem er den Leser in diese Sphinx-Allee mitzieht, aus der man das Murmeln vernimmt: „Du wirst niemals durchkommen!" –, ohne zu wissen, ob sich diese Drohung an ihn richtet, an die Leser, an die Philosophie oder an dieses derart gedrängte Buch (wenn sie sich nicht gar an seine Kommentatoren richtet!).

Der Schatten Gottes

Wie lässt uns Souriau die Notwendigkeit des Übergangs spüren (dessen, was er bald synaptisch nennen wird)? Rechnen wir nicht damit, dass er uns die Aufgabe erleichtert und ein einfaches Beispiel wählt. Nein, er wählt Gott als Beispiel! Er wird sich Gott selbst vornehmen oder vielmehr wird er von uns verlangen, dass wir uns Gott vornehmen ... So wird er diesen neuen Forschungszyklus einleiten, der mit der Ohnmacht aller Semanteme beginnt, den Übergang zu denken. Wenn wir uns dieser Prüfung unterziehen, dann werden wir vielleicht erfasst haben, woraus sich später die Wegstrecke der Errichtung zusammensetzt.

Man könnte meinen, dass Souriau an die Gottesfrage wie an diejenige der reinen Modi herangeht. Das Tor scheint weit offen zu sein. Wenn schließlich das gleichseitige Dreieck ebenso existiert wie Don Juan, wie könnte Gott dann ohne Existenz sein? Kann man aber eine Gattung der eigentlichen Existenz für das finden, was außerhalb jeglicher phänomenalen Anwesenheit ist, was von keinem existenziellen Halt profitiert, und zwar nicht einmal von dieser „Beschwörungsformel", die das Virtuelle an ein Fragment der Wirklichkeit koppelt? Der noumenale Gott, derjenige der Philosophen und Gelehrten, derjenige, den man gewissermaßen dem Ontischen hinzufügen würde, könnte sehr wohl nur bloße Abwesenheit von Existenz sein.

Die Vorstellung, dass Souriau aus diesem Argument schließen könnte, „Gott existiert nicht", bedeutete, ihn schlecht zu kennen. Denn er zieht daraus einen ganz anderen Schluss: Die Palette der bisher durch die Untersuchung georteten Modi der Existenz, die Palette der Ontischen, von denen jedes einzelne eine Seinsweise bestimmt, stößt an ihre Grenze. Rührt diese Grenze daher, dass die Frage nach den Modi der Existenz vom Phänomen aus, oder genauer gesagt aufgrund der „Großzügigkeit des Phänomens" angegangen wurde? Könnte man nicht sagen, dass sich Gott in der Ordnung des Transzendenten setzt? Und warum sollte nicht auch das *Problematische* eine Gattung der Existenz bestimmen? Das Virtuelle ist schließlich eine.

> Gott manifestiert sich nicht in seiner Essenz; wäre dem nicht so, inkarnierte er sich im Phänomen oder in der Welt; er gehörte zur Welt. Er übersteigt sie nun aber, er unterscheidet sich von ihr; sein Existieren entwickelt sich neben ihr und außerhalb von ihr. Sein Existieren wird folglich als transzendente Existenz definiert. Ob Sie es wollen oder nicht, Sie

> definieren diesen Modus der Existenz. Indem Sie ihn annehmen, setzen Sie ihn (und wäre es nur problematisch) als definierten Modus. Eben das ist es, was es an Starkem, was es an Unausweichlichem im Herzen des ontologischen Arguments gibt. (§ 67)

Indem er das Problematische mit dem mehr als bekannten ontologischen Argument verknüpft, verändert Souriau, wie jedes Mal, die Ausgangssituation. Denn er wird die Frage nach der Existenz Gottes mit diesem Motiv aus Kapitel II zusammenschließen, diesem Wanken, das uns von dem, was für uns antwortet, auf das, worauf wir zu antworten imstande werden, übergehen lässt:

> Man kann sagen: Indem Sie sich des ontischen Universums der Repräsentation angenommen haben, haben Sie sich Gottes angenommen. Denn er kommt darin vor. Er repräsentiert den besonderen Modus der Existenz, der ihm angemessen ist und den sein Ontisches definiert. Einen transzendenten und sogar absoluten Modus. Es ist nun an Ihnen, zu beweisen, dass man ihn ausstreichen muss, dass diese Existenz keine ist, dass sie mit nichts übereinstimmt. Die Beweislast liegt bei Ihnen. (§ 67)

Darin – hebt Souriau hervor – liegt die eigentliche Stärke des ontologischen Arguments, die ihm erlaubt, wenn schon nicht einen Beweis der Existenz Gottes zu behaupten, so jedenfalls doch, die Beweislast auf diejenigen abzuschieben, die sie bestreiten. Aber diese Stärke ist diejenige eines Anspruchs auf Existenz und impliziert, dass das Anspruch-Erhebende, sich als Essenz Darstellende, imstande ist, den Anspruch zu erheben. Diese Essenz darf folglich nicht nur verbal definiert werden. Man wird sagen, dass es andere Wesen gibt, zum Beispiel die mathematischen Entitäten, die verbal definiert zu sein scheinen, die aber nichtsdestoweniger Anspruch auf die Existenz erheben können, das zurückverlangen können, was man ihnen weggenommen hat.

> Obgleich man ihnen aus der Welt hinaus folgen kann, und zwar über eine vorübergehende Transzendenz, die ihnen auch, wie man gesehen hat, das Existieren entzieht, genügt es, um ihnen dieses Existieren zurückzuerstatten, sie wieder mitten in die Welt herab zu holen, wo sie auf essenzielle Art und Weise sind. (§ 68)

Wenn das ontologische Argument seine Wirkung tatsächlich nicht verfehlt, so kann es doch einen Übergang dieser Art, nämlich von der Essenz auf die Existenz oder von der Existenz auf die Essenz, nicht zum Inhalt haben, da ein solcher Übergang ja nur wirkliche Essenzen betrifft, die *zur Welt gehören*. Es könnte eine fiktionale Figur betreffen, selbst wenn diese nur mit einer fürsorgebedürftigen Existenz existiert. Aber nicht Gott als transzendente Existenz. Die Transzendenz weist auf keine andere Welt, sondern auf eine ganz andere

Weise, in der Welt und folglich außerhalb von ihr zu sein.[24] Was das Argument *konstituiert*, was seine Stärke ausmacht, kann sich nicht zu der Inständigkeit eines Problems durchringen, das sich stellt, „ob wir es wollen oder nicht". Die problematische Existenz ist „ganz und gar keine Art der Existenz […], sondern nur der Auftakt eines sich auf die Existenz beziehenden Problems" (§ 65). Ein Problem, das nach einer Antwort verlangt. Damit das ontologische Argument seine Wirkung nicht verfehlt, muss die Frage „Was ist das Göttliche?" einen Übergang schon tatsächlich und unzweifelhaft vollzogen haben:

> Das ontologische Argument wird dann ein Übergang nicht von der Essenz auf die Existenz oder von der Existenz auf die Essenz sein, sondern von einem Modus der Existenz auf einen anderen; zum Beispiel von dieser virtuellen Existenz (oder von dem, was Descartes objektive Existenz nannte) auf eine aktuale (oder, im kartesischen Stil, formale) Existenz, oder welcher Modus der Existenz es auch sein mag, den man im folgenden Schluss affirmieren will: Gott existiert. Es ist der Übergang von einem Modus auf den anderen, der das Argument *konstituiert*. Auf jeden Fall setzt es voraus, dass eine positive Antwort in Form eines konkreten, wirklichen Urteils auf die Frage: ‚Worum geht es?', ‚Was ist das Göttliche?' gegeben worden ist; und dass von diesem – wenigstens – ein Modell, eine Ahnung, eine Konzeption, ein Beispiel gegeben worden ist; dass es irgendwie zur Diskussion gestellt, in Bewegung, zur Wirkung, in Anwesenheit gebracht worden ist; dass es vor Gericht erschienen ist; dass es ‚seinen Prozess führt', wie es Hiob von ihm forderte. (§ 68)

Hierin liegt keine Ironie, sondern eine „Furcht erregende Forderung" an die Philosophen, die das ontologische Argument ohne allzu viel Vorsicht handhaben, als ob man von Theoremen oder Dingen spräche.

> Furcht erregende Forderung. Einzelne antworten; unter den Philosophen – einzelne *halten sich das Göttliche entgegen* – lassen diejenigen, die es wagen (ein Augustinus, ein Malebranche, ein Pascal), das Wort sprechen. Im Allgemeinen könnte man sagen, dass das Göttliche seinen Prozess im Universum des menschlichen Diskurses nur auf diesen einigen zwanzig Seiten aller Schriften sämtlicher Religionen führt, in denen man den Eindruck haben kann, einen Gott als Gott zu vernehmen. Und zwanzig ist schon viel. Vielleicht gibt es von ihnen im Ganzen fünf. (§ 68)

Hundert Millionen Seiten an Theologie, aber fünf Seiten, auf denen Gott selbst vorkommt, weil man sich *in seiner Sprache* an ihn richtet! Vielleicht war sich nicht einmal der Heilige Anselm darüber klar, was sein Argument

---

24 Vergessen wir nicht, dass die Welt auch nichts Immanentes hat, da sie ja per definitionem multimodal ist; und dass schon die Offenkundigkeit der Phänomene zum Beispiel nichts mit der Quasi-Transzendenz der Dinglichen zu tun hat, die es schaffen, sich selbst ähnlich zu bleiben wie die Nadel, die das Band oder das gefaltete Papier durchbohrt hat. Man müsste also wenigstens „die Immanenzen" der Welt sagen.

buchstäblich *implizierte*. Was bedeutet uns diese elende Verbindung zwischen den Prädikaten und der Substanz schon! Es geht um die Erschaffung eines Schlachtfeldes, eines großen Gerichtstages, brutaler als dieser Ring, in dem sich Jakob und der Engel schlagen, in welchem Sender und Adressat im selben, absolut spezifischen Modus der Existenz zusammengerufen werden. Vor allem bezichtige man Souriau nicht, eine Form „christlicher Philosophie" wiederzubeleben, während er doch behauptet, dass praktisch niemand imstande war, die „Beweislast" zu ertragen, und dass der Großteil der Äußerungen „über Gott" oder „von Gott" bedauernswerte Kategorienfehler sind, die einem ganz bestimmten Modus der Existenz Schnittmuster aufnähen, die aus anderen Modi ausgeschnitten wurden. Ja selbstverständlich kann jemandem Gott *fehlen*, aber keinesfalls, weil die armen, im Schlamm der Immanenz begrabenen Menschen den Ordensleuten glauben und ihre Augen gen Himmel richten müssten: Gott fehlt jemandem so, wie man das Phänomen *verfehlt*, wie man die Erkenntnis *verfehlt*, wie man die Seele *verfehlt*, wie man sogar die Fiktion selbst *verfehlt*, weil man eben nicht anerkennen kann, dass jeder Modus der Existenz seine eigene Tonalität besitzt und dass sie diesen – jedes Mal – anderen Rückstoß erzeugt: nämlich eine andere Art von Seele zu haben.

Aber die Schwierigkeit ist noch nicht ausgestanden, denn zeugt der Übergang dort, wo er tatsächlich vollzogen wird, von einer Transzendenz im Sinne einer wirklichen existenziellen Exteriorität? Vielleicht ja, wenn das göttliche Leiden, dasjenige des Menschen, der sich das Göttliche entgegen hält, ein Agens impliziert. Man kann das infrage stellen, aber es autorisiert den Schluss, zu dem uns Souriau leitet: Im Übergang „wird die Existenz eingekleidet werden, welche die Wirklichkeit dieser Transzendenz ausmacht" (§ 70), und das selbst, wenn die Erfahrung dieses Übergangs diejenige eines „Für-sich von Gott" enthalten kann:

> In dem Maße, wie wir Personen sind, existieren wir für uns selbst. Und wenn wir es verstehen, uns in diesem Modus der Existenz zu konstituieren, sind wir von jeder Abhängigkeit vom Anderen und vom Anderswo, von jeder Abalietät kuriert. In einer universalen Vorstellung von diesem Modus der Existenz werden wir nun aber dazu gebracht, ihn in dem Maße auch bei anderen Personen zu erkennen, wie wir sie denken, und zwar nicht für uns, sondern für sie. Ist das nicht die Art und Weise, auf die sie die Liebe denkt? Im Tête-à-Tête mit Gott verwirklichen wir, ohne unsere Erfahrung zu verlassen, seine Transzendenz, wenn wir es verstehen, dieses Für-sich von Gott in unserem Dialog zu spüren; oder auch ein Für-ihn von uns selbst, das sozusagen das Gravitationszentrum dieses Tête-à-Tête von einem architektonischen Standpunkt aus verändert. (§ 71)

Die Eigenart der Entwicklung Souriaus liegt an der gelungenen Betonung, dass diese Erfahrung keine transzendente Existenz impliziert, während er sie gleichzeitig nicht auf irgendeine Illusion herabsetzt. Das Faktum der Existenz wird in ein interontisches Verhältnis eingekleidet – die geliebte Person nicht für uns, sondern für sie zu halten. In einer Anmerkung benennt er die Gefahren davon:

> [Die Operation führt, Anm. d. Komm.] für eine Seele dazu, *ihren* Gott in seiner Wirklichkeit im Verhältnis zu ihr zu setzen. Indem sie sich selbst als Person opfert, nimmt sie die Personalität *dieses* Gottes auf sich. So erhält sie ihren Lohn – oder ihre Strafe. Sie hat, was sie wollte. Sie hat den Gott, den sie verdient hat. (§ 71)

Aber unabhängig davon, ob Lohn oder Strafe: Es gilt, eine architektonische Transformation des Modus der Existenz zu feiern.

> Es gibt insofern keine transzendente Existenz, als sie kein Modus des Existierens ist [...] Aber es gibt Tatsachen der Transzendenz: Übergänge von einem Modus der Existenz auf einen anderen. Und in denjenigen, die wir gerade thematisch geprüft haben, wird die Transzendenz als Übergang, aktive und wirkliche Veränderung, gerade in dieser modalen Innovation kenntlich: der Einkleidung der Existenz in die Modulation selbst. (§ 72)

Dass die Transzendenz in einer Einkleidung der Existenz in die Modulation selbst gekennzeichnet wird, das heißt in einer „transzendentalisierende[n] architektonische[n] Transformation des Modus der Existenz" (§ 71), weist auf die immer gefährlichere Überfahrt hin, der wir folgen müssen, um die anaphorische Erfahrung so genau wie möglich zu charakterisieren. Man muss die Modulationen der Existenz denken können. Die Einkleidung sogar über der Modulation wird ihrerseits in Kapitel IV in einer noch fordernderen Form wiederkommen. Bei Souriau kommt Gott nicht – wie in der Denkweise der rationalen Theologie – als eine Seinsschicht zu anderen Seinsschichten noch hinzu. Er erlaubt dem, was es heißt, zu leben und, hier wieder, zu gelingen oder zu misslingen, eine viel riskantere Dimension zu verleihen.

> In Abhängigkeit von einem Gott zu leben, heißt – wie gesagt –, für diesen Gott Zeugnis abzulegen. Aber gib auch Acht, für welchen Gott du zeugst: Er richtet über dich. Du glaubst, für Gott zu antworten; aber welcher Gott ordnet dich, indem er für dich antwortet, in die Tragweite deiner Handlung ein? (§ 110)

Die Synaptischen und die Präpositionen

Aber zunächst muss die Untersuchung weitergeführt werden. Das Morphem, die Transition oder der Übergang haben gerade ihre Notwendigkeit als Elemente des Problems der anaphorischen Erfahrung schlechthin behauptet, „sich Gott entgegenzuhalten". Mit allem muss von neuem begonnen werden, wo es doch die gesamte Philosophie seit Kant nicht einmal schafft, bis drei zu zählen. Souriau ist nicht umsonst der Denker der Anapher, das heißt der Wiederaufnahme.

> Der durchlaufene Kreislauf fällt selbstverständlich ausschließlich in die menschliche Erkenntnis. Absolut oder relativ, diese Kargheit ist jedenfalls ausreichend Grund für das Bedürfnis, das ANDERE als Modus der Existenz zu begreifen und zu wagen. (§ 73)

Man muss nun „das ANDERE wagen". Aber auch hier wird die Erforschung mit der Disziplin vorgehen müssen, die den reinen Modi der Existenz angemessen ist: Es wird nunmehr um Morpheme und nicht mehr um Semanteme gehen. Man muss sich daher vorsehen, die Betrachtung der Übergänge mit derjenigen der Modi, zwischen welchen es einen Übergang gibt, zu vermischen. Es gilt, die Akte des Übergangs als einzige Wirklichkeit aufzufassen, die so fein ist wie diejenige jedes reinen Modus.

> Die einzige Wirklichkeit wäre das unermessliche Schauspiel oder das Zeremoniell dieser Akte ... Die Wesen wären in ihm implizite Requisiten wie diejenigen, die ein Kind in einem Spiel annimmt. Es gäbe in ihm keinerlei Bedürfnis danach, dass diese Schatten Substanzen würden. Der sterbende Mensch irrte, indem er seinen Tod als den zeitlichen Abschluss der kosmischen Dimension eines Wesens dachte; und er wüsste nicht, dass die wirkliche Wirklichkeit in diesem Augenblick das mystische Schauspiel eines Todes wäre. (§ 74)

Aber wie soll man es anstellen, den Übergang zu fassen, ohne ihn auf eine einfache Kombination der Modi zu reduzieren? Wie im ersten Teil des Kapitels brauchen wir auch hier wieder eine Evidenz, auf die wir uns stützen können. Diese außergewöhnliche Erweiterung des Empirismus braucht einen Halt. Während er die erste Untersuchung über die ontischen Modi auf die zureichende und unzweifelhafte Anwesenheit, die dem Phänomen eigen ist, sowie auf dessen Großzügigkeit ausgerichtet hatte, wird in der Untersuchung über die Modi, die Souriau synaptische nennt – insofern es das Sein der Synapse selbst ist, zu „synaptieren", eine Transition zu vollziehen –, das *Ereignis* diese Rolle übernehmen. Das Ereignis ist das, was stattfindet; Absolutum der Erfahrung, „unzweifelhaft und *sui generis*" (§ 75).

> Im Haben, im Machen, im Sein selbst; im Geboren-Werden oder im Sterben, im Kommen oder im Gehen gibt es etwas, dass sich in der Tiefe und von Grund auf von der einfachen Vorstellung oder Bedeutung dieser Handlungen unterscheidet: Es gibt die Tatsache; es gibt das Das-ist, das Das-ereignet-sich. Ich hielt dieses Glas, habe es losgelassen und es zerbricht. (§ 75)

Hierin liegt gewissermaßen eine neue Offenkundigkeit, ein neues Unzweifelhaftes, das auf keinen Versuch zurückgeführt werden kann, es auf das Objekt einer Referenz zu verringern; das, womit alle synaptischen Modi in Verbindung treten werden. Die Offenkundigkeit hier ist nicht diejenige einer Anwesenheit, diejenige, die dem Phänomen eignete. „Die Verbindung mit der Tatsache, mit dem Ereignis, das ist das Wirksame" (§ 75). Man kann das Beispiel dieses Stocks heranziehen, über den Robert Musil schrieb, dass er den bärtigen Gelehrten, den Gesprächspartner von Ulrich, zur diebischen Absicht versuchte, irgendeine schöne große Kristallvase zu zerbrechen (Musil 1978, 303). Ein „irreparabler, nicht zu unterdrückender, nicht zu umgehender" Schlag mit dem Stock, eine Geste, die für ihn nur ihr Wirksames hat, nur den Bruch einer bewunderten Vase – „ungerecht ermordet" wie Desdemona. Aber die Klage trifft auf keinen Widerhall in der Welt der Synaptischen. Das Ereignis entfaltet mit seiner Offenkundigkeit einen ganz neuen Kosmos, der von den vorhergehenden verschieden ist. Dennoch überschneidet er sich mit ihnen, nämlich darin, dass er weder dem Werk noch der Monumentalität der Seele zugehörig ist, dass ihre Zerstörung in ihm nur Ereignis ist, und zwar nur Ereignis.

> [Man weiß], welche Bedeutung W. James in seiner Beschreibung des Bewusstseinsstroms dem beimaß, was er ‚ein Gefühl von oder, ein Gefühl von denn' nannte. Damit wären wir in einer Welt, in der die oder, die wegen, die deshalb und vor allem die und dann, und weiter wirkliche Existenzen wären. [...] Das ergäbe eine Art Grammatik der Existenz, die wir auf diese Weise, Element für Element, enträtselten. (§ 76)

Dass Souriau an die Aufmerksamkeit appelliert, die der radikale Empirismus den Präpositionen beimisst, und dass er sich im Besonderen auf den Bewusstseinsstrom von William James bezieht, ist bezeichnend. Denn der Strom von James trägt und durchmischt das, was in der ontischen Welt existierend ist, wobei er es unaufhörlich zergliedert, durcheinander und zu Bifurkationen bringt, und zwar gleichgültig gegenüber jedem Anspruch auf Existenz. Es geht nicht mehr darum, Wesen zu erzeugen, die miteinander in Kontinuität sind, sondern den „Modulationen der Existenz *für*, der Existenz *angesichts* und der Existenz *mit*" zu folgen, welche die synaptische Welt ausmachen. Und plötzlich kommt es zu zerstreuten und nicht mehr gefesselten Seelen. Die Offenkundigkeit der Phänomene und diejenige der Ereignisse sind wie ein Zopf verflochten. Die Komplexität der Erfahrung ist wiederhergestellt, aber ohne die feine Differenzierung der Modi aufzugeben.

Und dennoch: Die Leser, die sich auf dem Terrain der Erkenntnis glauben könnten und meinten, die große pragmatistische Tradition wiederzufinden – die jüngst in Frankreich erneuert wird –, werden sich umsonst bemüht haben. Kaum, dass er den Reichtum dieser Welt angezeigt hat, diesen alternativen Kosmos des Synaptischen, wechselt Souriau von neuem die Spur. So, als ob es schon höchste Zeit wäre, zum wirklichen Problem zu kommen, das er sich schon von Anfang an zu konstruieren bemüht, rast er quer durch zwei Dutzend enormer philosophischer Probleme hindurch, namentlich jene der verfliegenden Zeit, des Status der Zukunft sowie dieser Kausalität, die ohne Beziehung zu den Dinglichen war.

Man wird sich über den etwas hastigen Charakter dieser Betrachtungen weniger wundern, wenn man bedenkt, dass Souriau vor allem das Projekt einer systematischen Metaphysik vermeiden will, die ihn vergessen ließe, dass es eben der Übergang, die Überfahrt des Entwurfs zum Werk ist, die er beschreiben will. Nicht um zu benennen, was sie sind, hat er die ontischen reinen Modi entfaltet und sich an die Synaptischen gewagt, sondern vielmehr, um eine existenzielle Entscheidung aufzudrängen. Man muss zwischen dem Sein und der Handlung wählen: eine Welt aus Wesen setzen (oder erträumen) oder all dieses beständige Ontische für eine Lebensart opfern, in der die Bindungen zu allen Wesen „einzig und allein transitiv [sein werden] und in der Handlung selbst situiert oder konstituiert werden, und zwar in ihrem Modus" (§ 82).[25]

> Man weicht der Existenz mit dieser Gottheit nicht aus; man täuscht sie nicht durch verfängliche Worte, die eine nicht getroffene Wahl verbergen. Zu sein, und nicht so zu sein, zählt nicht. Schneide dich nach deinem Belieben aus einem Stoff der Existenz zu, aber du musst schneiden und also entschieden haben, aus Seide oder aus Wollstoff zu sein. (§ 83)

Wir haben uns bisher also nur auf Souriaus wirkliches Problem vorbereitet, auf das er während seines gesamten Textes unaufhörlich hingewiesen hat – ein Problem zweiten Grades, schrieb er, das sich auf anaphorische Progressionen bezieht, wenn zum Beispiel ein sinnliches Ding auf progressive Art und Weise zur Existenz gelangt, wo sich nur ein einfacher Tonhaufen befand. Und von dort gehen wir wieder zu der Frage des Risikos und des Misslingens über. Selbstverständlich handelt der Bildhauer, und das Ding, das zur Existenz gelangt, gehört dem Ontischen an. Aber man hätte die Frage verfehlt, wenn man antwortete, dass das Synaptische und das Ontische sich hier verbinden,

---

[25] Die Behandlung der Kausalität ist typisch für diese Entscheidung, denn Souriau definiert sie als „in dem Maße existenter als die messbaren Elemente der Phänomene [...], die, was ihre Wirklichkeit angeht, von ihr abhängig sind, wie sie synthetisch – als Trennungsstrich – verfährt" (§ 79). Wenn er sich über die „bedauernswerten" kantischen Antinomien lustig macht, führt Souriau die Überlegenheit seiner Methode vor: Die Antinomien sind niemals widersprüchlich, denn die eine hat das Ontische zum Inhalt und die andere das Synaptische (§ 103). Fügen wir hinzu, dass Souriaus These, derzufolge die Frage der Kausalität und diejenige der ontischen Substanzialität nicht so miteinander verbunden werden können, als ob die Tatsache, Ursache von etwas anderem als von sich selbst zu sein, nichts anderes als ein Attribut wäre, das die substanzielle Wirklichkeit vervollständigt, eine dramatische Bestätigung in der Geschichte der rationalen Mechanik findet. Der Trennungsstrich wird hier durch ein „Gleich" ersetzt, das zu der gelehrten Ungeniertheit berechtigt, mit welcher der Physiker die Terme der Gleichheit unaufhörlich neu definieren wird, indem er ihnen jegliche Möglichkeit in Abrede stellt, einen Anspruch darauf geltend zu machen, wirkliche Existierende zu sein (siehe Stengers 2003, 101–158).

um eine reichhaltigere Existenz zu formen, die die Wahl transzendiert. Schummeln verboten!

Doch Souriau gibt nicht nur die Erkundung der synaptischen Welt auf. Siehe da, wie Penelope trennt er das Tuch, das er systematisch gewoben hatte, ebenso systematisch wieder auf – oder genauer gesagt, er befreit sich von der Versuchung, mit den Modi, die er herausgearbeitet hat, ein System aufzustellen. Souriau ist vielleicht der Philosoph des Architektonischen, aber gewiss nicht des Systems. Vollständig zu sein bedeutet für ihn nicht, die Modi zu zählen und welchen Grund auch immer für die Garantie zu beanspruchen, dass die Zählung vollständig ist. Es bedeutet, auf vollständige Art und Weise herauszuarbeiten, was die Überfahrt der anaphorischen Erfahrung verlangt, ihr voll und ganz treu zu sein.

> Trügerischer Versuch; falsche Klarheit. Metaphysische Maschine, was willst du von mir? Sie täuschte uns umso mehr, als sie uns die Vorstellung suggerierte, den für einen vollständigen Diskurs notwendigen Elementen gegenüberzustehen. Das wäre die falscheste Vorstellung, die man sich von diesen Gattungen machen kann. (§ 86)

Und die Untersuchung endet auf eine umso abruptere Weise, als man uns plötzlich zu verstehen gibt, dass die Modi arbiträr sind. Kapitel I, das vorgab, den Plan der Untersuchung anzuzeigen, führte uns wahrhaftig vollkommen in die Irre. Die Modi sind sehr wohl Elemente, aber sie wurden gewissermaßen nur aus praktischen Gründen ausgewählt:

> Man muss sie nehmen, wie sie sind: als *arbiträre*. Bedenken Sie es so: Ein primitiver Maler kann auf seiner Palette die farbigen Erden finden, die ihm sein Boden und seine technische Umgebung liefern: Gelbocker, Rotocker; grüne Tonerde, Rauchschwarz. (§ 86)

> Weisen wir daher jede Versuchung zurück, die Modi, indem wir sie dialektisch erklären, zu strukturieren und zu hierarchisieren. Sie werden es immer verfehlen, die Existenz in ihrem Eigentlichen zu erkennen, wenn Sie dieses Arbiträre, das eine ihrer Absolutheiten ist, von ihr abziehen. (§ 86)

Die Modi sind alle gleich an Würde, sie sind gleich, sobald man jeden einzelnen an sich auffasst. Es ist das „Zuschneiden-Müssen", das das Problem zweiten Grades in Spannung versetzt, das heißt das Problem ihrer Vereinheitlichung [*unification*]. Vom ersten Kapitel an gebrauchte Souriau die Analogie der Farben und appellierte an

> [ein] Denken, [das] zu all den vielfarbigen Strahlen der Existenz befähigen muss, aber überdies auch zu einem neuen Licht, einem weißen Licht, das sie in der Klarheit einer Überexistenz einigt, die diese Modi überschreitet, ohne ihre Wirklichkeit umzustürzen. (§ 10)

Ein wenig mitgenommen kommt der Leser aus Kapitel III heraus, beeindruckt von den schwindelerregenden Perspektiven dieser miteinander vermengten Kosmoi, aber auch enttäuscht darüber, zu erkennen, dass man in Kapitel IV mit allem von neuem beginnen muss. Hat er während der gesamten Zeit nicht nur gelernt, wo die schlechten Antworten auf die Fragen der Sphinx zu finden sind? Aber zu wie vielen schlechten Antworten ist er berechtigt, bevor er verschlungen wird? Er muss das Rätsel schließlich entschlüsseln, und dieses kann, wie man schon von Beginn an weiß, nur in der Errichtung liegen, in Bezug auf welche uns Souriau, indem er einen Neologismus gebraucht, denken lässt, dass sie „gleichzeitig Handlung und Setzung eines Ontischen [ist]. Sie ist ontagogisch" (§ 89). Und er fügt hinzu: „Eine Philosophie der Errichtung wird sowohl die Modi des Handelns als auch die des Seins versammeln, indem sie untersucht, wie und auf welchen Wegen sie eine Verbindung eingehen können" (§ 89).

Kapitel IV und die Fragen der Überexistenz

Und so stoßen wir wieder auf unseren gegeneinander versetzt angeordneten Plan. Die wahre anaphorische Überfahrt ist bisher nur durch die reinen Modi definiert worden, seien sie ontisch oder synaptisch. Wie wir wissen, ist die Überexistenz das Wort, das bezeichnen wird, was es zu finden gilt. Abgesehen davon, dass man sich über das Präfix „über" nicht täuschen oder es auf das verweisen darf, was in der Philosophie oder Theologie bereits geläufig ist. Welcher Sinn der Überexistenz zu geben ist, gerade das heißt es zu erfahren.

Allmählich kennen wir unseren Souriau ausreichend, um den Weg ein wenig zu antizipieren. Es muss zwei völlig verschiedene Weisen geben, die Überexistenz zu denken: die eine im Modus des „Wie viele?", die andere im Modus des „Wie?". Man wäre versucht, die Gesamtarchitektur als die Verbindung aller Modi in einem harmonischen Ganzen zu verstehen. Ein Ganzes, das von Natur aus plurimodal wäre. Aber dann würde man mit dem Befehl des „Zuschneiden-Müssens" brechen und darüber hinaus mit der Behauptung der Antitypie, in der die Kritik an Bergson durchklingt. Souriau muss die Frage der Überexistenz daher im anderen Modus aufgreifen. Er wird wie immer so tun, als ob er auf die Klippe des Systems zutreibt, bevor er mit einem heftigen Ruderschlag aufzeigt, wie man ihr entkommt.

Die Überexistenz gegen jede Idee der Totalität

Die reinen Modi der Existenz müssen, wie uns Souriau gelehrt hat, als „Elemente" verstanden werden, nach Art der arbiträren Palette aus farbigen Erden, mit welcher der primitive Maler sein Werk vollbringt – abgesehen davon, dass es hier selbstverständlich keinen Maler gibt. Oder genauer gesagt, abgesehen davon, dass es hier um das Leben des Malers oder um unseres gehen wird – um ein Leben, das die Feinheit, die den reinen Modi eigen ist, nicht aufweist, um ein Leben, das verwirklicht und nicht untersucht werden möchte. Die Problemstellung wird daher durch dieses Verlangen nach Verwirklichung bestimmt werden, das der Vielheit der reinen Modi gegenübersteht. Und Souriau wird als Erstes die Möglichkeit ins Auge fassen, dem *Wert* das Vermögen zuzugestehen, einem Leben einen höheren Status gegenüber demjenigen der Elemente zu verleihen, mit welchen es einen Kompromiss eingeht.

Wie bei der Frage nach der Intensität der Modi, auf welche wir in Kapitel II gestoßen sind, nimmt die Antwort Begriffspersonen in Anspruch, die dem Wert dieses Vermögen erteilen wollen.

> [Es gibt denjenigen Typus, der, Anm. d. Komm.] versucht, sich in [seinem] höchsten Wert zu verwirklichen, sich exakt auf einer einzigen Ebene in der Gestalt der reinen Existenz zu entwickeln, die [ihm] die beste Bestimmung [seiner] selbst erlaubte. (§ 96)

Und dann gibt es denjenigen, der eine

> Art zu sein [sucht], die so vollständig ist, so vielfältig und zugleich so offenbar, wie in tausenden Facetten, auf der Ebene des Sinnlichen und auf der Ebene des Intelligiblen, gegenwärtig und zeitlos, unbeteiligt und handelnd, dass sie in all diesen Bereichen gleichzeitig ansässig ist und in keinem vollständig Platz findet, da sie sie überschreitet, indem sie sie alle zusammensetzt. (§ 96)

Zwei Wünsche und eine zweifache Bewegung, die eine in Richtung der Existenz, die andere in Richtung der Wirklichkeit, in Richtung der Anreicherung, in Richtung der Fülle einer Assemblage. Die ganze Frage besteht dann darin, ob es einen Weg gibt, die Zerrissenheit zu vermeiden. Kann man für einen Modus der Existenz Partei ergreifen, ohne sich etwas Wertvollerem zu entziehen? Kann man auf eine höhere Wirklichkeit zugehen, um bei ihr die Befreiung von der Plurimodalität zu suchen, ohne sich von der Existenz zu entfernen? Aber Souriau bricht die Symmetrie. Er wird sich später „klar und deutlich" (§ 104) dazu äußern. Der Imperativ, all seine Virtualitäten aktualisieren, sie in einem Leben vereinen zu müssen, ist abstrakt, hat kein Virtuelles, das seine Machbarkeit hervortreten ließe. Wer würde einem jungen Mann dazu raten, *zugleich* ein Don Juan und ein Heiliger zu sein, und zwar unter dem Vorwand, dass es da zwei Mögliche anstatt von nur einem Einzigen gäbe (§ 104)?! Foucaults Vater war ein Lebemann und *dann* ein Asket, aber er hätte niemals beides gleichzeitig sein können ... Die Überexistenz fängt ganz anders als durch eine einfache Akkumulation an. Hier rührt der Unterschied wieder von der guten und schlechten Art und Weise her, die Mannigfaltigkeit gegen die Gefahr der Einheit ebenso zu schützen wie gegen diejenige der Streuung. Und als Erstes darf man dafür die Vielheit der Modi nicht als das bezeichnen, wovon man sich befreien muss!

Im Grunde hat die Frage der Werte nichts mit der Frage der Überexistenz zu tun, denn sie konstituiert die Diversität der Existenzarten als Problem, während es eben diese Diversität ist, die, weit davon entfernt, selbst ein Problem zu sein, „das Problem der Überexistenz dar[stellt], wenn sie nicht noch mehr macht: wenn sie nicht gar die Überexistenz selbst setzt" (§ 98). Schlussfolgerung bei diesem Stand: Die Axiologie kann die Eigenständigkeit der Überexistenz nicht in sich aufnehmen.

> Nicht, weil sie zusammensetzt und vereinigt, enthält eine Totalisierung ein Mehr an Wirklichkeit. Diejenige, die uns interessiert, lässt jenseits der Vielheit der Existenzgattungen etwas erscheinen, das diese nicht nur umfasst, sondern sich von ihnen auch unterscheidet, sie überschreitet. Wenn man die Überexistenz definieren muss, so folglich nicht über irgendeine axiologische Betrachtung, oder als einen höheren, erhabeneren Grad der Existenz (obschon sie diese Erhabenheit haben kann); sondern über die strenge und nüchterne Vorstellung eines Übergangs auf Probleme des zweiten Grades, welche die Existenz zwar betreffen, sich aber als ein aus ihrer Ebene hinausführender Vorsprung äußern. (§ 99)

Aber noch sind wir nicht da. Wir müssen uns mit der Idee des Möglichen, das nach Verwirklichung verlangt, konfrontieren, denn mit ihr zeichnet sich das (zur Zeit von Souriau) starke Motiv des wirklichsten MENSCHEN ab, des MENSCHEN, im Verhältnis zu dem wir Jugendliche sind, die man dazu ermahnt, ihre „Potenziale" zu entfalten. Aber ist dieser Mensch, der Meister aller Existenzgattungen wäre, nicht eine Schimäre? Es genügt nicht, die Möglichkeit einer vollen Existenz auf problematische Art und Weise zu setzen – einer Existenz, die alle Modi der Existenz zusammenfügt und sie übersteigt, die uns zu Entwürfen mit dem Wunsch nach Erfüllung macht; das durch diese Existenz aufgeworfene Problem muss eine positive Lösung haben, eine insofern wirksame Lösung, als sie eine Überfahrt der Erfüllung einleitet.

> Aber man kann auch sagen, dass [dieser MENSCH, Anm. d. Komm.] nicht existiert, nicht einmal mit einer virtuellen Existenz, wenn diese verschiedenartigen Entwurfsmodi durch ihre Harmonie nicht eine Vollendung hervortreten lassen, die wie die geheimnisvolle Kontur eines einzigen Wesens wäre; und dass er nicht einmal mit einer idealen Existenz existiert, wenn diese geheimnisvolle Kontur in dem, was das Essenzielle wäre, unbestimmt und vakant bleibt, nämlich in einem definierten Modus der existenziellen Erfüllung. (§ 102)

Weit entfernt also von einem schimärenhaften Ideal, aber auch von der Idee einer Lösung, die problematisch nach Art einer Unbekannten gesetzt würde.

Der Begriff des Modus der Existenz ermöglichte es, gerade diesem „Jenseits von sich selbst" zu widerstehen.

Der Leser kann sich so mit Recht einige Fragen stellen. Warum diese lange, kritische Wegstrecke (16 der 22 Paragraphen, die das Kapitel zählt), um zu der Frage zu gelangen, die schon am Ende des vorhergehenden Kapitels formuliert worden war? Geht es um eine pädagogische Methode oder um ein tatsächliches anaphorisches Fortschreiten? Souriau musste damals für sich selbst bestimmen, was die Überexistenz kann, aber ohne deswegen das Streben in Richtung der vollen Einheit zu verleugnen, von der er sie trennt. Auf jeden Fall beschließt er die Wegstrecke mit dem Heraufbeschwören einer Frage dritten Grades, die Frage nach der „Vereinheitlichung aller möglichen Modi der Vereinheitlichung". Aber diese Frage, an die er nicht herangehen wird,[26] kann die andere nicht überlagern, denn sie setzt voraus, dass die Art und Weise erfolgreich bestimmt worden ist, wie die Überexistenz mit der Existenz in Verbindung steht und welche Verbindungen diese miteinander unterhalten. Achtung, es bleiben ihm nur noch fünf Paragraphen, um das Problem zu lösen, von dem das gesamte Buch handelt.

Eine neue Definition der Korrespondenz

Und eben an dieser Stelle (endlich!) wird die Errichtung eine positive Rolle spielen und nicht mehr diejenige einer Sphinx, die ihr „Rate!" wiederholt. Denn die Errichtung bezeugt an sich selbst, wovon die Überexistenz Pleroma ist, und zwar ein hierarchisches und geordnetes. Sie bezeugt es, weil, wie Souriau schon hervorgehoben hatte, als er vom anaphorischen Fortschreiten des Werks sprach, ein Werk zu vollbringen auch heißt, „auszuwählen, zu sichten, in den Papierkorb zu werfen. Und jede dieser Handlungen *enthält ein Urteil, zugleich Ursache, Grund und Erfahrung dieser Anapher*" (§ 34). Davon drängte uns das Gesamt dieses Buches die Erfahrung auf. Und wie wir gesehen haben, erscheint das auf eine dramatische Art und Weise im Text von 1956, wenn das Agens in jedem Moment der Überfahrt der Errichtung – auf die Gefahr hin, sich zu irren – raten muss, urteilen muss, aber ohne Vergleichspunkt, ohne irgendeinen Bezugspunkt. Errichten bedeutet nicht, sich das vorzustellen, wohin man gelangen will, und dann die Mittel für die Verwirklichung dieses Ziels zu mobilisieren. Es bedeutet nicht, einem Plan zu folgen. Wenn die Wirklichkeit errungen werden muss, dann nicht im Sinne einer bewaffneten Operation, sondern vielleicht im Sinn, in dem das Vertrauen eines ängstlichen Tieres errungen wird. Eine grobe Geste und schon verschwindet, was gerade dabei war, sich abzuzeichnen. Wenn die Errichtung ontagogisch ist, da sie die Konvergenz der Handlung und des Traums verwirklicht, dann zeugt sie davon, dass diese Konvergenz eine Überfahrt aus progressiven Determinationen

---

26   Aber genau diese Frage wird er in *L'ombre de Dieu* stellen (Souriau 1955).

ist. Sie erklimmt diesen „Jessebaum oder diese Jakobsleiter: die Ordnung der Überexistenzen" (§ 104). Deshalb ist auch das Werk, das in Erfüllung begriffen ist, obgleich es in jedem Moment der Überfahrt vollkommen als existierend determiniert ist, ebenso Entwurf, Beschwörungsformel für ein Virtuelles, das hier nicht mehr nur machbar ist, sondern im Modus des „zu vollbringen" fühlbar wird. Alles, was „zu vollbringen" ist, äußert und impliziert eine Überexistenz (§ 109).

Man erkennt, dass die Vereinheitlichung keine Sache des vereinheitlichenden Agens ist. Souriau zielt auf eine Vereinheitlichung ab, die kein anderes Prinzip oder kein anderes Verantwortliches hat als eine fordernde Beharrlichkeit, Partei zu ergreifen, und zwar für dieses Machbare, gegen tausend andere. Wie die Präposition „zu" des „zu vollbringen" bezeugt, impliziert die Vereinheitlichung eine Synapse, eine Verzweigung, eine Verbindung, das, was Deleuze eine Einander-Ergreifung nannte. „Durch die verschiedenartigen Formen, wie sie sich einander annähern, neigen die Modi der Existenz ihre Äste, um an den verschiedenartigen Schlusssteinen der so entstandenen Wölbungen Räume für Bewohner hervortreten zu lassen" (§ 109). Und Souriau fügt folgende entscheidende Präzisierung hinzu, da man die Versuchung doch kennt, die das Ideal in der Philosophie ebenso wie in der Moral darstellte: Die „Bewohner" sind keine idealen Existenzen. „Es gibt keine ideale Existenz" (§ 108). Die Öffnung der Existenz zur Überexistenz hat auch nichts mit einem problematischen Ideal zu tun, das ewig beharrt, ewig ohne Antwort bleibt. Wenn Souriau ein Mystiker ist, dann ein Mystiker der *Verwirklichung*. „Worum es nun aber geht, ist das in der Wirklichkeit seiner Lösung gelöste Problem. Nicht dieses Ideale, sondern die Wirklichkeit dieses Idealen – eben das steht zur Debatte" (§ 108).

Aber wie kann eine Lösung, die verwirklicht, die Überexistenz implizieren, wenn diese Lösung, wie alles, was existiert, für einen besonderen Modus der Existenz Partei ergriffen hat? Denn das Überexistierende ergreift seinerseits nicht Partei. „Allerhöchstens kann es sich in irgendeinem dieser Modi widerspiegeln – *per speculum in aenigmate*; und selbst dann hat es keine andere Existenz als diese modale und spiegelhafte" (§ 108).

Täuschen wir uns darin nicht – was hier auf dem Spiel steht, ist nichts anderes als der Schlussstein des Beweises oder vielmehr des anaphorischen Fortschreitens, das Souriau vorschlägt. Wenn es ihm misslingt, wenn nicht irgendeine sinnliche Erfahrung, nicht irgendeine „existenzielle Tatsache" erzeugt werden kann, die diese Widerspiegelung bezeugt, die sie im Modus des Virtuellen spürbar macht, wird er einer Schimäre gefolgt sein, und von seiner erstaunlichen Konstruktion werden nur ruinierte Säulen bleiben.

Und Souriau wird sich der altehrwürdigen Idee der wahren Erkenntnis zuwenden, um zu verlangen, dass man der Charakterisierung einer solchen

Erkenntnis als Ähnlichkeit des Denkens mit seinem Gegenstand nicht zu hastig eine strikte Ablehnung erteilt. Denn diese Charakterisierung ruft „diese überexistenzielle Wirklichkeit [hervor] – eine Wirklichkeit, die zugleich das vereinigte und aufeinander abstimmte, was im Modus, in dem sich mein Denken vollzieht, und im (per Hypothese verschiedenen) Modus des Gegenstandes existiert" (§ 109).

Aufgrund der Erfindung der Dinglichen sowie der gleichzeitigen Erzeugung des Dings und der urteilenden Vernunft, hat Souriau – und wir erkennen das an – das Recht errungen, eben jenen alten Hut der *adaequatio rei et intellectu* zu gebrauchen. Er hat sie von dem befreit, was sie vergiftete, machte aus ihr ein epistemologisches Propagandainstrument im Dienste der Wissenschaft, die den menschlichen Illusionen entgegengesetzt ist. Die Korrespondenz wird nicht mehr von der albernen Idee eines erkennenden Subjekts auf die schiefe Bahn geleitet, das dem erkannten Ding direkt gegenübersteht. Sie wird in ihrer schönen Etymologie erneut verfügbar: Sie antwortet dem, was antwortet, sie ist dem gegenüber adäquat, was sie errichtet hat. In ihr sind der Beginn und das Ende der Überfahrt deckungsgleich; der Entwurf und das Werk. Und dennoch zieht hier nicht der durchgehende Strich fett irgendeine punktierte Linie nach. Genau das macht den Unterschied aus zwischen einer Überfahrt, die, wie Souriau 1956 schreiben wird, das Agens in jedem Augenblick dem Raten aussetzt, ihm die Frage „Was wirst du aus mir machen?" aufdrängt, und der Gesamtheit an nihilistischen Konstruktivismen, die hämisch lachen: „Diese Frage hast doch du gestellt; diese Antwort ist deine und deine allein."

Hier trifft man auf den Sinn sowohl der Errichtung selbst wie auch ihres existenziellen Kippens: Kann man für das antworten, was für uns antwortet, für diesen „Bürgen", den die wahre Erkenntnis verlangt? Die Korrespondenz wird wieder das, was sie seit jeher hätte sein müssen: eine gelungene Anapher, die unterwegs die aufeinanderfolgenden Forderungen ihres Gelingens definiert. Und das trifft in der Wissenschaft zu, in der Kunst, in der Religion und in der Moral. Endlich wird die Metapher des Spiegels zerbrochen, die die Philosophie nicht losgelassen hat. Oder genauer: Ist die Metapher des Spiegels einmal zerbrochen, wird der Spiegel zum Synonym des Gelingens der Errichtung, da sich ja das Modell und die Kopie durch die Vermittlung einer Anapher verwirklichen. Die Korrespondenz wird wieder möglich: „eine gegenseitige *Antwort* des Denkens und seines Gegenstandes, die ein Paar bilden. Die Tatsache dieser Antwort (unwichtig, ob richtig oder falsch) ist hier die einzige existenzielle Tatsache. Es gibt ein Echo" (§ 109).

Es gibt ein Echo. Impliziert das, dass es etwas Gemeinsames gibt, eine „gemeinsame Wirklichkeit, welche beide einander antwortenden Modi gleichzeitig beherrscht" (§ 109)? Könnte man nicht einwenden, dass diese Implikation einer Wirklichkeit, die nicht existiert, einer Beherrschung, welche nur durch das Streben danach bezeugt wird, zu einer wahren Erkenntnis zu gelangen, nur eine Spielart der transzendentalen Idee im Sinne Kants ist? Hängt sie nicht am Echo als psychische Wirklichkeit? Anders ausgedrückt, ist das Echo wirklich eine existenzielle Tatsache wie es die Offenkundigkeit und die Wirksamkeit sind? Oder: Gibt es eine Synapse, eine tatsächliche Umwandlung dessen, was bezeugt? Und hier wird Souriau einen Typus der Erfahrung heranziehen, auf den er am Ende seiner Doktorarbeit hingewiesen hat, nämlich die Selbstkenntnisnahme in einer Form, die man für jedes Abenteuer, für jedes unerwartete Ereignis offen halten muss. Was ist nun das Wirksame einer solchen Synapse? Souriau:

> Als ein wirkliches Leiden, als ein Hinnehmen, das mich modifiziert, ohne mich zu verändern, will ich die Tatsache spüren, unter einem Blick zu stehen, angestrahlt zu werden durch dieses Bild von mir; – und wirklich in eine neue Gattung der Existenz gesetzt zu werden, denn dieses Wesen wäre nicht so, wie ich bin. Dasjenige, das hervorgerufen wird, ist sehr wohl dasjenige, das zugleich an diesen beiden Modi teilhätte und ihre konstitutive Verschiedenartigkeit überstieg. Es existiert nicht, aber ich kann ihm antworten, durch ein Leiden von der Art desjenigen, das so definiert wird. Ein Erleiden des Überexistenziellen, indem ich eine Modifikation erlebe, die ihm antwortet und deren Grund es ist (in dem Sinn, wie Grund Beziehung heißt), darin besteht die Art und Weise, wie wir von ihm zeugen und in einer Leiden-Tun-Beziehung mit ihm stehen können. (§ 109)

Nicht jede Antwort ist allerdings eine Antwort der Existenz an die Überexistenz, ebenso wie für Souriau nicht jedes Leben wirklich würdig ist, gelebt zu werden. Aber kein äußeres Kriterium, keine Referenz ist hier entscheidend, wie es schon bei den intensiven Modi der Existenz der Fall war. Es ist notwendig und zureichend, dass der Modus der Antwort von Existierendem an Existierendes eine Funktion des Überexistenziellen ist, das heißt, dass er es „als Grund oder Gesetz der Antwort" (§ 109) einsetzt oder impliziert. Und genau das bezeugt offensichtlich die errichtende Handlung.

> Was Michelangelo oder Beethoven groß gemacht hat, was sie genial gemacht hat, ist nicht ihr eigenes Genie, sondern ihre Aufmerksamkeit gegenüber der Genialität – nicht in ihnen selbst, sondern im Werk. (§ 109)

Eine Furcht erregende Kohärenz. Der Schlussstein hält tatsächlich. Der Beweis ist geliefert worden. Vielleicht werden wir schließlich nicht verschlungen. Die Transzendenz wurde als Übergang verstanden, als aktive und wirkliche Veränderung, die sich in der modalen Neuerung anzeigt, welche „die Einkleidung der Existenz in die Modulation selbst" (§ 72) darstellt.

Aber all das betrifft natürlich nur diejenigen, die bestätigen, was Souriau schon von seinem ersten Werk an als ein wahres Leben definiert hat. Was ihn, wie man sich denken kann, überhaupt nicht stört. Das Gelingen hat nur Sinn, wenn man scheitern kann. Souriaus Ziel ist nicht die Behauptung, dass die Transzendenz diejenigen betrifft – selbst wenn sie es nicht wissen –, die in den Abenteuern des Körpers oder den virtuellen Reichtümern ihrer Seele aufgehen. Er richtet sich an diejenigen, die dieses Leiden-Tun erfahren haben, diese Aufmerksamkeit im Werk, was es auch immer für eines sei. Eben sie sollten die Erfahrung nicht auf das herunterdrücken, was mit den Modi der Existenz des Körpers und der Seele in Beziehung gesetzt werden könnte. Sie sollten das zu honorieren wissen, was aus ihnen „spirituelle" Wesen macht; das, wovon der Modus der Existenz gerade die Einkleidung der Existenz in die Modulation zweier anderer ist, gerade das Leiden-Tun ist, das aus einem anderen Grund Zeugnis ablegt, nämlich wegen eines Verhältnisses zu etwas anderem. Sie sollen wissen, dass sie so für ein Wesen zeugen, das nicht existiert, dessen Wirklichkeit aber „höher und vielfältiger ist als diejenige von jeder einzelnen dieser polyphonen Stimmen" (§ 110).

Die Überexistenz, wie sie von Souriau definiert wird, steht im völligen Gegensatz dazu, seine feste Zuversicht auf die Transzendenz zu setzen. Eine höhere und vielfältigere Wirklichkeit vielleicht, aber es gibt hier keine andere Welt, und vor allem keine Über-Welt, die Gewähr bietet. Und genau an dieser Stelle taucht zum dritten Mal das Thema Gott wieder auf: „Du glaubst, für Gott zu antworten; aber welcher Gott ordnet dich, indem er für dich antwortet, in die Tragweite deiner Handlung ein?" (§ 110).

Wir haben es bereits hervorgehoben: Eifer und klarer Verstand bilden Souriaus Wappen. Um zu existieren, brauchen uns die Überexistierenden, sie brauchen unseren Eifer, denn dieser ist ein Name für die Modulation, die für ihre Wirklichkeit zeugt. Es geht nicht um einen Eifer „im Allgemeinen", um eine überschwängliche, aber unbestimmte Spiritualität. Er zeugt nur für ein Überexistierendes, wenn er an das Werk bindet, das immer *dieses* Werk ist, das allein Zeugnis für dieses Überexistierende bringt, gewiss, auf modale und spiegelhafte Art und Weise und als Rätsel. Und hier erlangt der klare Verstand Bedeutung, denn das Vertrauen ist fehl am Platz. Die Überexistierenden sind tatsächlich frei von aller idealisierenden Überladung, die unter der Hand wieder einen Wertestandard einführen würde, eine Vollkommenheit, den Fixpunkt einer Pflicht. Man muss es wagen, den Spiegel zu befragen, die Frage nach der Wirklichkeit zu stellen, der wir in der Existenz einen Halt bieten.

> Diese Liebe ist Vernichtung im Einssein mit einer falschen, im Innersten des Nichts geschaffenen Wirklichkeit. Jene andere ist ein wirkliches, schöpferisches und fruchtbares Werk. Man kann sich davon blenden lassen. Eine tragische Verwechslung. Auseinander halten zu können, was *wirklich* Fülle und Reichtum ist, und zwar durch die Natur des Werkes selbst, für welches man Zeugnis ablegt, indem man daran arbeitet, es in facto zu errichten, sowie durch die unmittelbare Erfahrung dieser Errichtung, heißt, das zu erkennen, was der Überexistenz in der Existenz

selbst am nächsten kommen kann. Auf jeden Fall liegt das in unseren Händen. (§ 111)

Schluss: Es ist am Leser, sich seine Überfahrt zu schaffen

Sind wir nun nicht bei diesem letzten Satz des Buches angelangt, bei dem für den Leser zu erreichenden Gipfel, auf den wir als aufmerksame und mitfühlende Bergführer schon gezeigt haben? Versteht er schließlich nicht von selbst, warum die von Souriau entfaltete Welt dazu fähig geworden ist, dass sie „vielleicht sogar die Götter in ihren Zwischenwelten die Sehnsucht nach dem Existieren verspüren lässt; – und das Verlangen, hier herabzusteigen, an unsere Seite, als unsere Gefährten und Ratgeber" (§ 111). Die auf zwei Modi, nämlich auf das Subjekt und das Objekt, beschränkte Welt – welcher Gott wäre verrückt, masochistisch oder asketisch genug, uns um sie zu beneiden? Aber diejenige von Souriau, mit ihren reinen Modi, mit ihrer Offenkundigkeit, ihrer Wirksamkeit und mit dieser Überexistenz – ist sie nicht würdiger, bewohnt zu werden?

Daher die Frage, die man sich einfach stellen muss: Verdient Souriau das Vergessen, dem er anheim gefallen ist? Ist er ein gescheiterter Philosoph? Es ist rechtens, diese Frage zu stellen, da er ja unaufhörlich über die Bedingungen des Scheiterns selbst nachgedacht hat. Hat er gezweifelt, er, der zu seiner Zeit ein Maître der Sorbonne war, das Beispiel für institutionelles Gelingen, aber auch für die Sicherheit der alten Welt, mit seiner patrimonialen Sicht, seinem antiquierten Stil, seinem Festhalten am Monumentalen ebenso wie an der Idee von einem Künstler, der gerade am Werk ist? Hat er gespürt, wie er wankt, als es die aufeinanderfolgenden Stöße des Existenzialismus, der Phänomenologie und später des Strukturalismus unternahmen, die Idee eines Kunstwerks selbst auszulöschen, die Idee jedes architektonischen Projekts und bald die Idee der Institution selbst? Und doch, sechzig Jahre später scheint es, als ob die Aufteilung zwischen dem Risiko und dem Akademismus auf den Kopf gestellt wurde. Nun sind es die Bilderstürmer, die steif erscheinen, und dieser Mandarin erscheint als derjenige, der alle Risiken auf sich genommen hat. Gerade weil er die Unbeständigkeit der Insitution als diejenige des Werks erkannt hat und weil er schon von seinen ersten Arbeiten an zu spüren vermochte, wie leicht es ist, seine Seele zu verlieren.

Wir könnten versucht sein, so vor der erstaunlichen Begriffsarchitektur, die Étienne Souriau entwickelt hat, vorüberzuziehen, wie es Diderot von künftigen Generationen voraussah, die vor dem gewaltigen Monument der rationalen Mechanik vorüberziehen, eben diejenige von Bernoulli, Alembert und Euler: Indem wir sie mit Schrecken und Bewunderung betrachten, wie diejenigen, die sich am Fuße der Pyramiden die Macht und die Mittel der Menschen vorstellen, die sie errichtet haben. Aber Diderots Prognose war entsprechend seiner

Hoffnung auf eine Zukunft, in der eine Allianz zwischen „den Denkenden und den Schaffenden"[27] geschmiedet würde, optimistisch; eine Zukunft, in der man die unheimliche Einsamkeit derjenigen beklagen würde, die sich einem Werk verschreiben, das gemacht ist, um in den kommenden Jahrhunderten fortzubestehen. Wir können Souriau auf diese Weise nicht beerben (leider). Denn seine Stimme dringt zu uns wie aus einer anderen Welt, aber einer Welt, deren Erbe noch zu inventarisieren bleibt.

Erben heißt für Souriau nun aber, wieder von vorne zu beginnen. Wenn unsere Lesart versucht hat, mit Souriau tatsächlich „noch einmal von vorne zu beginnen", so nicht deshalb, um zu konservieren, um dem, was noch einmal von vorne begonnen wurde, zu ermöglichen, seine Kontinuität zu erringen. Die Kontinuität wurde gebrochen, darüber besteht kein Zweifel. Es ging für uns darum, einen Weg für die Frage zu bereiten, die vielleicht diejenige unserer Epoche ist, und die sich heute überdies für den Großteil der Völker der Erde stellt. Diejenige nach einer anderen Art und Weise des Erbens, die unter dem Zeichen des „wie?" steht, weil eine gebrochene Kontinuität nicht wieder geklebt werden kann. „Wie erben?", genau das ist die Frage, mit der wir uns, wenn wir Souriau lesen, konfrontiert sehen. Eine „Befragungssituation", der er selbst keine Antwort beibringt, aber von der er die Kraft hatte, zu zeigen, „dass sie uns betrifft".

Literatur

Charles, Daniel, Milan Damnjanovic, Mikel Dufrenne, Harold Osborne et al. 1980. *L'Art instaurateur*. Paris: Union générale d'éditions.
De Vitry-Maubrey, Luce. 1974. *La pensée cosmologique d'Étienne Souriau*. Paris: Klincksieck.
Deleuze, Gilles. (1968) 1997. *Differenz und Wiederholung*. Übersetzt von Joseph Vogl. 2., korrigierte Auflage. München: Fink.
Deleuze, Gilles und Félix Guattari. (1991) 1996. *Was ist Philosophie?* Übersetzt von Bernd Schwibs und Joseph Vogl. Frankfurt am Main: Suhrkamp.
Diderot, Denis. (1754) 1961. *Gedanken zur Interpretation der Natur*. In *Philosophische Schriften*. Übersetzt von Theodor Lücke. Bd. 1. 415–471. Berlin: Aufbau-Verlag.
Eco, Umberto. (1979) 1987. *Lector in fabula: Die Mitarbeit der Interpretation in erzählenden Texten*. Übersetzt von Heinz-Georg Held. München-Wien: Hanser.
Fontanille, Jacques. 1998. *Sémiotique du discours*. Limoges: Presses de l'Université de Limoges.
Greimas, Algirdas. (1966) 1971. *Strukturale Semantik: Methodologische Untersuchungen*. Übersetzt von Jens Ihwe. Braunschweig: Vieweg.
Haumont, Alice. 2002. „L'individuation est-elle une instauration? Autour des pensées de Simondon et de Souriau". In *Simondon*. Herausgegeben von P. Chabot. Paris: Vrin.
Latour, Bruno. 2009. *Sur le culte moderne des dieux faitiches: suivi de Iconoclash*. Paris: La Découverte.
Musil, Robert. 1978. *Der Mann ohne Eigenschaften*. Bd. 1 von *Gesammelte Werke*. Herausgegeben von Adolf Frisé. Reinbek bei Hamburg: Rowohlt.
Netz, Reviel. 2003. *The Shaping of Deduction in Greek Mathematics: A Study in Cognitive History*. Cambridge: Cambridge University Press.
Péguy, Charles. 1987. *Oeuvres en prose complètes*. Paris: Bibliothèque de la Pléiade.

---

27   Vgl. Diderot (1754) 1961, 419. Anm. d. Übers.

Simondon, Gilbert. (1958) 2012. *Die Existenzweise technischer Objekte.* Übersetzt von Michael Cuntz. Zürich: Diaphanes.
Souriau, Étienne. 1925a. *L'abstraction sentimentale.* Paris: Hachette. (2. Aufl., PUF, 1951).
Souriau, Étienne. 1925b. *Pensée vivante et perfection formelle.* Paris: Hachette. (2. Aufl., PUF, 1952).
Souriau, Étienne. 1938. *Avoir une âme : Essai sur les existences virtuelles.* Paris: Les Belles Lettres / Annales de l'Université de Lyon.
Souriau, Étienne. 1939. *L'instauration philosophique.* Paris: Alcan.
Souriau, Étienne. 1943. *Les différents modes d'existence.* Paris: PUF.
Souriau, Étienne. 1955. *L'ombre de Dieu.* Paris: PUF.
Souriau, Étienne. 1956. „Du mode d'existence de l'oeuvre à faire". *Bulletin de la Société française de philosophie.* 50 (1): 4–24.
Souriau, Étienne. 1959. *Les deux cent mille situations dramatiques.* Paris: Flammarion.
Souriau, Étienne. 1999. *Vocabulaire d'esthétique.* Herausgegeben von Anne Souriau. Paris: PUF.
Stengers, Isabelle. 2002. *Penser avec Whitehead: Une libre et sauvage création de concepts.* Paris: Le Seuil.
Stengers, Isabelle. 2003. *Cosmopolitiques.* Bd. 1. Paris: La Découverte.
Stengers, Isabelle. 2006. *La Vierge et le neutrino.* Paris: Les Empêcheurs de penser en rond, Le Seuil.
Whitehead, Alfred North. (1920) 1990. *Der Begriff der Natur.* Übersetzt von Julian Hassell. Weinheim: VCH-Acta Humaniora.

DIE VERSCHIEDENEN MODI DER EXISTENZ

Étienne Souriau

[I]
Fragestellung

Ontischer Monismus und existenzieller Pluralismus. Ontischer Pluralismus und existenzieller Monismus. – Ihr Verhältnis, ihre Verbindungen. – Philosophische Folgen: Reichtum oder Armut des Seins; die erwünschten Ausschließungen. – Metaphysische, moralische, wissenschaftliche und praktische Aspekte des Problems. Methodenfragen.

§ 1. Das Denken, existiert es in sich selbst und durch sich selbst? Die Materie, existiert sie, und das auf dieselbe Art und Weise? Existiert Gott? Hamlet, die *Primavera*, Peer Gynt, haben sie existiert, existieren sie und wenn, inwiefern? Existieren die Quadratwurzeln aus den negativen Zahlen? Existiert die blaue Rose?

Genügt es, auf jede dieser Fragen zu antworten (mit Ja, mit Nein oder auf irgendeine Art; und schon das ist nicht so einfach)? Bestimmt nicht. Gerade durch ihre Aneinanderreihung stellen diese Fragen eine weitere, umfangreichere, die sie alle enthält: Gibt es mehrere Arten und Weisen zu existieren? Ist das Existieren vielfältig, nicht in den Wesen, in denen es sich aktualisiert, in die es sich einkleidet, sondern in seinen Arten?

§ 2. Diese Frage hat die Philosophie stets offen gelassen. Sind die Antworten der Philosophen doch tendenziös. Zur gleichen Zeit, wie sie behaupten, begehren sie. Und je nachdem, was sie begehren, sieht man die Existenz sich bald in vielfältigen Modi entfalten, bald wieder eine werden.

Spricht man vom Sein in der Hoffnung, dass es einen der Zahl nach einzigen Sitz habe, fügt sich die Vielzahl der Wesen zusammen, von welcher der gesunde Menschenverstand zu erkennen glaubte, sie würde ein Hirngespinst; um im Sein zusammenzukommen und in ihm aufzugehen, versammeln sich diese vorgeblichen Wesen in Stämmen, die jeder dem Banner einer besonderen Gattung der Existenz folgen. So versammeln sich untereinander alle Körper, dann alle Ideen. Oder die Möglichen, die Kontingenten und die Notwendigen. Und um diese Vielzahl zu umfassen, wird das einzige Sein Synthese all dieser Gattungen der Existenz, es einigt all diese Strahlungen in sich. Spinoza „berauscht sich" an der Einzigkeit der Substanz. Aber alsbald spaltet er sie und er weist auf eine Ordnung, einen Zusammenhang der Dinge, gemäß dem Attribut der Ausdehnung; eine Ordnung, die sich gemäß dem Attribut des Denkens verdoppelt, dann gemäß einer Unendlichkeit anderer Attribute, jedes ewig, jedes unendlich in seiner Art; keines ausreichend, um den Reichtum der Wirklichkeit, den die Substanz besitzt, wiederzugeben, denn „[j]e mehr Realität oder Sein ein jedes Ding hat, umso mehr Attribute kommen ihm zu."[1]

§ 3. Lassen Sie die Grundlage weg, ziehen Sie die pantheistische Einheit der Substanz ab, so ist es nicht die Welt, die sich in plurale Teile teilt (da ja nach Spinoza die Modi von einem Attribut zum anderen miteinander in Verbindung stehen), sondern es ist das Existieren, das sich unwiederbringlich in eine Mannigfaltigkeit von Arten aufspaltet. Dieselbe Mannigfaltigkeit, wenn man, ohne das Einzige wegzulassen, dieses über die Existenz stellt. „Darum bitte ich Gott", sagt Meister Eckhart, „dass er mich Gottes quitt mache, denn unwesenhaftes Wesen und Sein ohne Dasein ist über Gott. Was könnte man auch Gott Besseres und Köstlicheres als Opfer bringen, denn, um seinetwillen, ihn selber!" Plotin, der die Homonymie des Verbes „sein", angewandt auf das Eine oder auf die Wesen, die ihm folgen, nicht zulässt, zählt neun Arten zu existieren.

§ 4. Umgekehrt gibt es Philosophen, die, weit davon entfernt, die Einzigkeit des Seins anzunehmen, eine Vielzahl von tatsächlich substanziellen Wesen anerkennen. Je größer deren Zahl aber wird, desto ähnlicher und einziger wird auch ihr Status der Existenz. Sehen Sie sich einmal die Atomisten an, sei es Epikur oder Gassendi, oder in gewisser Weise sogar Leibniz. Sie teilen das Sein bis an die letzten Grenzen des Teilens. Aber diese Wesen sind ähnlich, beruhen zum Beispiel auf der Antitypie und der Unteilbarkeit. Und trotz ihres scheinbaren Reichtums und ihrer Komplexität zeugt die zahllose Versammlung dieser Wesen schließlich nur von einer einzigen Gattung der Existenz, als deren einzigen Typus man ein einziges Atom ausstellen kann. Von diesem

---

[1] Spinoza (1677) 2010, 19, I. Teil, Lehrsatz 9. Anm. d. Übers.

Standpunkt aus kann man allerhöchstens noch (und genau das macht Leibniz) die Einfachen und die Zusammengesetzten als zwei verschiedene Arten und Weisen zu existieren anerkennen.

§ 5. Leibniz ist hier übrigens sehr interessant. Gerade wurde er noch als Atomist angeführt. Doch weit davon entfernt, es ausschließlich zu sein, wechselt er die beiden Bewegungen ab, um die es gerade ging. Nachdem er dem Weg der Atomisten gefolgt war, die Existenz auf einen monadischen Typus reduziert und selbst aus Gott eine Monade unter den Monaden gemacht hatte, bricht er in die entgegengesetzte Richtung wieder auf. Er beginnt, unter den Monaden einen tiefer liegenden Unterschied zu erwägen, zwischen denjenigen, die geschaffen werden, die nur durch Gott existieren, und der ungeschaffenen Monade, dem notwendigen Sein. Außer diesen geschaffenen Wesen, die nur eine faktische oder kontingente Existenz haben, unterscheidet er dann Essenzen und ewige und unveränderliche Wahrheiten. Und was ist ihr Status der Existenz? Alle zusammen machen das Reich des Möglichen aus, das auch eine gewisse Wirklichkeit haben muss. Darüber hinaus reicht es dem notwendigen Sein, „möglich zu sein, um wirklich zu sein"[2], und die Möglichkeit begründet die Existenz, sie besitzt sie daher auf eminente Weise. Im Lichtschein auf die Welt, den es verbreitet, erkennt man „eine moralische Welt in der natürlichen Welt"[3], ein Reich der Wirkursachen und ein Reich der Zweckursachen, ein physisches Reich der Natur und ein moralisches Reich der Gnade, die, auf verschiedenen Prinzipien beruhend, wie zwei unterschiedliche Ontologien wirken. Als Leibniz also von der Vielzahl der Wesen ausging, strebte er an, die Einzigkeit ihrer Existenzart zu behaupten, deren Beispiel allein die menschliche Monade sein konnte. Aber wenn er umgekehrt von der „anfänglichen Einheit" (*Monadologie*, § 47)[4] ausgeht, beginnt sofort die Spaltung des Wirklichen gemäß verschiedenen Gattungen der Existenz. Kurzum, er allein stellt wie ein zweifaches Pendeln die beiden Bewegungen des Denkens dar, zwischen denen sich die Philosophen im Allgemeinen aufteilen, wobei die einen dazu tendieren, die existenzielle Vielheit anzuerkennen, die anderen dazu, sie zu bestreiten, zur gleichen Zeit, wie sie im umgekehrten Verhältnis geneigt sind, die Vielheit der Existierenden zu bestreiten oder anzuerkennen.

§ 6. Man sieht also, welchen tief gehenden Unterschied es gibt zwischen einem ontischen Pluralismus (der die Mannigfaltigkeit der Wesen annimmt) und einem existenziellen Pluralismus (der die Mannigfaltigkeit der Modi der Existenz annimmt). Wie uns der Pantheismus beweist, kann sich der ontische Monismus in einen existenziellen Pluralismus schicken. Und der ontische Pluralismus kann sich, wie es die Atomisten machen, befleißigen, einen existenziellen Monismus aufzuwerten.

---

2 Leibniz (1714) 2002, 129, § 44. Anm. d. Übers.
3 Leibniz (1714) 2002, 149, § 86. Anm. d. Übers.
4 Leibniz (1714) 2002, 131, § 47. Anm. d. Übers.

§ 7. Aber wenn es zwischen dieser existenziellen Vielheit und dieser ontischen Vielheit auch einen gewissen Anschein des Widerspruchs und der Gegenteiligkeit gibt, so wird man alsbald bestätigen, dass dieser Widerspruch, obwohl er häufig vorkommt, nicht notwendig ist. Es kann – wenn auch selten – einen integralen Monismus geben, der auf einmal die Einheit des Seins und die Einzigkeit der Existenz proklamiert: Das trifft auf die Eleaten und vor allem auf die Megariker zu.

Und andererseits gibt es einen gewissermaßen hyperbolischen Pluralismus, der, ohne sie miteinander zu verbinden, auf einmal verschiedene Wesen und verschiedene Gattungen der Existenz anerkennt. Das entspricht dem, was man Polyrealismus nennt. Dergestalt sind bestimmte Fideismen, die, wie derjenige von Schleiermacher, einen Gefühlsbereich der Religion und einen Vernunftsbereich der Wissenschaft annehmen, wobei der eine vom anderen völlig unabhängig ist.

§ 8. Hintergedanken! Geheime Ziele! Was erhoffen sich die Atomisten, diese „Freigeister", wenn nicht die Wesen abzuschaffen, für die es also keine Gattung der Existenz mehr gibt – diejenigen der bloßen moralischen Erfahrung oder der bloßen metaphysischen Erwartung. Und die Anhänger des existenziellen Pluralismus geben sich im Gegenteil ein Universum mit zwei oder drei Schubladen, ein Universum mit doppeltem Boden, um die so umstrittenen Wesen wiederherzustellen. Für die integralen Pluralisten, die Polyrealisten, besteht die Hoffnung darin, die Dinge der Religion als existierend auszuweisen, ohne diejenigen der Wissenschaft verdunkeln zu müssen; so wie die integralen Monisten, die Eleaten, die Bewegung, das Werden, abschaffen wollen, ohne gezwungen zu sein, die Welt zu leugnen.

§ 9. Man sieht also, wie zentral unser Problem in der Philosophie ist, nicht nur in dem, was sie an Lebhaftestem, sondern vielleicht auch in dem, was sie an Tendenziösestem hat. Aufgrund des Satzes: „Es gibt mehr als eine Gattung der Existenz", oder umgekehrt: „Das Wort Existenz ist univok", werden nicht nur die gegensätzlichsten metaphysischen Anschauungen, sondern, wie nicht anders zu erwarten, auch die gegensätzlichsten praktischen Anschauungen der Existenz miteinander rivalisieren. Je nach Antwort wechseln das gesamte Universum und das menschliche Schicksal den Aspekt; vor allem, wenn man sie kombiniert, indem man sie mit folgenden zwei Sätzen kreuzt: „Es gibt mehr als ein Sein", oder, „das Sein ist einzig". Bronzetore, die sich durch ihr schicksalhaftes Schlagen öffnen und schließen, in der Philosophie der großen Erwartungen, im Universum der weitreichenden Regionen.

§ 10. Die ganze Welt wird eben sehr weit, wenn es mehr als eine Gattung der Existenz gibt; wenn es wahr ist, dass man sie nicht erschöpft hat, wenn man alles, was existiert, gemäß einer ihrer Weisen durchlaufen hat, zum Beispiel derjenigen der physischen Existenz oder derjenigen der psychischen Existenz;

wenn es wahr ist, dass man sie, um sie zu verstehen, noch in alles einbeziehen muss, was ihr ihre Bedeutungen oder ihre Werte verleiht; wenn es wahr ist, dass man an jedem ihrer Punkte, als Schnittpunkte eines determinierten Netzes aus konstituierenden Relationen (zum Beispiel räumlich-zeitliche), ein völlig neues Gesamt an Determinationen des Seins wie zu einem Kellerfenster, das sich in eine andere Welt öffnet, zusammenfügen muss; ein neues Gesamt an Determinationen, die zeitlos, nicht-räumlich, vielleicht subjektiv oder qualitativ oder virtuell oder transzendent sind; solche vielleicht, wo die Existenz sich nur in flüchtigen, beinahe unsagbaren Erfahrungen begreift oder die der Intelligenz eine gewaltige Anstrengung abverlangen, um das zu begreifen, wofür sie noch nicht gemacht ist und was allein ein weiter gehendes Denken umfassen könnte; wenn es sogar wahr ist, dass man das Denken, um das Universum in seiner Komplexität zu erfassen, zu all den vielfarbigen Strahlen der Existenz befähigen muss, aber überdies auch zu einem neuen Licht, einem weißen Licht, das sie in der Klarheit einer Überexistenz einigt, die diese Modi überschreitet, ohne ihre Wirklichkeit umzustürzen.

§ 11. Und umgekehrt ist die Welt wohl intelligibel und klar rational, wenn ein einziger Modus der Existenz Ursache von allem liefern kann, was sie enthält, wenn es möglich ist, sie einer einzigen fundamentalen Determination oder einem einzigen relationalen Netz gemäß in eine Ordnung zu bringen. Doch man täusche sich hier nicht: Damit diese methodische Vereinfachung ihre Berechtigung einbüßt, genügt ein einziges Reißen dieses Netzes. Zum Beispiel genügt es, dass, wenn alle Wesen in quantitativen Relationen beschrieben worden sind, das Qualitative sich als unumgänglich erweist, um tatsächliche Existierende oder Schwankungen in den Graden ihrer Existenz zu begründen.

§ 12. Und auch die Wirklichkeit der Menschen wird sehr vielfältig werden, wenn sich zeigt, dass sie mehrere Gattungen der Existenz impliziert; dass ein Mensch, um voll und ganz zu existieren, um seine gesamte Wahrheit des Seins zu erringen, seine biologische Existenz genauso ausfüllen muss (um der biranschen Analyse zu folgen) wie seine sensorische, perzeptive und reflexive Existenz, dann schließlich seine geistige Existenz. Sie wird im Gegenteil sehr einfach und klar rationalisierbar erscheinen, wenn von diesen Arten der Existenz eine einzige wirklich ist; wenn zum Beispiel eine materialistische Dialektik genügt, um die vollständige Existenz darzustellen; oder wenn sich das Individuum nur eine zeitliche Existenz zu bilden hat, ohne sich (um es so auszudrücken) über die „unendlich fernen Punkte" seines Seins Gedanken zu machen; wenn es für es außerhalb der Zeit keine Existenz gibt, die seine diesbezügliche Unwissenheit verkennen oder vakant lassen könnte. Und ein einziger kurzer Satz wird über all das entscheiden: „Es gibt nur eine einzige Art und Weise zu existieren"; oder: „Es gibt mehrere".

§ 13. Ich habe, sagt der Physiker oder der Astronom, Positronen und Neutronen beobachtet, Elektronen, die in Intervallen darstellbar sind und die das

Ballett der Quanten auf der Bühne des Raumes und der Zeit tanzen, während sie manchmal wieder hinter die Kulissen des Indeterminierten zurückkehren; ich habe sich ausdehnende Galaxien gesehen, erschreckende Dimensionen für mein kleines menschliches Denken. Doch hatte all das eine physische, objektive und kosmische Existenz; oder eine Verstandes- und Vorstellungsexistenz; oder schließlich eine mikroskopische und teleskopische Existenz; ich meine eine, die substanziell mit derjenigen des Dings „Mikroskop" oder des Dings „Teleskop" verbunden wäre?

Ich habe von dir geträumt, sagt Goethe zu Ennoia-Helena oder Vigny zu Eva. Aber (müssten sie überdies sagen) hast du Platz in der wirklichen Welt oder wäre das Wesen, das dich Fleisch werden ließe, durch seine essenzielle Seinsart, deiner unwürdig? Bist du, in deiner Substanz, ein Traumwesen und, wie Shakespeare sagt, „solcher Stoff wie der zu Träumen"[5], labil und prekär also; oder bist du, da in mir tiefere Ursachen und tatsächliche Gründe von dir ausgehen, ein notwendiges Sein? Ist es einfach eine physiologische Fermentation, die dich dauern lässt? Bist du das Ewig-Weibliche, das ewige Ideal oder die ewige Lüge? Bist du eine notwendige und konstante Anwesenheit oder muss man dich aufseiten dessen suchen, was man nie zweimal sehen wird?

Ich habe von mir geträumt, einem Besseren, Erhabeneren als mir selbst. Und dennoch war ich es, ein wirklicheres Ich. Ist dieses erhabene Ich ein Wesen der Wahrheit oder der Illusion; des transzendenten objektiven Lebens oder des kontingenten und subjektiven psychischen Lebens? Eine Essenz, eine Entelechie; oder die unberechtigte Extrapolation einer Tendenz? Und auf welche Weise werde ich am klügsten und wirklichsten sein; indem ich sage: das existiert nicht; oder indem ich mich dem ganz hingebe, um mich von ihm zu nähren?

§ 14. Das ist das Problem. Oder vielmehr sind das die Fragen, bei welchen eine redliche Diskussion des Problems dem Philosophen erlauben müsste, sie mit Ruhe zu beantworten.

Eine Schlüsselfrage, sagten wir vorhin; ein zentraler Punkt, in dem die größten Probleme zusammenlaufen. Welcher Wesen werden wir uns mit unserem Geist annehmen? Wird die Erkenntnis der WAHRHEIT ganze Populationen von Wesen opfern müssen, die ausgeschlossen sind aus der gesamten existenziellen Positivität; oder wird sie, um sie aufzunehmen, die Welt verdoppeln, verdreifachen müssen?

Eine praktische Frage ebenso. So bedeutend ist die Auswirkung für jeden von uns, zu wissen, ob die Wesen, die er setzt oder voraussetzt, die er erträumt oder begehrt, mit einer Existenz des Traumes oder der Wirklichkeit, und zwar welcher Wirklichkeit, existieren; zu wissen, welche Art der Existenz vorbereitet

---

5   Shakespeare (1623) 1962, 95. Anm. d. Übers.

ist, sie aufzunehmen, anwesend, um ihnen Halt zu geben, oder abwesend, um sie zu vernichten; oder wenn das eigene Denken, da man zu Unrecht nur eine einzige Gattung berücksichtigt, reichhaltige und vielseitige existenzielle Möglichkeiten brachliegend lässt und das eigene Leben diese vernachlässigt.

Andererseits eine bemerkenswert begrenzte Frage. Wir sehen, sie hat sehr wohl Platz in derjenigen, ob dieses Wort: „existieren" denselben Sinn in all seinen Verwendungen hat oder nicht; ob die verschiedenen Modi der Existenz, die die Philosophen anzeigen und unterscheiden konnten, diesen Namen der Existenz voll und gleichermaßen verdienen.

Eine positive Frage schließlich. Eine der wichtigsten unter ihren Auswirkungen, die sich die Philosophie vornehmen kann: Sie stellt sich in Form von genauen Urteilen dar, die sich zur methodischen Kritik eignen. Die wichtigsten dieser Urteile in der Geschichte des menschlichen Denkens zu erfassen; ihre Tafel anzuordnen; danach zu suchen, welcher Art von Kritik sie unterstehen; genau hierin liegt eine substanzielle Aufgabe.

§ 15. Muss man in sie einführen, indem man exemplarisch ein zufällig zusammengewürfeltes Bündel an existenziellen Unterscheidungen auseinandersetzt: aktuales Sein und potenzielles Sein; explizite, implizite und komplizite Existenz; die Modi der Aseität und der Abalietät,[6] der Selbigkeit und der Andersheit; das formale, objektive, eminente Existieren; Existenz *an sich**, *für sich**, *bei sich** (Hegel); die primäre unmittelbare Existenz *(Urerlebnis*)* oder die mittelbare Existenz anerkannter Realität (Reininger); real-kognitive und imaginär-emotive Existenz, teilbar in affektive und volitionale Existenz (H. Maier); *Dasein**, *Zuhandensein**, *Vorhandensein** usw. (Heidegger)? Was bedeuten solche Unterscheidungen schon, wenn man nicht weiß, aus welchen Standpunkten sie resultieren, welche miteinander vereinbar sind und welche nicht, welche exhaustive Tragweite sie haben können?

Eine historische Durchsicht dieser aufeinander folgenden Positionen des Problems wäre dienlicher; aber der Umfang dieses kleinen Buches würde sie auf eine unerträgliche Verkürzung reduzieren; und das Wesentliche würde sich wieder später ergeben. Zumindest würde sie uns zeigen: Wie das Denken der Primitiven, oder zumindest das Denken, das zeitlich vor der Philosophie liegt, sensibel vor allem gegenüber axiologischen existenziellen Unterscheidungen war, die sich häufig in philologische Zeugnisse einschreiben (weltlich und geistlich; das „starke" und das „schwache" Genus der Sprache der Masai,

---

6   Aseität (Von- bzw. Durch-sich-selber-Sein) bezeichnet die seinsmäßige Selbstständigkeit bzw. Unabhängigkeit Gottes (ens a se) im Gegensatz zur seinsmäßigen Abhängigkeit der Geschöpfe (ens ab alio). Abalietät (Abstraktum zu *ab alio*) bezeichnet im Gegenzug die ursächliche Abhängigkeit eines Seienden von etwas anderem. Vgl. *Metzler Lexikon Philosophie*, s. v. „Aseität" und „Ab alio" sowie die erläuternde Anmerkung von Isabelle Stengers und Bruno Latour in ihrem Kommentar (Anmerkung 27). Anm. d. Übers.

*   Im Original deutsch. Anm. d. Übers.

das belebte und unbelebte sowie die fiktiven des Algonkin; die Prinzipien *Yin* und *Yang* des chinesischen Denkens). Wie auf der philosophischen Stufe die ionische Unterscheidung des Scheins und des Seins (die vom existenziellen Gegensatz des Phänomens zu der Substanz ausgeht) in den eleatischen Monismus mündet, der auf einem dem Prinzip des ausgeschlossenen Dritten zugeschriebenen ontologischen Wert beruht. Wie Platon die Frage mit diesem genialen Einfall erneuert: Das Nichtsein ist nicht der Verlust der Existenz, im Verhältnis zu jedem determinierten Modus der Existenz ist es das Anderssein. Wie sich aus dieser Frage ein existenzieller Pluralismus ergibt, dem Aristoteles einige essenzielle Motive gegeben hat (aktuales Sein und potenzielles Sein; das Problem der Stellung der Einbildungen; der Stellung der kontingenten Ereignisse der Zukunft …) und der sich im Mittelalter zu einer extremen Vielheit der Modi der Existenz entwickelt (man denke nur an die Wichtigkeit des Problems der Existenz des Singulären und der Existenz des Universalen) – in einer einmütigen Zustimmung, deren einzige bedeutende Dissidenz diejenige von Duns Scotus ist, der die Univozität des Seins gegen die thomistische Theorie der Analogie verteidigt. Wie zwischen Aristoteles und der Scholastik eine bedeutende Einwirkung Plotins vermittelt, die einerseits die Einigung der Modi der Existenz jenseits der Existenz selbst vorschlägt; andererseits die Idee von Intensitätsgraden des Seins, von welcher er glaubte, dass sie die Peripatetiker ausgelassen hätten, eine Idee, die sich sowohl bei den Gnostikern (Basilides) als auch bei den Christen (Origenes, Augustinus, Nemesios, Aeneas von Gaza, Dionysius Areopagita) und bis heute (Bradley oder Marvin, Grade oder Stufen) wiederfinden lässt, nachdem sie eine besondere Bedeutung in der Renaissance mit G. Bruno angenommen hatte (Theorie eines Minimums und eines Maximums jeder einzelnen Existenz). Wie Descartes die Modi der Existenz so weit wie möglich reduzieren wollte und dennoch die Nicht-Univozität der geschaffenen und ungeschaffenen Substanzen, den Unterschied im existenziellen Prinzip der Einheit zweier Substanzen und von jeder für sich genommen anerkennen musste. Wie ganz besonders Berkeley gegen die Möglichkeit einer „allgemeinen Idee des Seins" Partei ergriffen und einige ihrer Arten (die Seelen und die Ideen, die Relation und die Bedeutung) als irreduzibel und radikal heterogen ausgewiesen hat; während die Körper schließlich nur in einem „sekundären und relativen Sinn" existieren. Wie Kant nicht nur das Thema „phänomenale Existenz" und „noumenale Existenz" vorgebracht hat; sondern auch viele andere mehr oder weniger traditionelle Modi anerkannt hat.[7] Wie Hegel die wichtigsten Modi der Tradition in aufeinander folgende dialektische

---

7   Allein in der Diskussion der Paralogismen der reinen Vernunft verwendet Kant folgende Unterscheidungen: Existenz als Subjekt und Existenz als Prädikat; Existenz, die dem Ich eigen ist, und Existenz der Dinge außerhalb des Ich; Existenz *a priori* und in sinnlicher Hinsicht bestimmte Existenz; der Modalität nach vielfältige Existenz (faktische oder mögliche oder notwendige Existenz), die verschieden ist von der Existenz als Kategorie. Schließlich intensive Existenz, betrachtet als „Grad der Realität in Ansehung […] alles dessen, was das Dasein ausmacht" [Kant (1781/1787) 1998, 455 (B 414), Anm. d. Übers.].

Momente umgewandelt hat. Wie schließlich die stetige Bewegung, die über Krause, Lotze, Meinong und Baldwin geht, in die phänomenologischen und existenzialistischen Schulen mündet, deren Hauptmerkmal es einesteils ist, das Recht zu postulieren, die Existenz gesondert von ihren Einkleidungen zu betrachten, die vorübergehend eingeklammert werden; anderenteils, dahin zu gehen, ihre Modi beinahe unbegrenzt zu vervielfachen, da man das Attribut und die Kopula, eines in das andere unauflöslich integriert; sodass: Mensch sein, in der Welt sein, vergangen sein, gegenwärtig sein, zukünftig sein, zugehörig sein, verfügbar sein, fern sein, etc.; lauter Arten und Weisen des Seins, weniger im schwachen Sinn des Ausdrucks (als Modi der Determiniertheit von einem Substrat) als im starken Sinn: Mittel des Existierens, spezifische Bedingungen der Existenz, zurückgelegte oder noch zurückzulegende Wege, um Zugang zum Sein zu erhalten, Modi der konstituierenden Intentionalität.

§ 16. Eine solche historische Durchsicht würde vor allem Folgendes deutlich herausstellen: als Erstes die in ihrer Ausbeute vorhandene Verbundenheit, die die neuesten Instanzen mit den nicht zurückweisbaren Erfahrungen der *Philosophia perennis* vereint; dann die Dringlichkeit, all das zu klassifizieren, zu ordnen, zu untersuchen, ob es sich in vollständigen Bildern anordnet, aus denen man irgendeine Gesamtansicht ziehen könnte, irgendeinen flüchtigen synoptischen Blick auf die Existenz in ihrer Totalität; schließlich die Gliederung des Problems in drei Hauptfragen.

Die erste ist diejenige der intensiven Modi der Existenz. Bevor man fragt, existiert das hier und auf welche Art und Weise, muss man wissen, ob mit Ja oder Nein geantwortet werden kann oder ob man ein bisschen, viel, leidenschaftlich, überhaupt nicht existieren kann …

Die zweite, diejenige der spezifischen Modi im eigentlichen Sinn, wird vom Gegensatz zweier Methoden beherrscht. Man kann die eingekleidete Existenz betrachten und sich des gesamten ontischen Inhalts der menschlichen Repräsentation annehmen, um ihre Modi zu klassifizieren und ihren positiven existenziellen Gehalt abzuwägen; oder man kann (wenn man glaubt, die Existenz könne sich nicht nur in den Wesen befinden, sondern auch zwischen den Wesen) von einer möglichst beschränkten ontischen Gegebenheit ausgehen und danach suchen, durch welche Verschiebungen, durch welche Verbindungen (die neue Modi der Existenz darstellen) man vom Gleichen zum Anderen übergeht.

Diese beiden Methoden führen zu unterschiedlichen Ergebnissen. Die eine wie die andere sind gleichermaßen gültig. Wir werden sehen, dass man ihre Ergebnisse aufeinander abstimmen und in der Existenz sowohl die Arten und Weisen des Seins der verschiedenen Seienden als auch nach und nach ihre

(Weiter unten: „nicht als Vielheit der Substanzen, sondern jeder Realität, als Quantum der Existenz" [Ebd., 456 (B 416), in Anmerkung 1, Anm. d. Übers.]).

Echos und Rufe, die verschiedenen Modulationen der Tatsache des Existierens anerkennen kann; wobei man so (um von einem philologischen Vergleich Gebrauch zu machen) „Semanteme" und „Morpheme" der Existenz unterscheidet (siehe weiter unten § 73 und 76).

Die letzte Frage ist die Suche nach möglichen Vereinheitlichungen, die den Begriff der Überexistenz mit sich bringt.

Dieses Tryptichon wird der allgemeinen Gliederung unserer Untersuchung seine Rahmen geben.

[II]
Die intensiven Modi der Existenz

Grobkörnige und Zartfühlende. – Alles oder Nichts. – Das Werden und das Mögliche als Existenzgrade. – Zwischen dem Sein und dem Nichtsein: Stufen, Entfernungen und Perspektiveneffekte. – Die reine Existenz und die vergleichende Existenz. – Die ontische Besetzung der Stufen. – Reine Existenz und Aseität. – Existenz und Wirklichkeit.

§ 17. Voll und ganz, intensiv, absolut zu existieren, welch Ideal! Aus dieser Selbstunsicherheit hinauszutreten, in der man sich in einem Nebel aus Irrealität vergebens sucht, an den Ufern des Nichts! Seinen Sitz im vollständigen Gefolge des Seinsaktes haben! Welch Ideal; vielleicht aber auch, wie bei jedem Ideal, welch Träumerei! Welch Absurdität vielleicht! Ist es wahr, dass man nur zur Hälfte existieren kann? Sind nicht alle Dinge, dieser Stein genauso wie diese Seele, sobald sie existieren, in der Existenz gleich? Gibt es schwache und starke Existenzen? Ist das Existieren zu einem Mehr oder Weniger fähig?[8]

8   In philologischer Hinsicht denke man an die beiden „Genera", schwach und stark, der Sprache der Masai, um die es gerade ging (§ 15). In logischer Hinsicht denke man an den Gegensatz der Klassifikationen durch Klassen und der Klassifikationen durch Typen, wobei letztere unter ihrem logistischen Aspekt darauf abzielen, „die abstufbaren Eigenschaften der Dinge, das heißt die Eigenschaften, die einem bestimmten Objekt nicht entweder zu- oder nicht zukommen, sondern die ihm in einem mehr oder minder hohen Grade zukommen", zu erfassen. Vgl. Hempel und Oppenheim 1936. Siehe ihre Schlüsse über die Ersetzung der „statischen Opposition *entweder-oder*" durch die „dynamische

Ja, werden diejenigen antworten, die dieses Gefühl der Halb-Existenz erfahren haben oder es sich ernsthaft vorstellen können; auch diejenigen, für die das Wort Existenz weniger eine Tatsache als einen Wert darstellt; diejenigen, für die die Existenz ein Akt ist, der zu verschiedenartigen Spannungen in der Lage ist.[9]

„Nein!" werden im Gegenteil manche rigorose und sogar rigoristische Geister antworten, die seit der Kindheit darauf gedrillt sind, die Tugend der Wahrhaftigkeit auf eine strikte Trennung des Dings, das ist, von dem Ding, das nicht ist, zu gründen. Raue Seelen, kaum zur Nachsicht mit diesen Zwischenwelten geneigt, in denen sich Heuchelei und Mythomanie ebenso wie Weltschmerz und dunkle sowie konfuse existenzielle Sehnsüchte durcheinander abspielen. Man hat Existenz oder man hat sie nicht, werden sie sagen. Man ist innerhalb des Seins oder außerhalb. Und wenn man schon auf der Grenze herumreitet, halb innerhalb des Seins und halb außerhalb, so dürfe man nicht sagen, dass man mit einer schwachen Existenz existiert; man müsste sagen, dass ein Teil von sich – voll und ganz, wirklich, total – existiert und dass der andere nicht existiert.

§ 18. Erteilen wir zunächst diesen Rigoristen das Wort.

Sie werden anerkennen, dass eine Existenz mehr oder weniger reich sein kann; dass sie in sich viel an Sein zusammentragen kann. Aber, werden sie sagen, dieses Quantitative ist extensiv. Man kann enge oder weite kosmische Dimensionen besetzen, wenige oder viele Ideen oder Atome in sich enthalten; mehr oder weniger Raum oder Zeit umfassen; eine kleinere oder größere

---

[9] Opposition *mehr oder weniger*"; man wende das auf die Idee der Existenz als „abstufbare Eigenschaft" an. Diese Spekulationen gehen hauptsächlich auf Benno Erdmann zurück.
In den Philosophien, denen man etwas zu pauschal das Etikett existenzialistisch verleiht, bemerkt man in dieser Hinsicht zwei äußerst gegensätzliche Haltungen. Für die eine (vielleicht die authentischere, insofern sich der Existenzialismus auf Kierkegaard beruft) wird die Existenz vor jeder Anstrengung, von ihr philosophische Kenntnis zu nehmen (eine vielleicht vergebliche Anstrengung, sagt Jaspers; siehe Jaspers 1935), in facto besessen. Vgl. Berdjajew (1933) 1951, 76–78.; oder Frank (1915) 2000, 229–230. Die andere, aus der Phänomenologie hervorgegangen und von der Romantik gefärbt, betrachtet die Existenz als Tatsache, die vielleicht einfach zu erkennen, aber stets zu erlangen, zu erfüllen, zu erringen und dabei immer fern ist. Das ist Heideggers Haltung. Man wird bemerken, dass G. Marcel, der in *Sein und Haben* (Marcel [1935] 1954, 167) oder im ersten Teil des *Metaphysischen Tagebuchs* (Marcel [1927] 1955), wo die Idee der Existenz eng mit dem Typus der körperlichen Existenz verbunden wird, mit Berdjajew übereinzustimmen scheint, im zweiten Teil, wo die Idee der Existenz mit derjenigen des Heils gleichgesetzt wird, zur zweiten Haltung neigt. Bei ihm ist der Gegensatz zwischen dem Sein und der Existenz in einem solchen Maße ausgeprägt, dass er zu der Aussage gelangt, der „Ausdruck ‚das Sein'" sei gar abzulehnen und sinnleer (Marcel [1927] 1955, 255; die Frage des „Sein-wollens" betreffend). – In Bezug auf L. Lavelle, bei dem die Dinge komplexer liegen, wird man mit Interesse irgendeine Passage eines älteren Werks (zum Beispiel Lavelle [1934] 1952, 67) einer langen Anmerkung über die Univozität in einem jüngeren Artikel gegenüberstellen (Lavelle 1941, 728). – Siehe schließlich Blondel 1935, 11, 23, 102, etc.

Mannigfaltigkeit einschließen. Eine Gattung, die sehr viele Individuen versammelt, wird an Existenz reich sein. Ebenso erscheint ein Gedanke stark, der in Wirklichkeit vielfältig ist, weil er in kurzer Zeit viele Ideen bildet.[10]

Oder aber dieser Reichtum wird sich auf eine logische Quantität anstatt auf eine ontologische stützen. Eine biologische Gattung wird insofern an Existenz reicher, wirklicher erscheinen, als sie viele Spezies enthält (ohne der Anzahl der Individuen Rechnung zu tragen);[11] ein Gedanke wird insofern als existenziell voll und äußerst wirklich erscheinen, als er sich durch sehr verschiedenartige Formen hindurch anpasst.[12]

Sogar hinsichtlich der Werte, des Guten und des Bösen (dieses einer bestimmten Tradition nach bevorzugten Bereichs der Privation oder der Fülle) werden unsere Rigoristen jegliche Möglichkeit ablehnen, sie in Seinsgraden zu interpretieren; und ihnen nur in dem Maße eine wirkliche Existenz zugestehen, wie man sie auf das: „das hier ist" reduzieren kann; zum Beispiel, indem man sie als Urteile ansieht, die als soziale Tatsache eine größere oder geringere Extension aufweisen.[13]

Ebenso verhält es sich mit dem, was das Werden angeht. Man wird sich zum Beispiel weigern, im Kind den Entwurf eines Jugendlichen, im Jugendlichen den Entwurf eines Mannes zu sehen, Entwürfe, die mehr oder weniger entfernt von einer Akme sind, das heißt vom Zustand des vollkommenen Seins, das ihnen als Endpunkt dient. Man wird uns auffordern, im Kind von 3, von 7, von 12 Jahren jeweils gesonderte Wirklichkeiten zu sehen, die als unverändert aufzufassen sind, so als genügten sie sich selbst; und als wären sie ohne jegliches Virtuelle, ohne Jegliches, das auf halbem Wege zwischen dem Nichts und diesem vollkommenen Sein sei, auf das man es zu beziehen vorgibt.

---

10 Nichts ist verblüffender als die Art und Weise, wie Spinoza die existenziellen Intensitäten auf Fragen der Vielheit zu reduzieren anstrebt. Vgl. Spinoza (1677) 2010, I, Lehrsatz 9; IV, Lehrsatz 38; V, Lehrsatz 11, 13, 38, 39; etc. Außerdem weiß man, dass Bergson die Intensitäten durch Mannigfaltigkeiten ersetzen will, qualitative jedoch, wo die Vielheit nur auf eine beinahe unerklärliche Art und Weise zum Tragen kommt. In gewisser Hinsicht ist für seine Philosophie zu bedauern, dass ihn seine anfängliche Kritik des Begriffs der intensiven Quantität dazu gebracht hat, sich von den Problemen der intensiven Existenz abzuwenden. Alles in allem gibt es für ihn zwei Existenzmodi, die Existenz „in enger Lage" und die Existenz „in weiter Lage" (um wie die Harmoniker zu sprechen). Darüber hinaus ist jedes „mehr oder weniger" extensiv.
11 Siehe zum Beispiel Rabaud 1937, 28f.
12 Vgl. die Texte, die in Saulnier 1940 versammelt sind, vor allem den Text von Amiel, S. 123, etc.
13 Eben so ist die Frage der Existenz, in ihrer Form der assertorischen Modalität des Urteils, die dem Optativ oder dem Imperativ entgegengesetzt ist, Ausgangspunkt für die Ideen von L. Lévy-Bruhl über *La Morale et la science des moeurs* (Lévy-Bruhl 1903). Bezüglich der Frage, ob die Moral *ist*, nämlich als natürliche Tatsache, kann man ihnen einige Ideen von Kallikles oder von Thrasymachos bei Platon gegenüberstellen.

Ein Standpunkt, der mehr oder weniger die vollständige Vollendung jedes Wesens, die Unmöglichkeit, auf halbem Wege zu halten, postuliert, da er das graduelle Voranschreiten vom Nichts zur Existenz abstreitet. „Denn weder gibt es Nichtseiendes, das es hindern könnte zusammen zu kommen, noch kann Seiendes auf irgendeine Weise hier mehr dort weniger sein als Seiendes" (Parmenides, V. 106 f.).

Ein Gesetz des Alles oder Nichts zwingt dann dazu, alle Probleme der Existenz in der Form der *oppositio medio carens* zu stellen. So bedrängt uns Pascal: Gott ist oder er ist nicht. Vergebens wird der Freigeist, ob ein Zeitgenosse Pascals oder ein künftiger Renanist, zu der Idee eines mehr oder weniger oder gewissermaßen existierenden Gottes flüchten wollen; zum Beispiel als Ideal;[14] oder als immanente reflexive Gegebenheit; oder weil man seine ungewisse Existenz mit einer Art Schwäche an Existenz gleichsetzen wird. Nein, sagt Pascal, es muss gewettet werden. Kopf oder Zahl.

§ 19. Wie doch die Philosophen, die wohl Zwischenstufen zwischen dem Sein und dem Nichtsein anerkennen, viel geschmeidiger, differenzierter und liebenswürdiger sind; für die sich das Mögliche, das Potenzielle, selbst das Unendliche (wie bei Aristoteles)[15] dem Sein nur nähern, für die sie zwischen ihm und dem Nichtsein eine Mitte bilden; oder jene Wissenschaftler, die, da sie eine Entwicklung untersuchen, in ihr unter dem Gegenwärtigen schon das Zukünftige ausmachen, das sich auf halbem Weg zum Sein befindet und, um zu emergieren, nur etwas Reifung benötigt.[16]

---

14 Wir denken an Renan, weil diese zarte, ironische und flüchtige Seele sich ausdrücklich gegen die Idee gewendet hat, das Problem der Religion vom existenziellen Alles oder Nichts herrühren zu lassen. Vgl. Renan 1888, 78: „[T]out ce qui est idéal, non substantiel, n'existe pas pour le peuple. Quand il dit : ‚Cela n'existe pas', tout est fini. Je tremble pour le jour où cette terrible façon de raisonner touchera Dieu." [„[A]lles Ideale, Nicht-Substanzielle existiert für das Volk nicht. Wenn es sagt: ‚Dies existiert nicht', ist alles aus. Ich bange um den Tag, an dem diese entsetzliche Art zu urteilen, Gott treffen wird." Anm. d. Übers.]
15 „Dann also, wenn man das Unendliche nicht entbehren kann und wenn es auch nicht im vollen Sinne existieren kann, ist ihm eine gegenüber der vollen Existenz mindere Existenz zuzugestehen, die dennoch vom Nichts verschieden ist. Eben dieser mittlere Existenzmodus, den Aristoteles allgemein anerkennt und für welchen also die Lösung des Problems des Unendlichen nur eine besondere Anwendung ist, ist die Potenz." (Hamelin 1920, 284).
16 Siehe zum Begriff der Emergenz im Zusammenhang mit der Idee der Entwicklung: Newman; im Zusammenhang mit den Wirklichkeitsgraden: Bradley; von einem realistischen Standpunkt aus: Whitehead, Hobhouse, Broad. Man denke an Lloyd Morgans „emergent evolution"; und an seine Rolle in der Konstruktion des Universums nach Alexander. Für einen biologischen und experimentalpsychologischen Standpunkt konsultiere man zum Beispiel die Dokumente, die man in *Année psychologique* versammelt finden wird, zum Beispiel 1926, Nr. 576 f.; 1931, Nr. 269 f.; etc.; die Studien von Coghill, Carmichael, Shephard und Breed über die Reifung von Verhaltensschemata (*maturing behaviour patterns*) und über ihre sukzessive und spontane Emergenz in

Gut. Aber gibt es da nicht einen Kompromiss, eine uneingestandene Idee, die in einem Zwischenstatus gleichzeitig zwei Ideen hervorruft, zwischen denen man zu wählen verstehen müsste? Einerseits die Idee von unterschiedlichen Gattungen der Existenz – wobei das Mögliche, das Potenzielle, das, was zur Emergenz bereit ist, *neben* dem Aktualen, dem Wirklichen ist und als durch es in einer anderen Ordnung der Wirklichkeit durchscheinend gesehen wird. Andererseits die Idee einer Art von schwachen Existenz, einer unter der Vollständigkeitsschwelle des Seins gestammelten Existenz.[17]

Tatsächlich und sicherlich haben diese Ideen der Möglichkeit, der zur Emergenz bereiten Zukünftigkeit, etwas von einem Implex an sich, an dem sich das Problem der Existenzgrade leicht ansteckt. Aber das heißt keineswegs zu sagen, dass dieses ein falsches Problem sei. Die Schwierigkeit besteht darin, klar zu erkennen, auf welchem Boden es berechtigterweise gestellt wird und diesen Boden von allen Arten schmarotzender Vegetation frei zu machen. Um das zu erreichen, muss man der dialektischen Bewegung folgen, die es von einer existenziellen Affirmation aus erzeugt.

Indem wir zwei extreme, in dieser Bewegung rivalisierende Thesen gegenübergestellt haben, sind wir bis hierher eigentlich zwei spontanen Haltungen des Denkens begegnet, die man auf den für James so wichtigen Gegensatz der Grobkörnigen [*tough-minded*] und Zartfühlenden [*tender-minded*] beziehen kann. Wir befinden uns noch in der Domäne der Meinung, der *doxa*.

§ 20. Ich denke, ich existiere [*Je pense, j'existe*]. Das kann auf einen Streich gegeben sein, als unauflösbar und fest. Aber sobald sich die Existenz, und sei es auch noch so wenig, vom Denken unterscheidet, das ihr als Beweis und als

---

unterschiedlichen Entwicklungsstufen. – Bergson hat den Begriff der Reifung verwendet (vgl. Bergson [1907] 2013, 42).

17 Man weiß, dass die bergsonsche Kritik der Idee des Möglichen (Bergson [1934] 1948, 110 ff.) – außer in der Idee einer praktischen Nicht-Unmöglichkeit, auf die wir zurückkommen werden – vor allem darin besteht, in ihr eine Illusion aufzuzeigen, die von der Zuschiebung einer sich schon vollzogenen Gegenwart auf die Vergangenheit kommt, eine Gegenwart, die dann retrospektiv als zuvor möglich gewesen erscheint, da sie sich ja tatsächlich ereignet hat. Spinoza hatte die Idee des Möglichen als relativ zu unserer Unwissenheit über die Determiniertheit der Ursachen vorgestellt, die eine Sache hervorbringen sollen oder nicht (siehe Spinoza [1677] 2010, 69 und 71, 381, 401). Für eine neuere Studie, die die Idee des Möglichen vor allem in einen Zusammenhang mit der Vielheit der Gattungen der Existenz setzt, siehe Band XVII (*Possibility*) der *University of California Publications in Philosophy*, besonders die Studie von G. P. Adams. – Über das, was es in der Idee des Möglichen an Positivem geben kann, ohne dass dieses sie zu einem tatsächlichen Existenzmodus macht, siehe weiter unten § 60.

Zeugnis dient, kommen die Möglichkeit des Zweifels und die Notwendigkeit von intensiven Modulationen mit der Idee des Maßes auf: Ich existiere in dem Maße, wie ich denke.

Descartes schwankt. Wenn er, ohne der reflexiven Haltung willfährig zu sein, das Denken und die Existenz als gemeinsam gegeben auffasst (ich bin, ich denke, ich bin denkend; all das ist eins), erscheint ihm die Existenz zureichend und selbst das Problem des „Alles" oder „Nichts" stellt sich nicht: Es ist einzig das „Alles" gegeben. Ich bin in der Existenz, anfänglich und vollständig. Kann ich sogar mein Nichts begreifen? Im Grunde ist dafür keinerlei Anstrengung unternommen worden. Das Cogito ist keine Wahrheit, die sich nach einem tragischen Augenblick der völligen Auflösung in den universalen Zweifel wieder herstellt, errichtet. Es wurde nicht gefährdet, selbst durch die Hypothese des Genius malignus nicht. Es ist eine Wahrheit, die man als bestehend vorfindet, als einzige vom Zweifel unerreicht. Eine unbeschädigte Marmorstütze nach dem Brand; keine zu erbauende Säule.

Die sich wechselseitig bedingende Konzeption des Nichts und der vollständigen Existenz und mein Zwischenstatus zwischen den beiden kommen von der Reflexion über die Beziehungen der Existenz und des Denkens, eine Reflexion, die die beiden Terme trennt, indem sie ihre Beziehung erfasst. Ich bin denkend. Aber was bin ich? Was ist Ich? Es ist ein Ding, das denkt. Und was ist Denken? Denn dieses Ich existiert denkend nur, wenn es hier ein wahrer Gedanke ist.

Deshalb ist meine Existenz nicht mehr absolut; sie wird auf etwas anderes bezogen.[18] Die Essenz des Gedankens wird der Ursprung einer Abszisse, seine vollständige Existenz derjenige einer Ordinate. So sehr mein aktualer Gedanke von der absoluten Vollkommenheit des Gedankens entfernt ist, so sehr bin ich von der absoluten Vollkommenheit der Existenz entfernt. Das eine ist die Funktion des anderen.

Daher ergibt sich eine ganze Konstruktion. Die Existenz wird gemessen. Sie hat ihre Null und ihr Unendliches; und ich besetze darin eine Position. Sie ist eine Größe, und zwar eine messbare Größe.

Messbar? Bestimmt fehlt es dem an Exaktheit. Was genau bedeutet die Distanz meines Gedankens zum Archetypen? Handelt es sich um einen Unterschied der Natur oder des Wertes? Handelt es sich um eine mehr oder weniger große Ähnlichkeit? Und ist dieser Archetyp selbst ein abstraktes, begriffliches Eichmaß; eine reine Essenz des Gedankens; oder handelt es sich um einen

---

18 In diesem Punkt stimmen der Kartesianismus und die existenzialistisch-phänomenologische These, auf die weiter oben (§ 15) hingewiesen wurde, überein: Untrennbarkeit des Prädikats und der Kopula in den Subsumtionsurteilen. Mensch sein heißt, in dem Maße zu existieren, wie man wirklich Mensch ist. Man stelle das der thomistischen Theorie der *veritas in essendo* gegenüber.

anderen Gedanken, der als Typus dient; um einen von meinem substanziell verschiedenen, aber in gleicher Weise aktualen Gedanken? Oder handelt es sich zuletzt um andere Momente meines Gedankens, der in seinen vielfältigen, mehr oder weniger klaren, mehr oder weniger vollendeten Augenblicken mit sich selbst verglichen wird? Entspricht schließlich diese zweifache Distanz von mir zum Archetypen des Gedankens und von mir zur vollständigen Existenz zwei unterschiedlichen Ordnungen von Tatsachen oder handelt es sich um ein und dieselbe Tatsache, die von zwei verschiedenen Standpunkten aus betrachtet wird?

So viele Fragen, auf die man verschieden antworten kann; auf die man in historischer Hinsicht verschieden geantwortet hat. Kant greift die Frage auf, als er in seiner bedeutenden Besprechung des *Phädon* von Mendelssohn (Mendelssohn [1767] 2013) folgende Idee einführt: Für ein seiner selbst und seiner Umgebung bewusstes Wesen implizieren die Grade des Bewusstseins Grade der Existenz. Er versteht diese Grade des Bewusstseins als introspektiv durch Beobachtung erfassbar. Die Entfernung des Gedankens von seiner Vollkommenheit wird auf der Grundlage eines Vergleichs zwischen den verschiedenen Momenten eines selben Gedankens begriffen, zwischen den verschiedenen Zuständen der Luzidität einer selben Monade. Wenn der phänomenologische Existenzialismus diese Distanz auf diejenige eines mundanen Denkens im Verhältnis zu einem transzendentalen Denken bezieht, geht es um einen nicht aktualen Archetypen, eingeordnet in eine – bezogen auf das, was in ihm geeicht wird – andere Gattung der Existenz, wenn er substanziell auch nicht unterschiedlich ist.

Aber auch Descartes selbst hatte Partei ergriffen. Für ihn ist der Archetyp transzendent, jedoch substanziell und aktual. Es ist eben Gott, der als Bezugsterm dient. Und die Distanz zu ihm ist ihrerseits eine Frage der Ähnlichkeit. Durch meinen Willen bin ich ihm zum Bilde gemacht und wirklich seinesgleichen; durch meine Intelligenz ist das Bild unvollkommen. Es gibt Grade der Ähnlichkeit. Meine verstandesmäßige Ähnlichkeit mit Gott ist zugleich positiv und gering. Korrelativ ist meine Situation zwischen dem Nullpunkt und dem Unendlichen der Existenz eine dazwischenliegende. Sie ist die Funktion dieser unvollkommenen Ähnlichkeit und sie wird in ihr gemessen. Indessen, wenn meine Distanz zu Gott und meine Distanz zum Sein dem Grunde nach auch verschieden sind, insofern die eine die andere misst, so stellen sie in anderer Hinsicht ein und dieselbe Tatsache dar, da ich das Sein ja eben durch Gott habe und ich substanziell von ihm abhängig bin.[19]

19 „Wenn ich jedoch berücksichtige, daß ich zweifle, also ein unvollständiges und abhängiges Ding bin, bietet sich mir eine so klare und deutliche Idee eines unabhängigen und vollständigen Seienden, will sagen: Gottes ... Ich erfahre also, daß ich gleichsam als ein mittleres Etwas so zwischen Gott und das Nichts [...] gesetzt bin, [daß zwar, insofern ich vom höchsten Seienden geschaffen bin, nichts in mir ist, durch das ich getäuscht oder zum Irrtum verleitet werden könnte, es aber nicht besonders verwunderlich ist, daß ich

In gewisser Hinsicht fügt der letzte Punkt den Grad der Existenz wieder in das Subjekt selbst ein, in dem Maße, wie es in ihm einen bestimmten Grad der Aseität findet, eine starke oder schwache Kraft, sich im Sein zu halten und an sich und aus sich selbst heraus zu existieren. Aber im Grunde streitet Descartes diese Aseität ab und nimmt an, dass ich aus mir selbst keinerlei Kraft habe, mich zu halten. Zumindest vorläufig kann man also diesen der Immanenz verhafteten, ein wenig geöffneten und alsbald wieder geschlossenen Standpunkt beiseite lassen und die beiden Distanzen bei Descartes so betrachten, als ob sie zwei unterschiedliche Ordnungen von Tatsachen wären.

§ 21. Was ergibt sich daraus?

Eine sehr bedeutende Sache.

Man kann sich nämlich fragen, ob Descartes nicht sozusagen über das Ziel hinausschießt; ob in der Konstruktion, bei der er stehenbleibt, wirklich noch intensive Grade der Existenz vorhanden sind.

Die Grade der Ähnlichkeit mit Gott sind mit jenem großen Weltbild in hierarchischen Graden verwandt, das allgemein der platonischen Strömung angehört und das in seinem Kern von der Idee der Welt in Existenzgraden deutlich verschieden ist. Bei Basilides, Aeneas von Gaza, Augustinus, Origines und Dionysius Areopagita (vgl. weiter oben § 15) finden wir auch eine Welt in Stufen, mit Graden der Entfernung im Verhältnis zu Gott. Diese Entfernung wird zum Beispiel durch die schrittweise Abnahme der Wirkungen der göttlichen Güte kenntlich *(Bonum sui diffusivum)*, dem Ergebnis seiner Verteilungsgerechtigkeit.[20]

Das Gute und das Böse werden also quantitativ aufgeteilt und jedes Geschöpf hat an ihnen mehr oder weniger teil, erhält von ihnen einen berechenbaren Anteil. Korrelativ werden an ihnen das Sein und das Nichtsein quantitativ bemessen und dosiert. So, wie der Mundschenk den Wein und das Wasser im Krater misst; wie der Töpfer den Sand und den Lehm für seine Masse misst; wie der Demiurg für jeden den Anteil an Sein und Nichtsein misst, der ihm zukommt. Rezept (wenn ich so sagen darf) für einen Stein: drei Viertel Nichtsein, ein Viertel Sein. Für ein Rind: *half and half*. Für einen Menschen, ein Viertel Nichtsein, drei Viertel Sein. *Homo duplex*. Er wird mit einer zweifachen Natur ausgestattet, und zwar im richtigen Verhältnis. Das hat nichts Intensives, das fällt uneingeschränkt in die Domäne der arithmetischen und

---

mich täusche,] insofern ich gewissermaßen auch am Nichts, bzw. am Nicht-Seienden teilhabe, will sagen: insofern ich nicht selbst ein höchstes Seiendes bin, und mir außerordentlich viel mangelt." (Descartes [1641] 2008, Vierte Meditation, 107 und 109.) Siehe auch die *Erwiderungen auf die ersten Einwände*. Die Interpretation dieser Teilhabe als wirksames Konstituens der „Grade der Realität" wird formal in den *Erwiderungen auf die zweiten Einwände*, Axiom IV und VI bekräftigt.

20 Dionysius Areopagita, *De divinis nominibus*, IV, 20.

demnach extensiven Quantität. Der wahren platonischen Tradition folgend, ist hier das Nichtsein wohl immer noch das Andere. Die Quantität an Nichtsein, die die menschliche Natur einschließt, ist die Quantität an Anderem, die sie enthält. Anstatt zuerst alles und nichts gegenüberzustellen und dann den Menschen in einem proportionalen Verhältnis hervorzubringen, kann man sich sehr wohl, wie es Nemesius und dann Pascal machen, zuerst vor den Menschen stellen und ihn in seinem Sein abwiegen. Wenn er leer und hohl erscheint, an Sein nicht gerade dicht, dann darum, weil man, was er an Sein enthält, nur im Augenblick betrachtet. Aber das Verhältnis ist stets proportional. Es macht den Menschen mit Selbem und Anderem, die – das eine wie das andere – zu seiner Natur beitragen, zu der durch diese beiden Prinzipien vollendeten, vollkommenen Fülle.

In dem weiter oben zitierten Text drückt sich Descartes klar in dieser Denkform aus. Und so weit, wie er als Algebraiker und Geometer auch ein wenig anders denkt, so weit, wie er auch die Lage des Menschen zwischen dem Sein und dem Nichts vielmehr als eine Entfernung auf einer Achse begreift, verbleibt diese Bewertung doch, um geometrisch zu sein, in der Domäne der extensiven Quantität.

§ 22. Und – man vergesse das nicht – all das bleibt für die kantischen, husserlschen oder heideggerschen Entwürfe gültig, insofern sie den Wert der Existenzgrade des bewussten, des denkenden oder des menschlichen Wesens als Distanzen im Verhältnis zu einem luziden Bewusstsein, zu einer Essenz des Denkens oder zu einer Erfüllung der Intentionen ermitteln; und demnach, insofern sie die Distanz zwischen dem Wesen, das sich Fragen stellt, und dem Wesen, das voll und ganz existiert, als seine Entfernung im Verhältnis zu sich selbst begreifen; eine metaphysische, gnoseologische oder sogar nur zeitliche Entfernung. Wie viel Zeit brauche ich oder welche Schritte muss ich unternehmen und welche dialektischen Aporien überwinden, um mich in meiner vollen Existenz zu finden und zu errichten? Die drei Stufen, über die der Mensch nach Maine de Biran gehen muss (der Übergang von der biologischen Existenz zur psychischen Existenz und dann zur spirituellen Existenz), sind ein Durchgang durch drei Ebenen, durch drei existenzielle Grade, die zugleich drei Gattungen der Existenz und drei hierarchische Grade sind; für einen Hegelianer werden es drei dialektische Momente sein. Aber keines ist an sich mehr oder weniger wirklich als ein anderes. Und die Intensität der Existenz tritt sozusagen nur als ein Perspektiveneffekt auf, als die Entfernung eines in einem bestimmten Status der Existenz gegebenen Wesens im Verhältnis zum selben Wesen in einem anderen Status der Existenz, auf den man es bezieht. Sei es, dass die Entfernung qualitativ ist (hier handelt es sich um eine Luftperspektive), sei es, dass sie quantitativ und sogar messbar ist; zählbar in den dialektischen Momenten oder in den verschiedenen Gattungen der Existenz, die, um ihn zu erreichen, zu durchqueren sind.

§ 23. Durch diese Analyse wurden wir gerade mit Tatsachen konfrontiert, deren Tragweite schwer bestreitbar ist. Meistens, wenn nicht immer, halten die philosophischen Theorien, die intensive Grade der Existenz zutage bringen, diese nicht für einer an sich selbst betrachteten Existenz immanent. Sie lassen sie aus einem Perspektiveneffekt hervortreten, der sie zwischen die verschiedenen Modi einordnet. Sie sind nicht zu der (in einer gegebenen Gattung) *reinen Existenz* relativ, sondern zur Ordnung der *vergleichenden Existenz*. Sie sind jenseits der reinen Existenz, für die die eleatische Instanz gültig bleibt. Sie sind im Intervall zwischen zwei Ebenen oder Modi der Existenz. Es ist eben gerade der Übergang von dem einen auf den anderen, der sie zutage bringt. Nimmt man jeden für sich oder nimmt man sie in ihrem statischen Verhältnis zueinander, kann das, was sich in der dynamischen Etappe als intensiv aktualisierte, sich in extensiven Betrachtungen auflösen.

Denn wenn die beiden miteinander verglichenen Gattungen schließlich als voll und ganz wirklich erscheinen können, so ist auch die Etappe des Übergangs, die transitive Verbindung wirklich; und sie manifestiert sich in der positiven Erfahrung der existenziellen Intensität.

§ 24. Dennoch zögert man, sämtliche Parameter der Intensität in einem einzigen Modus der Existenz sozusagen zu annullieren; einer reinen Existenz jede Möglichkeit eines Mehr oder Weniger zu verweigern. Muss man die eleatische Instanz auf diesem Gebiet in vollem Umfang gelten lassen? Und wenn ja, woher käme ein solcher Unterschied in der Behandlung zwischen der reinen Existenz und der vergleichenden Existenz? Verdiente eine der beiden den Namen der Existenz mehr oder weniger als die andere? Probleme, in die es sich zu vertiefen gilt.

§ 25. Um der reinen modalen Intensität Konsistenz zu verleihen, bietet sich gleichwohl noch eine Ressource an, über die wenigstens ein Wort zu sagen ist: Es handelt sich um die These des ontischen Bestands des Intervalls.[21]

21 Wie man weiß, hat L. Lavelle viel Gewicht auf diesen Begriff des Intervalls gelegt (vgl. vor allem Lavelle 1937, 200 f.). Für unser Teil bestehen wir auf der Unmöglichkeit, ihn anders zu verstehen als als metaphysisches Intervall zwischen zwei Modi der Existenz. Für Herrn Lavelle wäre „das absolute Intervall eben das Intervall, welches das Nichts vom Sein trennt" (ebd., 202). Wenn aber das Vorangegangene wahr ist, gibt es zwischen dem Sein und dem Nichts nur in jenen Konstruktionen ein Intervall, die das Selbe und das Andere als Modi der Existenz aufbieten. Andererseits kennt man die Anstrengung, die Heidegger unternommen hat, um das Nichts zu existenzialisieren (vgl. Heidegger [1929] 1998, 31): „[D]as Nichts ist ursprünglicher als das Nicht und die Verneinung." Die Angst ist seine Offenbarung. Es ist interessant, all das in der französischen Literatur mit den klaren Sätzen des Dichters des Nichts, Leconte de Lisle, zu vergleichen:
„*L'angoisse du néant te remplira le coeur …* [Leconte de Lisle 1889, 251. Anm. d. Übers.]

Zwischen mir und Gott wäre die Distanz nicht durch die Anzahl der Nächte in Askese und Reinigung konkret und substanziell, sondern durch die Wirklichkeit einer „himmlischen Hierarchie", durch die Anwesenheit von spirituellen und mythischen Wesen in jedem Grad, die sein Paradigma wären (leibnizsche These). Zwischen mir und der Urzelle, über die hinaus es nur noch biologisches Nichts gäbe, gibt mir eine positive Reihe von Lebewesen Halt und dem Intervall, das mich vom Nichts trennt, Fülle und Konsistenz (biologische und evolutionistische These).[22]

Historisch namhafte Positionen, die aber – und es ist kaum nötig, das zu sagen – die bereits erlangten Positionen in nichts verändern. Perspektivische Grade und theoretische Intervalle durch die Erwägung von konkreten Wesen (imaginären oder wirklichen), die ihnen als Paradigmen dienen, zu illustrieren und zu konkretisieren, heißt immer noch, von einem Modus auf den anderen überzugehen; heißt, einen äußeren Maßstab an die Stelle meiner eigenen Intensität zu setzen, eine Treppe, auf deren Stufen – ob Engel oder Tiere – Geschöpfe mit einem existenziellen Status sitzen, der von demjenigen, der gerade mich voll und ganz oder halb existieren lässt, absolut verschieden ist. Es ist eben nicht meine eigene Existenz, es ist diejenige dieser Wesen, die ich in die Diskussion einbringe und die trügerischerweise ihre Konsistenz der meinen überlässt. Es gibt immer einen Umweg des Denkens über andere Modi, und hier von einem rein exemplarischen Charakter.

§ 26. Um das Eigentliche dieser existenziellen Fülle innerhalb eines einzigen Modus der Existenz zu empfinden, müsste man es also schaffen, sich endgültig all dieser Bezugssysteme zu entledigen, all dieser Umwege über andere Ebenen. Man müsste sich vor oder in diese spezifische Existenz eines Seienden stellen; sie empfinden, um zu wissen, inwieweit sie sich in diesem isolierten Status selbst Halt gibt und sich als intensiv manifestiert.

Diese existenzielle Reinheit können wir jedoch nicht ohne eine recht schwierige Askese des Denkens begreifen.

> ... *Ce qui n'est plus n'est tel que pour avoir été,*
> *Et le néant final des êtres et des choses*
> *Est l'unique raison de leur réalité ..."*
> [Leconte de Lisle (1895) 1937, 156. Anm. d. Übers.], etc.

22   Man bemerke die Neigung verschiedener Geister, je nach der Art der Wirklichkeit, die den Wesen zugeschrieben wird, welche den Bestand und die *Erfüllung** des Intervalls ausmachen, entweder das Intervall von unten oder das Intervall von oben als wirklicher zu erachten (und über Ansteckung verhält es sich ebenso mit der Vergangenheit und der Zukunft). Man konsultiere die bedeutenden Seiten von Bergson (Bergson [1907] 2013, 365–370) über jene griechischen Philosophen, für die jede Stellung der Wirklichkeit die Wirklichkeit von niederen (oder früheren) Graden impliziert. Man vergleiche diese Seiten mit der eigenartigen Diskussion, die H. G. Wells (Wells 1902) über die Wirklichkeit der Wesen der Zukunft vorgenommen hat. Man stelle das dem Problem der existenziellen Verhältnisse zwischen dem Großen und dem Kleinen gegenüber, das weiter unten (§ 95) erwähnt wird.

Selbst dem Cogito, sagten wir vorhin, ist das nicht gelungen, da es kein wirkliches Motiv des existenziellen Zweifels vorgebracht hat. Man müsste sich schon eher in die Perspektive stellen, die G. Bruno eröffnet hat, wenn er über die Schwingung eines Wesens zwischen seinem Maximum und seinem Minimum spricht. Aber genau darin liegt das ganze Problem: Wie wird zu versichern sein, dass der mittlere Modus, der als Ausgangspunkt genommen wird, keine voll und ganz verwirklichte Gegebenheit ist; wie wird man wirkliche Schwingungen rund um diese Mittellage bemerken? Man müsste sie einem wirklichen Zweifel des Menschen über seine eigene Existenz entnehmen, einem Zweifel, der auf einer direkten Prüfung dieser Existenz beruht; auf einer so zitternden, derart wirklich mit Ratlosigkeit erfüllten Befragung, dass sie, da sie die Frage: „Bin ich?" stellt, die Möglichkeit zulässt, „Nein" zu antworten.

Bestehen wir darauf: Die Frage: „Bin ich?" darf nicht der Frage: „Was bin ich?" unterworfen werden. Die Antwort: „Ich bin nicht" oder: „Ich bin kaum" darf nicht bedeuten: ich bin nicht ich selbst; oder: ich bin es nicht, der ist, sondern etwas ist, und ich habe nur daran teil. Zum Beispiel ist es dann eben Gott, der ist; oder (Umstellung des *Ich denke** auf das *Es denkt in mir**) es ist das *Denken**, das ist. Die Antwort: „nein"; oder: „kaum" muss bedeuten: Dort, wo ich nachsehe, dort, wo ich die Existenz empfinde, gibt es nur wenig oder überhaupt keine Existenz. Was anderswo und für etwas anderes ist, ist nicht von Belang.

Wird man, um diese Furcht erregende Befragung, welche die Existenz tatsächlich infrage stellt, klar zu begreifen, den Sterbenden auf einem Schlachtfeld in Erinnerung rufen müssen, der einen Augenblick lang wieder zu Bewusstsein gelangt und sich fragt, ob er wirklich existiert? Tolstoi ließ diese Gegebenheit keine Ruhe, auf literarische Weise. Aber entweder ist sie zu literarisch oder unsagbar und in ihrer Wirklichkeit allzu tragisch. Wir werden es vorziehen, der Folklore eine gewöhnliche und zugänglichere Fabel zu entleihen.

§ 27. „Ein Jahr später kehrte der tote Mann wieder auf die Erde zurück, um wiederzusehen, was er so sehr geliebt hatte. Rachedurstig kehrte er zurück."

Da existiert er also wieder; und er geht zum Beispiel auf der Straße, am Meeresrand, in der Abenddämmerung. Er ist wie ein Mensch, der aus einer Amnesie hervorgeht. Er hat vage Erinnerungen, wie an eine frühere Existenz. Habe ich wirklich existiert? Er fragt sich: Wo bin ich? Wie bin ich? Kann man diese Fragen nicht auf später verschieben? All das wird sich klären, wird sich ordnen und konsolidieren. Aber siehe da, Hinweise. Dieser Hohlweg. Er führt irgendwo hin ... Vorahnungen.[23]

---

23 Natürlich kann der Leser, den diese Phantasmagorie stört, annehmen, dass der Protagonist in Wirklichkeit an Amnesie leidet. Wenn sich dieser aber sein Problem wirklich auf diese Weise stellt, läuft das auf dasselbe und somit auf das, wonach wir suchen, hinaus: Die Frage wird in der konkreten Gestalt eines wirklichen Zweifels gestellt.

Wäre das gar ein Traum? Die Frage ist schlecht gestellt. Wenn es ein Traum wäre, gäbe es irgendwo einen Menschen in einem Bett, der schläft. Mir scheint, sagt er, dass ich ein Mann bin, der geht. Sand, wo sich meine Füße abmühen. Lichtschimmer am Horizont. Ein verängstigter und lauer Wind. Es ist das Beliebige dieser Gegebenheit, das meinen Geist in die Flucht schlägt, und das mich dennoch bestätigt, mich daran hindert, an das Nichts zu glauben ... Es gibt etwas. Eine Welt, kaum durch einige unvollkommene und prekäre Anzeichen bestimmt. Um mich in ihr zu festigen, bin ich nicht in irgendeiner mächtigen und unzweifelhaften Gesamtheit enthalten, von der ich wüsste und die für mich antwortete. So schwach und beraubt ich mich auch fühle, ich allein muss für diese Welt antworten, die nach und nach um mich herum zu bilden ist. Und in mir, was gibt es dort? Diese Liebe, diesen Wunsch nach Rache. Einen Auftrag. Ich wurde hierher gesandt für etwas. Ich bin ein Mann, der sich aufmacht, irgendein Werk zu erfüllen ... Als dieser Gesandte bin ich. Ich bin ein Werkzeug in der Hand eines Gottes, der mir das Leben schenkte, indem er mir einen Auftrag gab; aber dieser Gott brauchte auch mich – er brauchte einen solchen Gesandten. Der bin ich, wenn ich in mir den Willen, der meine Anwesenheit hier rechtfertigt, hinreichend stark vorfinde, während ich auf ein Haus zugehe, das ich erkenne, das ich erkennen musste ...

Fahren wir in der Geschichte nicht allzu lange fort. Stellen wir uns der Legende entsprechend den Geist im Haus vor, wie er unsichtbar dem Abendessen der Frau und des kleinen Kindes des anderen beiwohnt, wie er bei diesem Anblick fühlt, dass sich sein Wunsch nach Rache allmählich auflöst und zunichte wird, und wie er, beim Krähen des Hahns, selbst in dem Maße schwindet, wie in ihm dieser Wunsch nach Rache schwindet, der seine Existenzberechtigung und sein Sein zugleich war.

§ 28. Warum also diese Geistergeschichte erzählen? Weil jeder von uns, sobald er sich *ernsthaft* über sein Sein befragt, mehr oder weniger dieser Geist ist. Weil auch er, anstatt sich wie gewöhnlich in einer Welt enthalten und in sie verstrickt zu fühlen, eine Welt, die für ihn antwortet und die ihm Halt gibt, die ihm verbietet, die Frage: „Bin ich?" zu stellen, nur aus einem gewissen Grund dorthin gelangt, sich diese Frage zu stellen. Und aus welchem? Weil er einen Augenblick lang darauf eingegangen ist, für die Welt zu antworten, anstatt dass die Welt für ihn antwortete. Und sofort versagen ihm die Kräfte. So, wie ein Schiffbrüchiger zunächst lange geschwommen ist, wutentbrannt, dann ruhig, mit großen rhythmischen Anstrengungen seiner Arme und Beine, aus Instinkt, aus Trieb heraus, weil er vom Schwung und der Wirklichkeit der Katastrophe erfasst und getragen worden war. Und dann, auf einmal, wird er sich darüber klar, dass er in diesem weiten Ozean allein ist, schwimmend. Auf einmal verliert er all seine Kräfte, im Augenblick, als er sich dessen bewusst wird; und er kann nicht anders, als sich sinken zu lassen.[24]

Darin liegt das ganze Drama; in dieser Umkehrung des Standpunktes, rechtlich immer möglich, tatsächlich immer und in jedem Augenblick vollziehbar. Es geht nicht um den Menschen in der Welt oder außerhalb der Welt (vermeiden wir es, den Leser auf eine falsche Fährte zu locken). Es geht auch nicht um das Objektive oder das Subjektive, um den Idealismus oder den Realismus. Das sind nur partielle und in technischer Hinsicht spezielle Aspekte des allgemeinen und grundlegenden Problems. Es geht (um mit den Scholastikern zu sprechen) um die Aseität und die Abalietät als zwei Gattungen der Existenz: in sich und durch sich selbst zu sein oder in etwas anderem und durch dieses zu sein. In diesem Verhältnis des Selben und des Anderen, das sich in jedem Wesen verorten lässt und das ich selbst in mir auszumachen fähig bin, kann die existenzielle Verantwortung entweder von dem einen oder dem anderen getragen werden und es ist möglich, sie ganz auf die eine Seite oder die andere zu übertragen, wobei sich das Gleichgewicht des Wesens verändert.

Dieses Andere, was für eines ist es? Bei der Aseität handelt es sich um die eigene, unabhängige und in ihrem Modus absolute Existenz; bei der Abalietät um eine bezugnehmende Existenz.

Unser Geist von vorhin existierte als Missionar einer Rachemission, als Gesandter. So ein Mensch wird sich durch einen Ruf, durch eine Berufung existenziell konstituiert und gefestigt fühlen. Von einem Gott gesandt, antwortet dieser Gott in gewisser Hinsicht für ihn; oder es ist die Welt, die für ihn antwortet, die Welt, über die Zeugnis abzulegen er sich berufen fühlt. Aber wer versichert uns, dass Gott für uns antwortet? Wer wird für ihn antworten, versichernd, dass ich mir diese Mission keineswegs widerrechtlich aneigne und dass er sie bestätigt? Trifft es nicht zu, dass es in gewisser Hinsicht mir und mir allein gegeben ist, indem ich mich über mich selbst befrage, zu fühlen, ob ich für Gott antworte oder Gott für mich.[25] Für Gott antworten oder Gott antworten? Ich antworte Gott, wenn ich dem Ruf und der Berufung von außen

---

[24] Halten wir hier einen Punkt fest, dessen Bedeutung sich in der Folge bestätigen wird: nämlich, dass ein Teil dieses Gefühls des Wankens, der Abnahme des Seins, eben an dieser Einschränkung, an dieser Reduktion auf eine Gattung der Existenz liegt. Wir werden dieses Gefühl wiederfinden, so sehr erscheint jeder Modus des Seins, der auf das, was er eigentlich ist, reduziert wird, fein und zerbrechlich, und zwar für diejenigen, die sich besonders an die Erwägung von Komplexen der Existenz gewöhnt haben; von Wesen, die sich in mehreren Modi gleichzeitig begründen, in ihnen miteinander in Verbindung stehen und sie in sich zusammenfügen.

[25] Man denke an das Problem des Gebets. Vgl. z. B. Ménégoz: Von einem gewissen Standpunkt aus macht sich der Gläubige durch das Gebet von Gott abhängig; er glaubt an Gott. Von einem anderen Standpunkt aus setzt er das Göttliche durch sein Gebet; er glaubt Gott. Ebenso verhält es sich mit der husserlschen Intentionalität. Von einem gewissen Standpunkt aus bezieht die Intentionalität eines Gedankens diesen Gedanken auf sein Transzendentes, die vollendete Intention. Von einem anderen Standpunkt

durch eine Berufung von innen antworte, durch eine innere Wirklichkeit der Berufung. Und wenn ich schlecht oder schwach antworte, antwortet andererseits Gott nicht mehr für mich, für meine Existenz. Er verlässt mich und der Geist verschwindet von neuem, weil er als Werkzeug nur ein schlechtes und schwaches Werkzeug ist. Wenn er völligen Verrat übt, wird er insofern völlig zunichte, als er nur dieses war.

Aber andererseits antworte ich in dem Maße für Gott, für die Welt oder für den Gegenstand meines Denkens, wie Gott mich für diese Mission brauchte; in dem Maße, wie er dafür einen Starken und nicht einen Schwachen brauchte; in dem Maße, wie es an mir ist, ihn durch diese persönliche Stärke oder Schwäche zu enttäuschen oder nicht. Und auf diese Weise auf mich selbst zurückgebracht, habe ich nur mich, um mir Halt zu geben. Ist das genug? Jedenfalls muss dies allein dafür aufkommen – dieses, welches hier ist; kaum von Bedeutung, ob ich es Ich nenne oder nicht –, dies muss so gut es eben geht dafür aufkommen; oder nichts wird dafür aufkommen.

Gewiss, unter dem ersten Aspekt wurde ich beurteilt und gleichzeitig wurde mir Halt gegeben. Aber das entbindet mich nicht von dem Furcht erregenden Vermögen, die Frage umzukehren, mich zu betrachten als allein meine eigene Quiddität hervorbringend, und in gewisser Hinsicht Gott in dem Maße zu stützen, ihm Halt zu geben, wie er mich braucht. Habe ich aus mir selbst heraus die Stärke, meine Mission zu ertragen? Bezogen auf meine Existenzberechtigung, verglichen mit der Erfüllung, mit der Vollkommenheit dieser Berechtigung an sich, im Verhältnis zu welcher ich beurteilt worden bin, war ich schwach. Bin ich, insofern ich meine Stärke abwiege – die Stärke, mit welcher ich auf diese Berechtigung antworte –, stark oder schwach? Das eine und das andere zugleich. Ich habe diese Stärke. Ist sie wirklich Stärke oder Schwäche? Wer wird das beurteilen? Hat das überhaupt einen Sinn? Ich bin diese Stärke, so wie sie ist, sie selbst in ihr selbst.

Vergewissere ich mich des Seins aufgrund der Intensität meiner Freude oder meines Schmerzes? Ich habe diesen Schmerz; er vergewissert mich des Seins. Ich kann mich (wie Cardano, dieser Verrückte) daran erfreuen, mir Leid zuzufügen, um mich des Seins zu vergewissern. Ich existiere; ich weiß es durch meinen stechenden Schmerz. *O vos omnes qui transitis per viam, attendite et videte si est dolor sicut dolor meus!*[26] – Tor, Kind, was nennst du Schmerz? Dass du kommst, uns deine kindischen Leiden zu zeigen? Hast du innig geliebte Kinder verloren, und verweigerst du, wie Rahel oder wie Niobe, jeglichen Trost? Hast du gesehen, wie alle Hoffnung schwindet und all dein Stolz sich auflöst? Hast du gesehen, wie Jerusalem für immer stürzt? Weinst du, wie

---

    aus setzt und enthält dieser Gedanke die Intention als eine dem Akt des Denkens immanente.

26 Aus den Klageliedern Jeremias: „Ihr alle, die ihr des Weges zieht, schaut doch und seht, ob ein Schmerz ist wie mein Schmerz ..." (Klgl 1,12. Einheitsübersetzung). Anm. d. Übers.

Jesus im Garten der Olivenbäume, die Tränen der gesamten Menschheit und für die gesamte Menschheit? Dein Schmerz wird immer schwach sein, wenn du ihn mit dem Schmerz selbst vergleichst, mit dem Ausdruck und der Essenz selbst jedes Schmerzes. Ja, aber dieser Schmerz ist der meine, er ist, für mich und in diesem Augenblick, das gesamte Leiden. Was soll Schmerz sein, wenn dieser hier nicht einer davon ist? Gebe ich kein Zeugnis für den Schmerz selbst, in seiner Essenz, so schwach der meine auch sein mag? Wäre das hier auch nur der Kummer eines Kindes, so ist er doch, mit seiner Stärke oder mit seiner Schwäche; und seine Stärke oder seine Schwäche residieren in ihm und konstituieren es.

◆

§ 29. Vielleicht wissen wir genug, um diesmal eine endgültige Antwort auf die gestellte Frage zu geben.

Ein wirklicher, auf die Essenz des Schmerzes bezogener Schmerz wird immer schwach sein. Aber wird er an sich selbst betrachtet, nach diesem existenziellen, immer noch relativen Wanken, das ihm von dieser Abkehr vom anderen, von seiner Reduktion auf sich selbst zukommt, so werden seine intrinsische Stärke oder seine intrinsische Schwäche konstitutiv. Sie sind nicht mehr Stärke oder Schwäche der Existenz, sie sind existierende Stärke oder Schwäche, und zwar innerhalb einer Existenz, die sie zu dem, was sie ist, erfüllen oder vervollkommnen. Als integrierende oder analysierbare Bestandteile dieser Existenz spalten sie die Existenz nicht, die nur aus deren Zusammensetzung in ein und derselben Anwesenheit hervorgeht. Nennen wir das, was uns als Bestandteile erscheint, mit einem anderen Namen. Nennen wir es zum Beispiel Wirklichkeit.

§ 30. Da hinten, am Horizont, zeigt sich am bläulichen Abendhimmel kaum wahrnehmbar ein feiner, rosafarbener Dunst. Muss man darin die schwache Existenz einer zartrosa Wolke sehen oder die Existenz einer Wolke, die schwach zartrosa ist?

Darin liegt – lassen Sie uns das beachten – das ganze Problem der Wahrnehmung. Gegeben sei ein Baum, den man durch den Nebel hindurch sieht, oder eine Landschaft durch eine beschlagene Fensterscheibe oder schlecht angepasste Brillen. „Wie!" ruft Cournot[27] ziemlich naiv aus, „Man setzt – dem exzellenten Vergleich Bacons gemäß – Gläser zwischen unser Auge und die sichtbaren Objekte, die die Linien krümmen, die Bilder verzerren; und verworren und unklar wird, was klar, regelmäßig und wohl geordnet war:

---

27 Cournot (1872) 1934, Bd. I, 260.

Inwiefern kann das Dazwischensetzen von Gläsern an eine Teilhabe am Nichts erinnern?" Natürlich, wenn uns der Baum, unsere Netzhaut und das Glas in einer objektiven Ontologie gegeben sind, kommt in ihrem Verhältnis zueinander keine verminderte Existenz dazwischen. Es ist unser Perzept, das, bezogen auf ein typisches, klares und deutliches Bild, beginnt, am Nichts teilzuhaben. Und diese Teilhabe ist ein positives Ding, insofern unsere undeutliche Wahrnehmung nicht unbelastet ist, nicht ohne Appetition eines Optimums des Bildes; nicht ohne Appell in Richtung des Archetypen. Aber dieses Perzept hört seinerseits auf, am Nichts teilzuhaben, nimmt man es selbst in ihm selbst als auf konstitutive Art und Weise unscharf und undeutlich, als von einer solchen Appetition begleitet. Man wird höchstens sagen, dass es als Perzept nicht sehr wirklich ist, und zwar in dem Sinn, als es von schlecht geordneten Bestandteilen und in einem schlecht definierten Verhältnis zu einer objektivierenden Intention konstituiert wird. Folglich drei Schilderungen oder drei Gegebenheiten: die reine Existenz des Perzepts selbst; die unzerlegbare Existenz, die so zu nehmen ist, wie sie ist, deren mehr oder weniger große Wirklichkeit allein man prüfen kann. Jenseits, aufseiten des Archetypischen, des Idealen, ein Modell der deutlichen Wahrnehmung, für die eine andere Wahrnehmung (diejenige, die man mit passenden Brillen hätte) als Beispiel dienen kann. Und diesseits, aufseiten der objektiven physischen Existenz, die Dinge Auge, Glas, Baum; als physisch existierende kann man übrigens deren Wirklichkeit ermessen (zum Beispiel wird sie für den Baum null sein, wenn er, nachdem alle Berichtigungen gemacht worden sind, nur eine Sinnestäuschung oder ein Trugbild etc. war). Ohne eine derart strenge, derart eingehende Analyse gibt es in all dem nur Götzen des Wirrsals und schlecht gestellte Probleme.

§ 31. Aber kommen wir auf unsere Wolke zurück. Schwache Existenz einer zartrosa Wolke, sagten wir; oder Existenz einer Wolke, die schwach zartrosa ist?

Im ersten Fall sind wir im Bereich der bezugnehmenden, vergleichenden Existenz. Auf typische Art und Weise geben wir eine Vorstellung von der dauerhaften und hell erleuchteten Fülle einer strahlend schönen und vollkommenen Wolke, dem Glanz eines schönen Abends, und mit ihr vergleichen wir diese, die nur ihr inchoativer Entwurf oder ein Anflug von ihr ist. Im anderen Fall geht es sehr wohl um das, was ist, und nicht um einen idealen und repräsentativen Archetypen. Aber auch das, was ist, ist; und es besetzt seine reine Existenz zur Gänze. Wenn wir in ihr Schwächen, Mängel und feine Unschärfen ausmachen, dann determiniert sie all das und vollendet sie zu dem, was sie ist. Wovon ich dann sprechen kann, ist diese Feinheit oder diese Unschärfe als für sie eine nicht gerade konsistente Wirklichkeit (hier im Besonderen eine „Dinglichkeit") konstituierende. Kaum wirklich im Moment, wird sie wirklicher werden, wenn sie sich im wirksamen Zurückstrahlen des Lichts verfestigt, stärkt und konstituiert. Aber die Veränderung dieser Bedingungen der Wirklichkeit wird sie nicht noch mehr existieren lassen. Verwechseln wir nicht Faktoren der

Wirklichkeit (die für jeden Modus der Existenz zu analysieren sind) und vermeintliche Faktoren der Existenz.

Fügen wir hinzu, dass die Prekarität und die Kürze von einigen Existenzen, die schnell konstruiert und fast gleich danach zerstört werden (vor allem in der Ordnung des Psychischen), leicht die Illusion einer schwachen Existenz vermitteln; während man langen und stabilen Existenzen leicht ein höheres Niveau zugesteht. Und das wohl zu Unrecht.[28]

§ 32. Es wäre nicht von Nutzen, noch länger weiterzumachen. Denn wir werden in Bezug auf jeden einzelnen Modus des Existierens dessen spezifische Faktoren der Wirklichkeit zu beachten haben. Es ist auch nicht der Augenblick, zu diskutieren, ob dieses Vokabular mehr oder weniger angemessen sei. Übereinstimmend mit dem Gebrauch gewisser Autoren – jedoch nicht aller – (nichts ist unsteter als der Gebrauch der Wörter der Existenz und der Wirklichkeit),[29] diene es nur dazu, die Ebene der integrierenden Bestandteile dieser Integration zu unterscheiden, die allein den unteilbaren Besitz der Existenz konstatiert; mehr verlangen wir von ihm nicht. Was wir brauchen, sind Wörter, um jene essenzielle Tatsache, jenen grundlegenden Gegenstand dieses Punkts unserer Studie klar zu beschreiben: die anaphorischen Variationen eines Wesens, das allmählich in Richtung seines Maximums an Anwesenheit aufsteigt.

§ 33. Ein Tonhaufen auf dem Bock des Bildhauers. Eine unbestreitbare, vollkommene und erfüllte dingliche Existenz. Aber keine Existenz des ästhetischen Wesens, das sich erst entfalten muss.

Jeder Druck der Hände, der Daumen, jede Aktion des Modellierstabs vollendet das Werk. Schaut nicht auf den Modellierstab, schaut auf die Statue.[30] Mit jeder Aktion des Demiurgen nimmt die Statue allmählich Gestalt an. Sie geht auf die Existenz zu – auf die Existenz, die sich schließlich in einer erfüllten und starken, aktualen Anwesenheit zeigen wird. Nur in dem Maße, wie die Tonmasse dazu steht, dieses Werk zu sein, ist sie Statue. In ihrem fernen Verhältnis zum letztendlichen Gegenstand, das ihr ihre Seele gibt, entwickelt sich die zunächst schwach existierende Statue allmählich, sie formt sich und existiert nach und nach. Zuerst erahnt sie der Bildhauer nur, allmählich erfüllt

---

28   Wir werden auf diese Ideen wie auch auf den Fehler, dem, was nur größer, räumlich weiter ist, eine stärkere Existenz zuzuschreiben, in § 53 und § 95 zurückkommen. Jener höhere Wert schließlich, der oft die Illusion eines intensiveren Existierens abgibt, wird in § 93 behandelt werden.
29   Der Gebrauch, den wir von ihnen machen, entspricht wenigstens weitgehend dem kantischen Vokabular. Wir werden noch Gelegenheit haben, auf den Unterschied zwischen der Existenz und der Wirklichkeit bei McTaggart zurückzukommen. Vgl. McTaggart 1921–27, Buch I, Kapitel I, Abschnitt 4: *Reality does not admit of degrees?*
30   Nicht umsonst schickt Spinoza den Philosophen, wenn er ihn den Unterschied zwischen zwei der vier *Sein* lehren will, die sich in den Geschöpfen unterscheiden, „zu einem Bildhauer oder Holzschnitzer" (Spinoza [1663] 2006, 139, Teil 1, am Ende von Kapitel II).

er sie durch jede dieser Bestimmungen, die er dem Ton gibt. Wann wird sie fertiggestellt sein? Wenn die Konvergenz vollständig sein wird, wenn die physische Wirklichkeit dieses materiellen Dings und die geistige Wirklichkeit dieses zu vollbringenden Werks übereinstimmen und völlig deckungsgleich sein werden; sodass sie sich sowohl in der physischen als auch in der geistigen Existenz zugleich mit sich selbst im Innersten eins fühlen wird, wobei das eine der durchscheinende Spiegel des anderen ist; wenn die geistige Dialektik des Kunstwerks die Tonmasse auf eine Art und Weise durchdringt und ihr eine Form gibt, dass sie sich im Geist plötzlich zeigt; wenn ihre physische Konfiguration in der materiellen Wirklichkeit des Tones das Kunstwerk in die Welt der Dinge integrieren wird und ihm *hic et nunc* eine Anwesenheit in der Welt der sinnlichen Dinge verleihen wird.

§ 34. Bleiben wir weiter hartnäckig; denn wir sind an den Schlüssel des Problems selbst gelangt, und wir werden im weiteren Verlauf auf jene wichtige Erfahrung der anaphorischen Bewegung zurückkommen müssen, deren Gipfel eine intensive existenzielle Anwesenheit ist, im Vergleich zu welcher frühere Wesen oder Zustände nur Entwurf und Vorbereitung sind.

Errichten, erbauen, konstruieren – eine Brücke, ein Buch oder eine Statue zu machen – heißt nicht einfach nur eine zunächst schwache Existenz nach und nach zu intensivieren. Es heißt, Stein auf Stein zu setzen, eine Seite nach einer Seite zu schreiben ... Ein Werk des Denkens zu schaffen, heißt, tausend Ideen erblühen zu lassen und sie Zusammenhängen, Verhältnissen zu unterwerfen; heißt, große dominierende Themen zu ersinnen und ihre Herrschaft bei den Ideen durchzusetzen, bei jenen rebellischen Ungeheuern, die man unaufhörlich erneut bändigen muss. Es heißt auch, auszuwählen, zu sichten, in den Papierkorb zu werfen. Und jede dieser Handlungen *enthält ein Urteil*, zugleich Ursache, Grund und Erfahrung dieser Anapher, jedes Moments der progressiven Annäherung zweier Modi der Existenz. Jede neue Information ist das Gesetz einer anaphorischen Etappe. Jeder anaphorische Gewinn ist der Grund einer vorgeschlagenen neuen Information. Denn die Aufeinanderfolge der Operationen der Errichtungsdialektik enthält in jeder Etappe die Einbringung einer neuen formalen Bestimmung. Aber auch wenn diese die physische Masse in ihrer Wirklichkeit konkret verändert, steigert sie in keiner Weise – und das ist evident – die physische Existenz von eben dieser. Genauso wenig steigert sie die Existenz des rein idealen und virtuellen Wesens: des durch die Gesamtheit der Gesetze dieser Dialektik ideal determinierten Werkes. Und doch erhält der Gang in Richtung der intensiven Anwesenheit, in Richtung dieser triumphierenden Existenz, die durch das fertiggestellte Werk manifestiert wird, eine Ordnung. Aber diese wachsende Existenz ist, wie man sieht, aus einer zweifachen Modalität gemacht, die in der Einheit eines einzigen Wesens, das fortschreitend im Lauf dieser Arbeit *erfunden* wird, schließlich deckungsgleich wird. Meist gibt es keinerlei Vorhersage: das endgültige Werk ist bis zu einem gewissen Grad immer eine Neuheit, eine Entdeckung, eine Überraschung. Das also ist es, was ich suchte, was ich zu machen bestimmt gewesen war! Freude oder Enttäuschung, Lohn oder Strafe der Versuche und Irrtümer, der Anstrengungen, der richtigen oder falschen Urteile. Mitnichten daher ein einfaches Erblühen oder eine einfache Intensivierung der Existenz. Alle wahren Schöpfer, die all die Urteile, die Willensentscheidungen, die Wiederaufnahmen dieses Gangs auf das endgültige Wesen zu, die Schaffenspausen und die Belohnungen des Schaffens kennen, wissen das nur zu gut. Eben im Verhältnis zu diesem endgültigen Wesen, dessen plurimodale Existenz also schrittweise durch die gegenseitige Annäherung dieser beiden Modi verwirklicht wird, und die erst am Ende wirklich, erst am Ende existierend ist (da ihre Errichtung ja Erfindung ist), wird jede an sich vollkommen wirkliche und existierende Vorstufe zu einem Entwurf und Vorgeschmack.[31]

Schluss: Diese anaphorische Erfahrung, in der wir tatsächlich intensive existenzielle Variationen sehen, ist gänzlich relativ zu einer architektonischen Konstruktion, in der mehrere reine Modi der Existenz in ihre Relation zueinander eingreifen. Im Verhältnis zur reinen Existenz ist sie *zweiten Grades*.

Wir werden später zu klären haben, ob die Probleme zweiten Grades wieder auf die Probleme der Existenz gebracht werden können oder ob sie nicht notwendig das Eingreifen eines Begriffs der Überexistenz nach sich ziehen. Im ersten Grad, wo wir reine und auf spezifische Art und Weise verschiedene Existenzen vorfinden, sind wir jedenfalls im Bereich der vollkommen ausgeprägten Existenz. Sie entspricht dieser Ausarbeitung eines Wesens auf einer determinierten Ebene der Existenz; ohne diese Ausarbeitung gibt es in Wirklichkeit keine Existenz, das werden wir später beweisen. Und in diesem Bereich der reinen Existenz ist die eleatische Instanz in vollem Umfang gültig.

Und das wiederum antwortet auf die folgende Schwierigkeit: woher es kommt, dass es einen Grund gibt, die in ihrem ersten Grad eingeschlossene Existenz und die Unterexistenzen oder Überexistenzen, die man darunter oder darüber annehmen kann, auf eine andere Art und Weise zu behandeln: Mit diesen ist die plurimodale Existenz angesprochen (was den zweiten Grad auch definiert); die komplexe Kombination, die einen Zusammenhang zwischen verschiedenen, voneinander unterschiedenen Modi der Existenz herstellt. Der zweite Grad setzt den ersten voraus und erfordert ihn, nicht umgekehrt. Das zu zeigen, daran wollen wir festhalten.

§ 35. Diese Gültigkeit der eleatischen Instanz erklärt noch etwas anderes: nämlich, dass wir den Eingang in oder den Ausgang aus der reinen Existenz

---

31 Daher manchmal diese Sehnsucht nach dem Stil des Entwurfs, die sich in dem Willen äußern kann, ihn als vollkommenes Werk zu betrachten. Daher Rodin oder van Dongen. Daher vielleicht auch diese Sehnsucht, die einige Kommentatoren von Pascal zum Ausdruck gebracht haben: Wäre die fertiggestellte *Apologétique* den Entwürfen, die die *Pensées* darstellen, an Intensität und an Biss ebenbürtig gewesen?

nicht begreifen. Aber im Grunde ist das ein Glück. Es bedeutet, dass das Streben nach der Intensität der Wirklichkeit für ein Wesen, insbesondere für uns Menschen, innerhalb der Grenzen dessen Platz hat, was uns betrifft, ohne sich mit dieser Schwierigkeit aufhalten zu müssen: Um zu existieren, muss man handeln, aber um zu handeln, muss man existieren. Die Götter geben uns, wie Paul Valéry sagt, den ersten Vers umsonst. Genau das macht die Wahrheit dieser bedeutenden Tatsache aus: Jedes Wesen befindet sich anfänglich in einer gegebenen Situation, und es liegt nicht an ihm, sie abzulehnen oder anzunehmen. Das ist für die Existenz konstitutiv. Aber es bleibt noch etwas zu tun.

§ 36. Willst du entstehen, sagt Mephistopheles zu Homunculus, dann entsteh' auf eigne Hand.[32]

Gut. Aber man kann auch aus der Kraft der anderen heraus existieren. Es gibt bestimmte Dinge – Gedichte, Symphonien oder Heimatländer –, die aus sich selbst heraus keinen Zugang zur Existenz besitzen. Damit sie sind, muss sich der Mensch hingeben. Und andererseits kann er vielleicht in dieser Hingabe eine wirkliche Existenz finden. Wie dem auch sei, das Existieren bezeichnet und konstatiert diesen Erfolg (des Wesens oder seiner Stütze) in dem Maße, wie er erreicht wird.

Wir werden uns später um die Probleme zu kümmern haben, die sich auf die Region beziehen, wo die Existenz oberhalb ihrer selbst vorangetrieben wird, Probleme, die sich auf den zweiten Grad der Existenz beziehen, und die die Frage beherrscht: Woher kommt es, dass ein Wesen durch die verschiedenen Modi der Existenz hindurch dasselbe sein und mit sich selbst übereinstimmen kann, durch die verschiedenen Ebenen hindurch, auf denen es, um zu existieren, notwendig ist, dass es ausgearbeitet und verwirklicht werde? Nun müssen wir diese verschiedenen Ebenen orten und untersuchen, diese verschiedenen Modi der Existenz, ohne die es überhaupt keine Existenz gäbe – genauso wenig, wie es die reine Kunst ohne die Statuen, die Gemälde, die Symphonien und die Gedichte gäbe. Denn die Kunst, das sind alle Künste. Und die Existenz, das ist jeder einzelne der Modi der Existenz. Jeder Modus ist für sich allein eine Kunst des Existierens. Und mit jedem von ihnen verhält es sich so wie mit den verschiedenen Künsten in der ästhetischen Ordnung. Es ist nicht ausgeschlossen, dass es aus ihnen Synthesen gibt (das Theater kann die Dichtung, den Tanz mit der Mimik, die eigentliche Malerei mit dem Bühnenbild zusammenarbeiten lassen). Auch die existenziellen „Purismen" entkräften die Syntheseversuche nicht. Aber die reine Existenz genügt sich, trotz des Anscheins ihres Flackerns und ihrer Feinheit, in den sie uns versetzt, wenn man sich auf sie beschränkt. Was die Erfahrung der intensiven Variationen

---

32 Vgl. Goethe 1832, 149. Anm. d. Übers.

selbst betrifft: Indem sie sie impliziert, bezeugt sie unabwendbar die Vielheit der Modi der Existenz.

[III]
Die spezifischen Modi der Existenz

Abteilung I: Das Phänomen; das Ding; Ontisches und Identität; Universalien und Singularien. – Das Psychische und das Körperliche – das Imaginäre und das Fürsorgebedürftige – das Mögliche, das Virtuelle – das Problem des Noumenalen.
Abteilung II: Das Problem der Transzendenz. – Existieren und seinen Prozess führen. – Existenz an sich und Existenz für sich. – Der Übergang.
Abteilung III: Semanteme und Morpheme. – Das Ereignis; die Zeit, die Ursache. – Die synaptische Ordnung und die Kopula. – Ist eine erschöpfende Liste der Modi der Existenz möglich?

Abteilung I

§ 37. Der phänomenische Status ist von allen existenziellen Status zweifellos der offensichtlichste, der am meisten manifeste. In seiner Existenz ebenso manifest wie in seiner Essenz (die voneinander untrennbar sind), ist er vielleicht das Manifeste an sich.

Er ist Anwesenheit, Glanz, nicht zurückzuweisende Gegebenheit. Er ist und sagt sich als das aus, was er ist.

Man kann sicherlich versuchen, ihm diese irritierende Qualität der Anwesenheit-durch-sich auszutreiben. Man kann ihn als fein, instabil und vergänglich anprangern. Heißt das nicht einfach, die eigene Verunsicherung vor einer reinen Existenz eines einzigen Modus einzugestehen? Man kann in Bezug auf ihn und hinter ihm etwas Stabiles, Bestehendes, ein Substrat postulieren. Diesem Substrat dient gerade er als Beweis. Nicht nur als Beweis, sondern auch als Krönung, als Lohn. Er ist existenzielle Sanktionierung; und von allen Sanktionierungen die gefragteste. Eine Technik des Erscheinen-Lassens, wie sie zum Beispiel das Experiment des Physikers ebenso vermittelt wie die Erfahrung des Mystikers, ist eine Kunst, das Phänomen mit gleich welchem Ontischen zu verbinden. Vom Manifesten aus wird das Phänomen dann Manifestation; vom Schein aus Erscheinung. Aber das geschieht, indem es sich mit seinem Substrat teilt, indem es ihm gibt, was es an unzweifelhafter Offenkundigkeit hat. Das ist die Großzügigkeit des Phänomens.

Geht es um ein In-Verbindung-Setzen, um eine Begegnung? Man kann behaupten, dass die phänomenische Existenz die Existenz in Offenkundigkeit ist, die Existenz im luziden, glanzvollen oder manifesten Zustand. Die vorgebliche Begegnung mit dem Phänomen wäre dann der Übergang von der dunklen Existenz auf die manifeste Existenz – ein Aufflammen, ein geistiges Erglühen des Seins. Und lasst uns dem Vorurteil misstrauen, das die dunkle Existenz für nieder und der klaren Existenz notwendig vorhergehend hält. Vergessen wir nicht, dass dieses dunkle Sein nur ein gefolgertes ist; dass unter diesen beiden nur das mit dem Licht der Anwesenheit versehene oder das aus diesem gesponnene Sein (denn genau das ist das Phänomen) als unmittelbar sicher angesehen werden kann.

Bringt uns eine solche Feststellung in die Abhängigkeit dessen, was man Phänomenismus nennt? Keineswegs. Ob es sich um D. Hume oder um Renouvier handelt, Phänomenisten oder Phänomenalisten[33] behaupten, dass es

---

33 Das Wort des Phänomenisten scheint eine vor allem existenzielle Bedeutung zu haben, dasjenige des Phänomenalisten eine kritische (siehe *Vocab. Hist. et crit.*, s. v.). R. Berthelot schreibt Renouvier die erstmalige Verwendung des Wortes Phänomenismus im Französischen zu; aber das scheint nicht richtig zu sein. Unseres Wissens nach wäre diese erstmalige Verwendung von Merian: „Sur le phénomenisme de D. Hume" (Merian 1793, auf französisch). Im Übrigen gibt Merian den Phänomenismus auf und entleiht

außerhalb des Phänomens keine wirkliche oder gesicherte Existenz gibt. Davon sind wir also sehr weit entfernt. Die Existenz des Phänomens schließt die Möglichkeit anderer Modi nicht aus. Und gibt es im Übrigen eine Philosophie, die dem Phänomen die Existenz jemals abgesprochen hätte? Selbst dem Platonismus liegt daran, es „zu wahren". Sogar der werte Maurice Blondel, für den die „Existenz" nur „ein extrinsischer Aspekt des unantastbaren Seins ist", versagt sich, zu glauben, dass „sich das Phänomen insgesamt auf der einen Seite und das Bestehende insgesamt auf der anderen Seite befindet", und er bestreitet nicht, dass „das Universum der Erscheinungen selbst aus Wirklichem, Dauerhaftem, Gutem sei". Es „konstituiert", sagt er, „eine Wirklichkeit".[34]

§ 38. Wo setzen also die Schwierigkeiten ein?

Die einen sind theoretisch. Genügt sich das Phänomen wirklich selbst? Ist es isolierbar? Setzt es nicht etwas anderes als es selbst voraus; und nicht nur – der ionischen Tradition entsprechend – die Substanz oder das Substrat; sondern einesteils auch noch die Intentionalität, die Essenz; anderenteils die Subjektivität, das bezeugende Ich.

Andere sind praktisch (will sagen: sich auf die tatsächliche Praxis des Denkens beziehend). Es ist nicht einfach, das Phänomen klar zu isolieren, es auf sich selbst zu reduzieren, um es allein zu empfinden.

§ 39. Vor mir: Bäume stehen in der Blüte, glänzend vor dem Hintergrund eines blauen Himmels und von grünem Gras. Die Lebendigkeit und die Autorität der Farbtöne; die einen Farben betonen die anderen, gegensätzlich und harmonisch zugleich; die Leuchtkraft des in der Sonne zartrosa gefärbten Weiß; die pathetische Zeichnung eines einzigen kleinen Buketts am äußeren Ende eines Astes auf dem Türkisblau des Himmels; nötigt uns all das nicht dazu, einzugestehen, dass es zwingend Wirkliches geben muss?

Ja, aber seit langem weiß man auch, was es – außer an Begrifflichem in der Wahrnehmung, in der jede Empfindung inbegriffen ist – an Relativem und Differentiellem im Sensorischen selbst gibt. Mussten wir nicht soeben tiefer gehend zugeben, dass diese Anwesenheitsintensität des Schauspiels ihren Schlüssel in der Harmonie hat, in der Struktur, in der zugrundeliegenden

---

Lambert das Wort Phänomenologie. Was den wahren Urheber des Phänomenismus betrifft: Es ist zweifellos Arthur Collier in seiner *Clavis Universalis* (Collier [1713] 1837). Aber er verwendet das Wort nicht und hat keinen ernsthaften Einfluss ausgeübt. – F. Olgiati macht aus dem Phänomenismus in seinem *Cartesio* (Olgiati 1934) eine der drei Haupthaltungen der Philosophie; so weit, dass er Descartes unter die Phänomenisten reiht – ganz einfach, weil er nicht unter die anderen Thesen fällt; eine Argumentationsweise, die Bedenken hervorruft.

34 Blondel 1935, 18, 30 und 53. Augustinus, den der werte Maurice Blondel oft und regelmäßig liest, hatte das auch gesagt. Siehe *Contra Academicos*, III, 24–26; und *De vera religione*, 62.

Kunst dieses Dreiklangs* in Blau, Grün und Rosa, kurzum in einem geistigen Prinzip, dessen eigene Vollkommenheit es zu seiner Dauerhaftigkeit in der Anwesenheit bringt und deren Wirklichkeit garantiert? Der sinnliche Inhalt dieses Gesamts kann eingeklammert werden: Es ist seine Architektonik – ein rein formales Prinzip –, die man sich zurückbehalten und als die Seele und den Schlüssel dieser unzweifelhaften Offenkundigkeit betrachten kann.

Verdankt dieser leuchtende und frühlingshafte Komplex seinen Glanz andererseits nicht dem Kontrast, der ihn dem Grau-in-Grau des Winters entgegensetzt, das in meiner Erinnerung immer noch gegenwärtig ist? Wie ich ihn schon erwartet habe, diesen Frühling! Ich habe beinahe daran gezweifelt, dass er überhaupt noch kommen könne. Wenn er jetzt triumphiert, dann mit einem Sieg über den Zweifel und die Abwesenheit. Wenn er sagt: Die Schönheit der Welt ist nicht nur ein leeres Wort, dann, weil er Zeugnis gegen diesen Zweifel ist. Somit setzt sein Zeugnis diesen Zweifel selbst voraus und erfordert ihn. Eine letztlich freigesetzte Kraft, ein letztlich vollendetes Wesen – eben auf dem Hintergrund all dieser Abwesenheit zeichnet es sich ab. Ein weiteres Spiel der Verhältnisse, diesmal der affektiven und begrifflichen, das zu seinem Glanz wie zu seiner Bedeutung beiträgt. Und – selbstverständlich – was wäre diese Bedeutung ohne mich, für den all das bedeutet wird? Sagt, wer Schauspiel sagt, nicht auch Zuschauer?

§ 40. All dem, das nicht zu bestreiten ist, eine einzige Antwort: diese existenzielle Reduktion tatsächlich durchzuführen, die genaue Antithese der phänomenologischen Reduktion, die, wie wir gesehen haben (vgl. § 28), eine schwierige Umkehrung erfordert. Dass im Übrigen existenzielle Verschiebungen und morphematische Verbindungen vom reinen Phänomen zu anderen Wirklichkeiten in anderen Welten führen, ist eine andere Frage. Hingegen kann man diese ganze Systematik auf das reine Phänomen richten, sich in diesem Zentrum einrichten, um es als Halt und Bürgen des Rests zu spüren: Das hier heißt, sich auf den Standpunkt des Phänomens zu setzen.

Denn die phänomenologische Dialektik klammert das Phänomen selbst in seiner wirklichen Anwesenheit und seiner Unmittelbarkeit ein, um einzig das zu behalten und zu betrachten (indem sie es eindeutig formuliert und es gesondert, außerhalb entfaltet), was das Phänomen an Schwung in Richtung von etwas anderem als es selbst impliziert und erfordert.[35] Sodass eine Phänomenologie in diesem Sinn der Ort ist, an dem man das Phänomen am wenigsten suchen kann. The darkest place is under the lamp, wie Kim sagt.[36]

Wahr ist, dass man seinen Geist ziemlich in Verlegenheit bringt, wenn man sagt: Das Phänomen impliziert ... Es erfordert ... Es setzt voraus ... Es existiert

---

35 F. Heinemann stellte das wiederholt deutlich heraus. Vgl. Heinemann 1936, 365–366 oder auch Heinemann 1937, 64 f.
36 Vgl. Kipling (1901) 1908, 333. Anm. d. Übers.

folglich nicht unabhängig von dem, was es umgibt, worüber es uns in Kenntnis setzt, was an ihm hängt; und ohne das es nicht existieren würde. Aber gerade das ist der Effekt eines Kompromissdenkens, in dem man das Phänomen sucht, während man es unbegründet verlässt. Man nimmt das sezierte Phänomen an. Blutleer, und man umgibt es mit seinen Organen. Für den, der es seinem Leben entnimmt, stellt das Phänomen im phänomenalen Zustand seine Intentionen und weitere Faktoren der Wirklichkeit dar. Seine Vektionen der Appetition[37], seine Tendenzen auf das andere zu – man kann ihnen in ihrer Strahlung folgen, insofern sie immer noch aus dem Stoff des Phänomens gemacht bleiben. So ist das Ich phänomenisch, nicht in dem Maße, wie es in der Transzendenz noch nicht beständig genug ist, sondern in dem Maße, wie es im Phänomen irgendeine Form des Ich gibt. Es ist eine Form der Egoität, eine Signatur wenn man so will, aber in dem Sinn, in dem die Ausführung und der intrinsische Stil eines Gemäldes die Signatur eines Meisters genannt werden können.

§ 41. Was die Schwierigkeit betrifft, die sich aus dem relativen Charakter der Empfindung ergibt, so ist diese in einem noch geringeren Ausmaß erheblich.

Zunächst beweist sie eine Sache: nämlich, dass die reine Empfindung (in dem Maße, wie man sie isolieren könnte) nicht phänomenisch wäre. Scheinbares Paradoxon, tatsächliche Klarheit. Die Empfindung im Allgemeinen (gerade weil sie in der Wahrnehmung enthalten ist) ist ein sehr schlechtes Beispiel für das Phänomen – weit davon entfernt, sein Modell und sein vollkommener Typus zu sein. Sie ist ihm nur eine ziemlich unreine Spezies, in der das Phänomen wegen seiner Verwicklung in eine komplexe Konstruktion schwierig zu erkennen ist. Das Phänomen kommt im Affektiven, das vielleicht sein typischster Fall ist, ebenso vor wie in den abstraktesten oder unsagbarsten, von jeglichem Funktionieren der Sinne entfernten Erfahrungen des Denkens.

In der Empfindung ist das Phänomenische sehr intensiv, aber auch sehr gemischt. Gewissermaßen sind die Empfindungen der Krach des Phänomens; während die unzählbaren und feinen Nuancen der Empfindungsessenzen oder die düsteren Schimmer, die vagen Geistesblitze des reinen Denkens, der philosophischen oder moralischen Meditation oder sogar der mystischen Erfahrung, die aus der Dunkelheit hervortreten, seine musikalischen Töne und Akkorde sind.

§ 42. All das beweist nochmals, dass eine gewisse Naivität darin liegt, das reine Phänomen so zu begreifen, als wäre es notwendigerweise einfach – als ein qualitatives Atom. Einfachheit und Reinheit sind nicht synonym. Der Fall des

---

37 Appetition (lat. appetitio: Verlangen nach etwas, Neigung, Strebung). Begriff, der sich aus dem aristotelischen Terminus *orexis* (Verlangen, Appetit) entwickelt und in der leibnizschen *Monadologie* das Prinzip bezeichnet, das eine Monade von einer Perception auf eine andere übergehen lässt (vgl. Leibniz [1714] 2002, § 15 sowie *Metzler Lexikon Philosophie*, s. v. „Appetition"). Anm. d. Übers.

zugleich reinen und einfachen Phänomens, wie man es in der reinen Empfindung sucht, ist ein Extremfall, in dem es verschiedenen und nicht notwendigerweise miteinander verbundenen Anforderungen angepasst wird.

Selbst an der das Phänomen bestimmenden Idee des Qualitativen darf man nicht zu sehr festhalten – obschon das Phänomen wesensmäßig qualitativ ist. Denn man riskierte, es unbedacht dem Quantitativen entgegenzusetzen. Nun gibt es aber Phänomene des Quantitativen, die, wenn man so will, das Qualitative des Quantitativen sind. Was heißt es zum Beispiel, Rhythmusgefühl zu haben, wenn nicht, eben so etwas zu empfinden? Und zwar, weil das Qualitative des Phänomens das Quantitative nicht ausschließt; weil es die Vielheit, mit all dem, was diese an Architektonischem enthalten kann, nicht ausschließt. Einen sonderbaren musikalischen Akkord zu empfinden, in dem, was er an Unsagbarem und Einzigartigem hat, hindert keineswegs daran, in ihm diese feinen Verhältnisse und diese Zahl insgesamt zu empfinden, aus denen heraus sich das Gebäude vollendet und sich in, durch und mit dieser Qualität ausdrückt.

§ 43. Was diese dem Phänomen immanente Kunst anbelangt, von der wir vorhin gesprochen haben und die diese Ideen des Akkords und der Architektonik belebt hat, so ist es tatsächlich möglich, dass ihr das Phänomen seinen ganzen Glanz verdankt. Aber es verdankt ihn nicht der abstrakten Kunst, die man durch Vergleich und generalisierende Induktion von ihm isolieren kann, sondern der konkreten Kunst, die tatsächlich und singulär in seiner gegenwärtigen Existenz am Werk ist. Diese Kunst ist das Gesetz des Glanzes des Phänomens, die Seele seiner Anwesenheit und seine existenzielle Offenkundigkeit. Es für sich anzusprechen, heißt einfach (bereits durch eine gewisse Abstraktion), im existierenden Phänomen dessen Existenz und dessen Sein zu erkennen; aber nicht, es auf etwas anderes als es selbst zu beziehen.

Wenn wir zum Beispiel weniger an jene Phänomene denken, deren Exteriorität (wie im Fall des Sensorischen) wieder Unreinheit und Schwierigkeit bewirkt; als vielmehr an eine immanente und intrinsische innere Phänomenalität; – wenn wir an das denken, was es für eine Seele oder eine menschliche Persönlichkeit heißt, auf die Weise eines Phänomens zu existieren, nämlich im luziden, prächtigen oder glänzenden Zustand (Oh, welchen Glanz hat er für die Geister erworben![38] sagt Pascal), sei es für andere, sei es für sich selbst; dann werden wir sehen, dass das Besitzen eines solchen Existierens auf die tatsächliche Praxis dieser Kunst hinausläuft, die ein Wesen auf der Ebene des Luziden und des Glänzenden selbst konstituiert; nicht ohne dieses Geschick und ohne dieses Wissen, nicht ohne diese Meisterschaft, die der Sieg über die Schatten,

---

38 „Archimedes würde auch ohne allen Glanz ebenso verehrt. Er hat keine aufsehenerregenden Schlachten geliefert, doch er hat allen Geistern seine Erfindungen vermacht. Oh, welchen Glanz hat er für die Geister erworben!" (Pascal [1670] 2012, 118, [Brun. 793]). Anm. d. Übers.

die Glut und das vollständige Erglühen des Seins voraussetzen – konstitutive Tatsachen eines solchen Modus der Existenz.

§ 44. Wenn es die allgemeine Ausrichtung unserer Studie zuließe, könnten wir auf einige interessante Punkte mehr Nachdruck legen – zum Beispiel auf den diskreten und in sich geschlossenen, stellaren und mikrokosmisch begrenzten Charakter des Phänomens; auf sein Verhältnis zum Augenblick (es hat lokale, immanente Zeichen, die Basis für die Festlegung des hic und des nunc); auf den Aspekt der phänomenischen Welt (des Pleroma der Phänomene: die Maya) als Menge der kosmischen Luziditätspunkte; auf die Anwesenheit des Ich in dieser Menge, bloß als Signatur oder persönliches Zeichen einiger dieser Punkte, die selbst eine Menge bilden; auf die Möglichkeit von Gemeinschaftsphänomenen, die von verschiedenen Ego-Signaturen auf einmal gekennzeichnet sind, also unterschiedlichen Ichs gemeinschaftlich angehören können und miteinander in diesen Gestalten kommunizieren; und allgemeiner, auf die Tatsache, dass die Phänomene sich untereinander zusammenfügen, dass ihr Pleroma harmonisch ist. Aber dieser letzte Aspekt wirft dann Fragen bezüglich ihres mittelbaren Gefüges auf, und zwar gemäß anderen Entitäten und anderen Modi der Wirklichkeit.

§ 45. Für den Augenblick ist vor allen Dingen wichtig, die Fehler korrigiert zu haben, indem die Gewohnheiten momentan außer Kraft gesetzt wurden. Um die phänomenische Existenz zu begreifen, muss man – wir sagen es noch einmal – vor allem vermeiden, das Phänomen als Phänomen von etwas oder für jemanden zu verstehen. Eben das ist der Aspekt, den das Phänomen annimmt, wenn man, da man an die Betrachtung der Existenz über eine andere Modalität herangegangen ist, nachträglich auf es stößt, zum Beispiel in seiner Rolle der Manifestation;[39] oder wenn man, da man es als Ausgangspunkt angenommen hat, versucht (wie die Phänomenologen), eine Verschiebung in Richtung anderer Existenzen vorzunehmen, indem man das ontologische Denken und die ontologische Erfahrung auf die morphematischen Verbindungen überträgt, die mit ihm zusammenhängen und die von ihm aus zu anderen Modi führen. Man begreift es in seinem existenziellen Gehalt wohl nur, wenn man es als das empfindet, was dem Halt gibt und was das einzig auf sich selbst stellt, was sich an es anlehnen und sich in ihm, mit ihm und durch es festigen kann. Und in dieser Eigenschaft erscheint es als Modell und als Eichmaß der Existenz. Unter diesem Aspekt haben wir uns bemüht, es darzustellen.

Was wird nun aus ihm, wenn es zu anderen Modi in Relation gebracht wird? Bewahrt es dann seine eigene Essenz? Bleibt diese unverändert, wenn es einem in einem anderen Modus gesetzten Wesen als Ausdruck der Referenz und des äußersten Beweises dient? Behält seine Existenz, die hier einfach

---

39 Genau das passiert bei McTaggart. Vgl. McTaggart 1921–1927, Buch II, Kapitel XIII: *Manifestation*.

die erste war, weil die Untersuchung über das Existieren willentlich mit ihr begonnen hat, irgendeinen Vorrang – als ultima ratio der Existenz – gegenüber den anderen Modi; und muss man diese notwendigerweise auf es beziehen? Kann man sich Wesen vorstellen, die keine Relation zum Phänomen haben? So viele Probleme, die nun ins Auge zu fassen sind. Am leichtesten ist es, über die Idee des Dings an sie heranzugehen.

◆

§ 46. Was eigentlich ist ein Ding? Greift man die Frage auf, indem man vom Phänomen ausgeht, so ist diese in der Philosophie gründlich erforscht worden.[40] Und über das Wesentliche herrscht Übereinstimmung. Sei es, dass man das Ding als ein System aus besonders sensorischen und mehr oder weniger durch das Primat eines Sinns (im Allgemeinen des Tastsinns) hierarchisierten Phänomenen betrachtet; ein in dem, was es an Wesentlichem hat, stabiles System, das auch imstande ist, sich unverändert wieder zu zeigen; sei es, dass man dieses Wesentliche und dieses Stabile jenseits des Phänomens sucht, wobei die sinnlichen Qualitäten ihm nur eine veränderliche Illustration oder ein Zugang sind und an ihnen nichts notwendigerweise identisch bleibt (in welchem Fall das Primat, Schlüssel dieser Hierarchie, auf einer von derjenigen des Phänomens unterschiedenen Ebene errichtet wird, es sei denn, es handelt sich zum Beispiel um ein Phänomen der Form oder der Struktur oder auch der Assoziation und der Ordnung); in all den Fällen ist es die Identität des Dings durch seine diversen Erscheinungen hindurch, die es bestimmt und konstituiert. Es herrscht über den systematischen Charakter des Dings Übereinstimmung, und über eben jene Tatsache, dass es spezifisch darin charakterisiert wird, durch seine Erscheinungen oder noetischen Verwendungen hindurch numerisch eins zu bleiben. Die Uneinigkeit richtet sich einzig auf die in dem System grundlegend enthaltenen Elemente und auf die Natur der Verbindung, die sie zusammenfügt, ebenso wie auf ihre Hierarchie und auf die Natur des

---

40 Siehe vor allem: Hume (1739–1740) 1989, Erstes Buch, *Über den Verstand*, Vierter Teil, 2. Abschnitt, 273 f.; Kant (1781/1787) 1998, 286 (A 189, B 232); Meinong 1907, § 15; Bradley (1902) 1920, 73; Husserl 1929, 138; und J. Nicod 1924, 99 (interessante Anwendungen der Ideen von Russel und Whitehead). Siehe auch Frege, zitiert nach Brunschvicg 1922a, 481. Was Gonseth angeht, *Les mathématiques et la réalité* (Gonseth 1936); er stimmt in diesen allgemeinen Chor mit der „Physik des beliebigen Objekts" ein (siehe vor allem S. 164). Aber er hat andere Ziele (auf die wir noch zurückkommen werden): Es geht für ihn vor allem darum, unterschiedliche Stufen aufzuzeigen (worin man ihn dem Genetismus Baldwins annähern kann), indem er eine Art von sukzessivem Wiederbeginn desselben strukturalen Status annimmt, so für das „aristotelische Objekt", „das goethesche Objekt", „das brouwerische Objekt" usw. – Man nehme sich in dieser gesamten Sammlung in Acht vor der Verwechslung und Unentschlossenheit, die sich bei einigen der Autoren zwischen den beiden Begriffen des Dings und des Objekts einstellt.

pyramidal vorherrschenden Elements. Whitehead hingegen behauptet, dass die Systematisierung durchaus nicht notwendig ist und dass ein einziges quale dinglichen Charakter haben kann, wenn es durch seine verschiedenen Verkörperungen oder Erscheinungen hindurch identisch weiter besteht. In dem Fall genügt die numerische Identität, um den dinglichen Status zu kennzeichnen.

Lotze hat diese Identität der gänzlich subjektiven des Ich gleichgestellt. Schwierigkeit: Die Identität des physischen Objekts enthält zwei Aspekte: den der unmittelbaren Anwesenheit und den der fernen oder gefolgerten (die remote presence von Baldwin), während im Allgemeinen vom Ich angenommen wird, dass es stets bei sich selbst anwesend ist. Allein das Unbewusste könnte und wird manchmal als eine remote presence des Ich betrachtet. Man kann so über eine Vermittlung die Einheit wieder herstellen, indem man in den fremden oder außerhalb befindlichen Ichs Kontinuität annimmt und diese dann lediglich analog in den nicht-psychischen Objekten annimmt.

Andere Schwierigkeit: Was ist diese ferne und inapparente Anwesenheit eigentlich? Ist sie zwischen den Erscheinungen des Dings nicht mitunter nicht inapparente Existenz, sondern Zerstörung, Inexistenz?[41] Das hängt vielleicht von der Natur der verschiedenen Dinge ab. Die Theorien der Apokatastasis[42] und der Palingenesis[43] lassen die Möglichkeit einer Wiederherstellung ohne Identität zu. Die Idee der Wiederherstellung mit Identität, aber ohne Existenz im Intervall, wird vom katholischen Dogma auf die Auferstehung des Fleisches angewendet. Von Milton wurde sie, zwischen dem Tod und dem jüngsten Gericht, auf die Seelen selbst angewendet (siehe *Traité de la doctrine chrétienne*[44], 280, vgl. Saurat 1920, 153). Die gebräuchlichen Theorien des physischen Dings bestreiten, dass das Ding jemals temporär verschwindet,

---

41 Das beste Beispiel ist der Existenzmodus des musikalischen (oder theatralischen) Werks; zwischen seinen Theophanien, seinen Aufführungen, hat es keine latente oder dunkle Präsenz. Leonardo da Vinci grämte sich für das musikalische Werk über diese sogenannte Unterlegenheit des Status im Vergleich zu den anderen Künsten. „Die Missgeschick erduldende Musik", sagt er, „erstirbt unmittelbar." [Vgl. da Vinci (1651) 1882, 59. Anm. d. Übers.]

42 Apokatastasis (griech. Wiederherstellung). Im religiösen Kontext: Wiederherstellung allgemeiner Vollkommenheit in der Zeit des Weltendes (Vgl. *Duden*, s. v. „Apokatastase"). Im philosophischen Kontext bezeichnet A. verbunden mit der Vorstellung von zyklischen Weltperioden besonders bei den Stoikern eine unendliche Wiederherstellung der Zustände und der Ereignisse der untergegangenen Welten in den jeweils neuen Weltzeiten (vgl. *Metzler Lexikon Philosophie*, s. v. „Apokatastasis"). Anm. d. Übers.

43 Palingenesis (griech. palin: wieder; genesis: Entstehung) bezeichnet allgemein eine Wiederentstehung oder -erzeugung. Im religiösen Kontext: Wiedergeburt der Seele durch Seelenwanderung (Vgl. *Duden*, s. v. „Palingenese"). Im philosophischen Kontext: Der Begriff findet besondere Anwendung bei Heraklit (als ständige Erneuerung alles Seienden durch das Urfeuer), in der Stoa (als Bestandteil des periodischen Wechsels von Auflösung und Palingenesis) sowie in der Evolutionstheorie (bei Ernst Haeckel: Individualgeschichte als Wiederholung der Stammesgeschichte) (Vgl. *Metzler Lexikon Philosophie*, s. v. „Palingenesis"). Anm. d. Übers.

44 Vgl. Milton 1825, 279–280. Anm. d. Übers.

hingegen erkennen sie einzig die Inexistenz a parte post und a parte ante an: Die Dinge haben einen Anfang und ein Ende. Die Idee der Reifung und die Idee des Potenziellen bestreiten zum Teil die Inexistenz a parte ante, in dem sie vor der Emergenz einen Zustand der latenten Existenz auf eine gewisse Dauer – die im Übrigen sehr unzureichend bestimmt wird – annehmen. Leibniz hat die Möglichkeit irgendeiner temporären Existenz der Wesen absolut bestritten, und die Idee der latenten Existenz läuft bei ihm auf diejenige der mikroskopischen Existenz hinaus (siehe zum Beispiel die Präformationstheorie der Keime). Die Theorie der Unveränderlichkeit der Spezies lässt die so verstandene Dinglichkeit sich auf die Spezies beziehen und nicht auf das Individuum, unter der Annahme, dass in dieser Ordnung zwischen der universalen Schöpfung und dem eschatologischen Ende – sei dieses für jede Spezies spezifisch, sei dieses ebenso universal – nichts Neues auftauchen kann. Nach den Masoreten existiert Leviathan im Moment und von Anbeginn der Welt an, weil er am Abend des jüngsten Gerichts für das große gemeinsame Mahl der Auserwählten notwendig sein wird (siehe Bochart 1663). Diese unterschiedlichen Auffassungen entsprechen weniger unterschiedlichen Philosophien als den Bemühungen, einen gleichen dinglichen Status je nach Fall in Spezies, physische oder psychische Wesen, Belebte oder Unbelebte usw. zu diversifizieren. Die Wichtigkeit dieser Feststellung wird noch sichtbar werden.

§ 47. Was die Identität angeht, ist sie immer von derselben Natur. Sie ist ein Einssein mit sich selbst, eine Indifferenz gegenüber der Kollokation und der raumzeitlichen Verteilung; ihr Zustand der latenten Existenz oder der remote presence ist eine nachträgliche Folge.

Nehmen wir den einfachsten Fall: Er besagt, dass man über alle Erscheinungen eines selben Dings eine Rede auf einer selben zeitlichen Linie halten kann (das ist die „chronale Ordnung" von Leclère und Michel Souriau. Leclère und Souriau 1938, 366). Vergleichen wir diese Rede mit einem Band, das hier und da mit ähnlichen ornamentalen Motiven durchwirkt wäre. Man kann das Band so in Falten legen, dass man diese ähnlichen Motive passend übereinanderlegt, sogar so (wenn die Dicke des Bandes null ist), dass sich diese Motive gegenseitig durchdringen, die dann schließlich nur ein einziges Wesen bilden. Entfernen wir die Falten, legen wir das Band in einer geraden Linie aus: Dieses Wesen wird von sich selbst getrennt und auf dem Band da und dort vielfach aufgeteilt. Aber unser Band kann in Falten gelegt bleiben. Ein vollkommen flacher Beobachter, dazu gezwungen, ihm linear zu folgen, wird mehrmals auf dieses Motiv stoßen, ohne zu wissen, dass es ein und dasselbe Wesen bildet. Nehmen wir an, dass es sich anstatt eines Motivs um eine Nadel handelt, die das in Falten gelegte Band durchdringt: Unser diskursiver Beobachter wird glauben, in mehr oder weniger regelmäßigen Abständen auf ähnliche Nadeln oder auf mehrere Löcher zu stoßen, ohne zu wissen, dass es nur ein und dasselbe Loch und nur eine Nadel gibt. Nehmen wir anstatt des Bandes ein großflächiges, zufällig zerknittertes und von einer Nadel durchdrungenes Blatt Papier an. Einmal entfaltet, wird das Blatt nach Zufall mit Löchern übersät sein. Nichtsdestoweniger gibt es nur ein Loch, da nur eine Nadel das Blatt in gerader Linie durchdrungen hat; trotz dieser zufälligen Streuung und dieser Intervalle auf dem Blatt.

Die dingliche Existenz ist wie die Einheit des Lochs oder der Nadel. Als reiner Modus des Existierens ist der dingliche Modus besitzanzeigende Anwesenheit seiner selbst in diesem Miteigentum, eine gegenüber der Situation hier oder da in einem entfalteten und nach Raum und Zeit geordneten Universum indifferente Anwesenheit. Darin liegt seine Existenzgrundlage. Als Kunst des Existierens ist er die Erringung und die Verwirklichung, das wirkliche Besitzen dieser der Situation gegenüber indifferenten Anwesenheit. Die unterschiedlichen Aspekte, die von dieser einen Entität abgetrennten Anwesenheiten ergeben sich aus der späteren Konfrontation mit der phänomenalen Diversität. Aus dieser späteren Trennung ergibt sich zwischen diesen vielfachen Manifestationen die Dehnung ihrer Einheit, eine Dehnung, die den Zustand der latenten Existenz oder der fernen Anwesenheit konstituiert. Im Fall der Identität des Ich heißt, sie zu empfinden, den eigentlichen Modus der Existenz des identischen Wesens zu empfinden. Letzteres existiert entweder so oder es existiert nicht.

§ 48. Aber, wir haben es schon gesagt, all das diversifiziert sich verschiedenen ontischen Eigenarten gemäß. Was ergibt sich daraus für diese, für die rationalen Entitäten, die Lebewesen, die physischen Dinge usw.?

Nichts Einfacheres als der Status der rationalen Entitäten, der abstrakten Wesen, der russellschen Systeme, wie irgendein geometrisches Wesen, irgendein Theorem usw.[45] Denn sie haben keine weiteren Bedingungen zu erfüllen als diejenigen, die wir gerade angesprochen haben. Das gleichseitige Dreieck an sich ist die eine Essenz von verschiedenartigen phänomenalen

---

45   Über den Fall der mathematischen Existenzen konsultiere man besonders Oskar Becker 1927; dort wird das Problem unter dem Blickwinkel aufgegriffen, in dem wir ihm hier begegnen werden. Siehe natürlich auch: Pierre Boutroux 1903, 589; Milhaud 1894 (vor allem S. 150); Brunschvicg 1922b; Chaslin 1926, v.a. 176, 234 f., 239, 249, 275; Russel (1919) 1923; Husserl 1891; Meyerson 1921 (und Lichtenstein und Metz 1932); und dann Couturat, H. Poincaré, Winter, Gonseth usw. Die Hauptschwierigkeiten sind: 1. Kann die mathematische Existenz (wohin Couturat tendiert) auf eine Menge von operativen Konventionen reduziert werden? 2. Muss die Existenz, die den mathematischen Wesen zugerechnet wird, eher in den dinglichen Status eingeordnet werden, der mit einer speziellen Art der Erfahrung verbunden ist; oder 3. muss man sie als eine transzendente ideale Existenz begreifen? Die Überlegungen, die man später vorfinden wird, werden vor allem auf das Problem des Übergangs von der zweiten auf die dritte Meinung und dessen Legitimität zielen; wobei der Fall der mathematischen Wesen nur ein besonderer Fall in einem allgemeinen Problem ist. Hier geht es nur um den dinglichen Status dieser Entitäten; während das Problem ihrer *rationalen* oder *transzendenten* Existenz für später vorbehalten bleibt.

Erscheinungen, von konkreten Dreiecken, die in der Welt nach Zufall verteilt und voneinander getrennt sein können, wie die Menschen nach Zufall verteilt sind, die gemeinsam an einer identischen menschlichen Natur teilhaben, die in ihnen allen ist; ohne dass wir uns zwischen diesen verschiedenartigen Verkörperungen um irgendeine remote presence oder latente Existenz der menschlichen Natur Gedanken zu machen hätten. Man denke an unser nach Zufall in Falten gelegtes Blatt Papier von vorhin.

§ 49. Die Angelegenheiten werden hingegen kompliziert, sobald es um singuläre Dinge und nicht etwa um die Essenz des universalen Menschen geht, sondern um diejenige von Sokrates oder von Durand.

Sokrates oder Durand genügen zunächst vollständig den Bedingungen, die wir gerade angesprochen haben. Es gibt eine Sokratität oder eine Durandität, die ihre diversen phänomenalen Erscheinungen miteinander kommunizieren lassen. Es sind diejenigen eines selben Wesens, im Modus der Existenz, der gerade definiert worden ist.

Aber sie fügen sich außerdem vielen weiteren Bedingungen.

Durand hat keine räumliche Ubiquität. Seine Anwesenheit auf diesem Pariser Bürgersteig schließt seine Anwesenheit in Carpentras oder an jedem anderen Ort in diesem Moment aus. Für ihn gibt es ein Alibi. In der Ordnung der Koexistenzen ist er nicht „wiederholbar" (um mit J. Ullmo zu sprechen). Seine Ubiquität ist auf die chronale Ordnung beschränkt. Das ist nicht mehr das zerknitterte Blatt von vorhin, das ist das in Falten gelegte lineare Band.

Außerdem müssen sich diese Erscheinungen einer gewissen, für lebende Dinglichkeiten charakteristischen Ordnung fügen. Die Anwesenheiten von Durand dürfen ihn nicht einmal alt und einmal jung, mit braunem Haar und mit grauem Haar, ohne Ordnung zeigen. All das muss eine an bestimmte Gesetze angepasste Geschichte ergeben, die das Los der conditio humana sind.
Mehr noch, die remote presence wird ihrerseits sehr besonders bestimmt. Nie auf einmal an zwei Orten zu sein, ist trist. Stets irgendwo zu sein, dieser Umstand ist noch härter. Seine fernen Anwesenheiten müssen das Gesetz von bestimmten praktischen Bedingungen der Wahrscheinlichkeit hinnehmen: Fortbewegung in einer plausiblen Geschwindigkeit (heute Morgen war er nicht in Peking) usw.

Es gibt noch mehr. Sicherlich ist es stets möglich, die Phänomene eines Wesens auf vernünftige Art und Weise zu ordnen: Das gesamte Ensemble kann vom Standpunkt eines einzigen Merkmals aus in eine Ordnung gebracht werden. Der mehr oder weniger junge oder alte Durand – das macht das Gesetz einer einfachen chronalen Ordnung. Aber auch die Requisiten – Durands Bruder, seine Pfeife, sein Taschentuch – dürfen in dieser Geschichte keine ungeordneten, diskontinuierlichen und absurden Erscheinungen ergeben.[46] All diese „Geschichten von Dingen" (wie Rignano sagte) sind parallel und durch eine gemeinsame Ordnung vermittelt. Es gibt ein Universum der Dinge.

§ 50. All das hat übrigens einen deutlich empirischen Charakter. Das Denken, das dort sicherlich a priori das Bedürfnis nach dieser Ordnung mit sich bringt, bringt im Gegenzug nicht die Lösung oder die Kenntnis vom Genre der Geschichte mit sich, das jedem einzelnen Wesen angemessen ist, und vor allem nicht die apriorische Gewissheit über das Gelingen der beinahe vollständigen Harmonisierung des Kosmos der Dinge. Denn die Geschichte der REPRÄSENTATION (es ist schade, dass es bisher niemand unternommen hat, sie zu schreiben) zeugt vom langsamen Vorangehen dieser Harmonisierung; meistens wird sie durch die Beseitigung (oder die Übertragung auf das Imaginäre) dessen erwirkt, was nicht mit den Bedingungssystemen übereinstimmt, die immer strenger und anspruchsvoller geworden sind. Bestimmte Tatsachen nehmen diesbezüglich im philosophischen oder wissenschaftlichen Denken eine Vorrechtsbedeutung ein. Wie im Besonderen diejenigen, die die mikrophysikalischen Wesen betreffen. Wie man weiß, weisen die berühmten „Unschärferelationen" von Heisenberg den Eingang in eine Region, in der einige dieser Konditionierungen – zum Beispiel die dauernde Zuschreibbarkeit einer Position – beginnen, nicht mehr erfüllbar zu sein. Welche Tragweite diese Tatsachen unter anderen philosophischen Umständen auch haben mögen, hier ist ihre Bedeutung sehr klar; es geht einfach um das Ausreißen des Dings „Elektron" aus dem Status der dinglichen Existenz, so wie er für die Dinge definiert wird, die dem ungeteilten Bereich der gewöhnlichen Erfahrung und der normalen Technik des Physikers angehören. Deshalb hört dieses Ding auf, „ohne Auslassung zu existieren", wie F. Gonseth sagt (Gonseth 1936, 157). Manchmal schließt man daraus, und das zu Unrecht, dass die Dinglichkeit nur ein „makroskopisches Vorurteil" ist (ebd., 158). Worin also ein Vorurteil, wenn man damit Gespenst, Irrtum oder Idol sagen möchte? Es trifft zwar zu, dass man das Kleine oft wirklicher als das Große glaubt; und für das Große falsch, was sich nicht bis zum Kleinen anwenden lässt. Aber genau das ist das Vorurteil. Es muss daher einfach festgestellt werden, dass der dingliche Status hier die Ränder seines eigentlichen Bezirks, seiner regionalen Ontologie erreicht. Muss man daraus schließen (J. Perrin, Langevin), dass die neuen, in diesem ultramikroskopischen Maßstab erfassten Wesen dann „rationale Wesen" werden? Jedenfalls ist jene Bemerkung ausreichend zu berücksichtigen, dass Eddingtons „Universum Nr. 2", welches das ihre ist, ein

---

[46] Es existiert eine spezielle, in Wahrheit ziemlich niedere Kunst (diejenige des „Illusionisten", des Zauberkünstlers), die sich darauf richtet, für die konkrete Wahrnehmung des Zuschauers Geschichten von Dingen zu erschaffen, die zu den normalen Konditionierungen scheinbar im Widerspruch stehen. Ihre Modelle entlehnt sie manchmal der Stilistik des Traumes (vgl. beispielsweise Devant 1936 vor allem S. 86). Die Bedingungen und Bedeutungen dieser Kunst bergen für den Philosophen einiges Überlegenswertes.

vom Universum Nr. 1 abhängiges bleibt; und dass „es in der Wirklichkeit der Infusorien, der Bakterien, des molekularen Treibens, das durch die brownsche Bewegung wiedergegeben wird, das Mikroskop gibt" (Sageret 1936, 195).

Vergessen wir daher den empirischen und sogar technischen Charakter (sei er praktisch oder wissenschaftlich) dieser Konditionierungssysteme und des Kosmos nicht, den jedes von ihnen bestimmt. Wenn man vom In-der-Welt-Sein spricht, ist es eben das In-einer-bestimmten-Welt-Sein, das man darunter verstehen muss;[47] da diese Konditionierungen korrelativ (durch wechselseitige Adaptation und reziprokes Arrangement) einen Kosmos und eine Klasse von Existierenden bestimmen. Ein solcher Kosmos ist ein Pleroma von genau bezeichneten dinglichen Existenzen, in ihren Geschichten, ihrem Gesamtkanon harmonischen Existenzen.

§ 51. Dieser so wichtige dingliche Status – bedingt er nicht noch etwas? Ja, wie wir gerade gesehen haben, enthält er unzweifelhaft das Denken. Aber auf welche Art und Weise? Das erfordert große Aufmerksamkeit.

Das Denken erscheint in ihm drei Mal: als Bindung des Systems; als Bewusstsein von der einen Existenz in der Identität; als Agens in den Anpassungen und den Sortierungen, die den Kosmos gestalten.

Dieser letzte Punkt ist äußerlich, nachträglich, nicht ansässig. Er beweist nur die Anstrengung des menschlichen Denkens, um eine rationale Gesamtheit zu erkennen und zu ordnen, deren größter Teil ihm gegenüber objektiv ist; und er konstituiert eine Erfahrung: Diese relationale Gesamtheit ist eine Gegebenheit. Aber die ersten beiden Punkte müssen als immanent berücksichtigt werden. Das Denken stellt darin nicht ein gesondertes, früheres oder späteres Sein dar. Die dingliche Existenz konstituiert sich durch es, aber es selbst konstituiert sich auch in ihr, es residiert in ihr, es wirkt in ihr. Es ist in ihr ein Faktor der Wirklichkeit.

Geben wir Acht, denn es kann nicht als Produkt oder Ergebnis der Handlung eines psychischen Wesens verstanden werden, das selbst als dinglich, als vom zusammengesetzten Ding verschieden verstanden würde und das Subjekt oder abgetrennte Substrat des Denkens wäre. Dieses hat kein anderes Substrat als das Ding selbst, das es zusammensetzt und spürt. In gewisser Hinsicht rein unpersönlich, muss man sich davor hüten, es so zu begreifen, wie es im dinglichen Status wirksam ist, indem man in diesen all das hineinträgt, was wir von anderswo her vom Denken verstehen und wissen. So wie es dieser Status impliziert, ist es ganz einfach Bindung und Kommunikation. Es ist auch Bewusstsein, wobei dieses letzte Wort einfach als phänomenaler Schimmer aufgefasst wird; was dieses Bewusstsein der einen und identischen

---

47 Man bemerke, dass die Welt im phänomenologischen Existenzialismus nicht das Universum ist. Das Wort wird im Sinn von Johannes I, 10 aufgefasst: Gegensatz des Logos und des Kosmos.

Existenz auf die Feststellung zurückbringt, dass wir von ihm als existierend nur in der Gestalt sprechen, in der es luzide und für sich selbst anwesend ist – was vielleicht nicht konstitutiv ist. Letzten Endes ist es vor allem die systematische Kohäsion, die Bindung, die hier in dieser Rolle des Denkens essenziell und konstitutiv ist. Es ist sogar zu fragen, ob es nicht vielmehr um einen Faktor als um einen Effekt des Denkens geht. Wie wichtig dieser Punkt für die Philosophie auch sein mag, betrachten wir von ihm bloß diesen einen Aspekt: Wenn es psychische Wesen gibt, in diesem Sinn weit davon entfernt, die Ursache des Denkens zu sein, dann setzen sie es voraus; es ist ein Bestandteil ihrer Konstitution.

§ 52. Mühelos – sogar zwangsläufig – erfassen die Psychologie und selbst die Metaphysik ontische Entitäten des Denkens: Ob man sie nun Psychismen oder Seelen nennt. Es geht immer um ein organisiertes, bis zu einem gewissen Punkt stets gleichbleibendes Ganzes; identisch durch seine Manifestationen hindurch; und bei sich selbst (vielleicht) nicht immer in vollem Umfang als Phänomen anwesend. Nun, das ist eine augenscheinlich dingliche Struktur und eine ebensolche Existenz. Wir werden sogleich auf das Problem seiner Spiritualität zurückkommen, ebenso wie auf die Rationalität der mathematischen Entitäten. Beschränken wir uns hier darauf, seine Beteiligung an eben dem Status festzustellen, dessen grobe Züge wir gerade untersucht haben. Wenn dieses Wort, „dinglicher Status", für die Seele schockierend und diese „Dinglichkeit" auf sie unanwendbar scheint, dann behalten wir das Wort Dinglichkeit dem speziellen Kosmos der physischen oder praktischen Erfahrung vor; sprechen wir allgemeiner von einem ontischen Modus der Existenz, der den Psychismen ebenso angemessen sein wird wie den Reismen. Alles, was wir über die Psychismen behaupten, indem wir in ihnen diesen Modus des Existierens feststellen, ist, dass sie eine Art Monumentalität haben, die aus ihrer Organisation und ihrer Form das Gesetz einer Permanenz, einer Identität macht. Weit davon entfernt, ihr Leben aufs Spiel zu setzen, indem man sie auf diese Weise versteht, heißt es andererseits, sie zu verfehlen, wenn man die Seele nicht als Architektonik begreift, als harmonisches System, das zu Modifizierungen, Erweiterungen, manchmal zu Umstürzen und sogar zu Verletzungen imstande ist … in einem Wort, sie als ein Wesen aufzufassen. Zugleich Systematisierung der Tatsachen, der psychologischen Phänomene und Selbstbesitz im Unteilbaren der persönlichen Identität. Absurd und grob ist es im Chosalismus[48] hingegen, die Seele als Analogon zu einem physischen und materiellen Ding zu betrachten – vor allem in den Bedingungen ihres Fortbestehens. Es ist schon zulässiger, aber immer noch unangemessen, sie nach dem ontischen Typus der Lebewesen und gemäß deren Konditionierungen zu begreifen. Aber es ist an der Psychologie – an einer Psychologie, die keine

---

48   Im französischen Orginal: „chosalisme"; Wortprägung ausgehend von „chose" (Ding, Sache). Anm. d. Übers.

Angst vor dem Ontischen der Seele hat (soll sie es Psychismus nennen, wenn sie Angst vor dem Wort hat) –, ihre spezifischen Konditionierungen auszuformulieren, einschließlich der Vielheit, der Zusammensetzung und des Kontrapunkts der Seelen; all dieses Interpsychischen, das aus ihrer Gesamtordnung einen Kosmos macht.

In diesem Kosmos wird das unpersönliche Denken – oder vielmehr sein Faktor: die Zusammensetzung und Bindung des Selbst, die ansässige oder immanente Synthese – konstitutiv sein, also so, wie es in den anderen ontischen Systemen vorkommt und nicht anders: mit Sicherheit noch mehr zu einem Bewusstsein und zur Aktivität fähig, unbeständiger, aber sicherlich auch noch stärker im Wandel.

§ 53. Denn vergessen wir nicht, dass der Status der ontischen Existenz in keiner Weise die Instabilität der Existenz ausschließt. Seine grundlegende Ubiquität bedingt niemals ein träge, schwerfällig oder mechanisch gesichertes zeitliches Fortbestehen – und nicht einmal ein kontinuierliches. Mehr noch, wir beobachten ständig, besonders in der psychischen Ordnung, derart schnelle, derart flüchtige Errichtungen, dass man sie kaum erfasst. Manchmal also setzen wir für uns vorübergehende Seelen (oder sie werden in uns gesetzt), deren Schnelligkeit und kaleidoskopische Aufeinanderfolge zur Illusion einer minderen und schwachen Existenz beitragen; obgleich sie mehr Größe und mehr Wert haben können als diejenigen, die wir ohne Mühe Tag für Tag errichten. Seelen, die wir sehr schwer wiederfinden und wiederherstellen können und deren metaphysische Wichtigkeit wir verkennen. Der Grenzfall ist derjenige einer absolut ephemeren Existenz, die man kein zweites Mal zu Gesicht bekommen würde.[49] Für ein solches Wesen gäbe es also keine Möglichkeit, im Besitz seiner Identität zu sein oder von dieser Gebrauch zu machen. Aber das bringt uns in Situationen praktischer – um nicht zu sagen –, hyperbolischer Unsicherheit; Situationen, die zu weiteren Überlegungen führen.

§ 54. Man müsste sich auch fragen, ob die Identität nicht selbst eine Grundlage hat, ob sie nicht abgesichert werden muss ... Das ist eine andere Frage, welche die Perspektive dieser Untersuchung verlässt; und auf die wahrscheinlich nur geantwortet werden kann, indem man eine Vorstellung von dieser essenziellen, primordialen, von der praktischen Ubiquität verschiedenen Invarianz gibt, die sicherlich nur eins ist mit einer gewissen Vollkommenheit. Aber nochmals: Das ist eine andere Geschichte.[50]

49 In einem jüngeren und interessanten Artikel, der leider viel zu kurz ist (Ghéaréa 1940) kommt der Gegensatz zwischen der „Dauer-Existenz" und der „Vorstellungs-Existenz" vor, an den man hier denken kann.
50 Vor langer Zeit (siehe Souriau 1925) haben wir versucht zu zeigen, wie diese aus der Treue zu sich selbst gebildete Identität diese Art von Vollkommenheit als Grund oder Gesetz erfordert, durch welche das, was auf eine bestimmte Weise – gewissermaßen stilisiert – aktualisiert wird, sich nicht ändern kann, ohne sich zu entstellen, und nicht anders sein kann, als es ist. *Sint ut sunt, aut non sint.* Zu der Zeit, als wir dieses Werk

§ 55. All das führt uns dazu, zu bemerken (um auf den in seiner Allgemeinheit jetzt besser erfassten ontischen Status zurückzukommen), welch großen Unterschied es zwischen den Wesen vom Standpunkt ihrer Stabilität aus gibt, vom Standpunkt dessen, was man als ihre Solidität auffassen kann.

Es gibt unter ihnen eines, dessen Privileg zu bestehen, solide zu sein, hervorsticht: Das ist der „eigene Körper".[51] Das reicht so weit, dass man mitunter dazu geneigt ist, diesem ontischen Typus den Namen der Existenz gänzlich vorzubehalten.

Der Körper hat sicherlich eine privilegierte Rolle als notwendiger Vermittler zwischen der Welt und uns. Aber was genau sind die Gründe für dieses Privileg? Sie rühren daher, dass es möglich ist, den Körper vom Phänomen aus abzuleiten. Es gibt zum Beispiel in den Phänomenen unseres Gesichtskreises eine gewisse perspektivische Konstanz, die es ermöglicht, einen Ichpunkt* (wie A. Schmarsow sagt) zu bestimmen, im Verhältnis zu dem sie immer geordnet werden können. Man könnte ebenso zeigen, dass er zu den anderen Körpern gleichzeitig in Opposition steht (in dem Maße, wie er subjektiv erfahren wird) und in Homogenität (zum Beispiel durch seine Relationen der Antitypie). Standpunkt, Vermittlung und auch dynamische Flucht: denn dank dem Körper verschiebt sich unsere eigene Grenze, indem er in die Welt vordringt; alles architektonische Elemente, die mit den Phänomenen verwachsen sind. Durch sie bildet der Körper wahrlich einen Brückenkopf des Phänomens im Kosmos der dinglichen Entitäten. Daher dieses Privileg. Daher sicherlich auch die Tatsache, dass ein noch völlig in den Anfängen begriffenes Denken (ein kindliches oder sogar tierisches) durch ihn und seinem Typus entsprechend mit den Operationen des Erkennens der dinglichen Existenz beginnt. Was seine sichtbare und empirische, existenzielle Überlegenheit erklärt: Er ist das erste Werk, das kindliche Meisterwerk der Stufe, in der wir nicht mehr bloß Phänomen sind.

Aber diese Überlegenheit so zu erklären, heißt zum Teil, sie zu bestreiten. Denn die Existenz des eigenen Körpers ist nicht rein körperlich und physisch: Sie ist vor allem der Ausdruck der Pflicht einer psychischen Existenz, die gezwungen ist, einem Körper auf seinen irdischen Abenteuern stets zu folgen.

---

veröffentlichen, musste für die Anerkennung dieser Sichtweise heftig auf gewisse temporalistische und dynamistische Vorurteile reagiert werden. Wir glauben seither, viele Bestätigungen dieses Standpunktes erhalten zu haben.

51 Der werte Gabriel Marcel hat, unter den zeitgenössischen Philosophen, wie man weiß, besonders Gewicht auf dessen ebenso typische wie vermittelnde Rolle gelegt. Vgl. *supra* § 18 und Marcel (1927) 1955, vor allem S. 186–187 sowie S. 333–334. Siehe außerdem Platon, Nemesius, Augustinus, Malebranche, Whitehead usw.

Sie würde beinahe dem angehören, was wir gleich die „fürsorgebedürftige" Existenz nennen werden, wenn man sich aus diesem Zwang mehr oder weniger lösen oder sich von dieser Fürsorge befreien könnte. Aber dieser Zwang ist zu stark, als dass man die Objektivität und die Positivität dieses praktisch privilegierten Ontischen in Abrede stellen könnte.

———◆———

§ 56. Umgekehrt gibt es fragile und inkonsistente Entitäten, die durch diese Inkonsistenz so verschieden von den Körpern sind, dass man zögern kann, ihnen irgendeine Art und Weise des Existierens zuzugestehen. Wir denken hier nicht an die Seelen (von denen schon die Rede war), sondern an diese Gespenster, diese Schimären, diese Morganas, welche die von der Imagination Vorgestellten sind, die Wesen der Fiktion. Gibt es für sie einen existenziellen Status?

Unser Körper ist keine Fata Morgana. Um wahrzunehmen, stellen wir uns zwangsläufig auf seinen Standpunkt. Als physisches Ding ist er fest eingefügt in den Kosmos dieser Dinge. Aber im Traum und in der Träumerei haben wir fiktive Körper, die in illusorischen Kosmizitäten enthalten sind.

Diese Welt der Imaginären hat seit sehr langer Zeit – in der Philosophie sogar traditionellerweise – eine wichtige strategische Stellung in der Existenzfrage.[52]

Sie so zu betrachten, als ob sie bloß vom Denken getragen würden, heißt, das Denken als imstande anzusehen, von ihm völlig abhängige Wesen willkürlich zu setzen, und zwar ohne andere Konditionierung als seinen Erlass. Und die Ähnlichkeit dieser Wesen der Vorstellung, dieser künstlichen Wesen, mit

---

[52] Über die Theorie der imaginären Existenz siehe Aristoteles, *Metaphysik*, M, 1078 *b*; *Hermeneutik*, 1, s. f.; Meinong 1910 und 1913; Baldwin (1906) 1908, vor allem Bd. 1, S. 39, 109 f., 136 f., 142 f., 148 usw., das heißt, alles was die Gegenstände der „Phantasie" betrifft, der niederen Simulation (Theorie des *make-believe*) und der höheren Simulation (die Zusammenhänge mit den Fiktionen des Spiels und denjenigen der künstlerischen Tätigkeit); siehe auch *Dictionary of Philosophy*, s. v. *Assumption*; Brunschvicg 1922b, 549.; Dupré 1925; Sartre (1940) 1971; Dewey 1903; Russel, vor allem Russel 1904a und 1904b; Ryle, Braithwaite und Moore 1933 (wichtig); Reininger 1931 (in der logischen Perspektive des Wiener Kreises und der Theorie der Aussagen); schließlich Heinrich Maier 1926, vor allem S. 279 (er stellt die real-kognitive Existenz und die imaginär-emotive Existenz klar gegenüber. Er bringt die Theorie der Imaginären mit der Theorie des Glaubens in Zusammenhang). Von einem ästhetischen Standpunkt aus konsultiere man: Paul Souriau 1901, Witasek 1904 (vor allem S. 111–112; Zusammenhänge der künstlerischen Erfindung und der Theorie der *Annahmen* von Meinong); Dessoir 1906, 36, usw. Das Wort des Imaginären kommt im *Vocabulaire histor. et crit. de la philosophie* nicht vor. Diese Lücke ist zu bedauern (in einem Monument diesen Umfangs gibt es unausweichlich welche); vor allem in Anbetracht der doppelten, philosophischen und mathematischen, Bedeutung des Ausdrucks.

einigen Wesen der reinen Logik, mit denen man sie oft verglichen hat (man denke an den Bockhirsch von Aristoteles), droht diesen rein psychologischen existenziellen Status sogar auf logische oder rationale Entitäten auszuweiten.

Ist es andererseits nicht hinderlich, ihnen eine spezifische Existenz zuzugestehen, in ihnen einen Modus des Seins zu sehen, hinderlich sowohl aufgrund ihres gespensterhaften Charakters als auch aufgrund ihrer Akosmizität? Im Grunde handelt es sich um Wesen, die eines nach dem anderen aus allen kontrollierten und konditionierten Formen des ontischen Kosmos verjagt wurden. Allein ihr gemeinsames Unglück versammelt sie, ohne deswegen aus ihrer Gesamtheit ein Pleroma zu bilden, einen Kosmos.

Allerdings wird es deshalb ausgeschlossen, sie existenziell zu beschreiben, da sie in ihrer Eigenschaft als Repräsentation Gegenständen oder Körpern nicht entsprechen. Eine Betrachtung, die sich auf ein Problem zweiten Grades bezieht; und überdies eine rein negative Betrachtung.

§ 57. Sie existieren – auf ihre Art und Weise – nur, wenn sie ein positives Existieren haben.

Nun haben sie aber ein solches.

Und wie positiv diese Wesen von einem bestimmten Standpunkt aus sind! Selbst die Monstren, selbst die Schimären, selbst die Traumwesen. Einige unter ihnen konnten im selben objektiven Geist erforscht werden wie diejenigen der Naturgeschichte, der Geschichtswissenschaft oder der politischen Ökonomie. Es gibt konkrete Studien von Künstlern über die Anatomie des Engels (wie genau ist das Knochengerüst des Flügels mit dem Schulterblatt verbunden?); über diejenige des Zentauren oder diejenige des Fauns (vgl. Valton 1905, 54 und 62). Auf St. Helena hatte Napoleon, da er Richardson wieder gelesen hatte, gewissenhaft das Jahresbudget von Lovelace ermittelt; und Hugo hatte bei der Vorbereitung von Die Elenden Jean Valjeans Bücher für jene zehn Jahre geführt, in denen er im Roman nicht erscheint (man denke darüber nach: die remote presence einer Romanfigur im Verhältnis zum Roman; das ist hoch dosiertes Imaginäres!). Eine sonderbare Frage nach der Wirklichkeit von imaginären Zeiten war Gegenstand einer Kontroverse zwischen Russel und McTaggart (vgl. McTaggart 1921–1927, Bd. 2, 16: In welchem Sinne kann man sagen, dass sich in Don Quixote das Abenteuer der Windmühlen vor demjenigen der Galeerensklaven ereignet hat?).

Jeder Roman, selbst jedes Gemälde ist in gewisser Hinsicht ein Mikrokosmos (man mache die Erfahrung selbst, wie mit dem Budget von Lovelace: Man stelle fest, was die Mona Lisa oder Et in Arcadia ego in einem Umkreis von fünf Kilometern, in der Geschichte von mehreren Tagen oder mehreren Jahren implizieren). Ist es schließlich nötig, zu sagen, dass all diese Mikrokosmen sich in einer Art großen literarischen und künstlerischen Kosmos zusammensetzen, wo bestimmte typische Figuren eine unzählbare und doch essenzielle und identische Existenz haben (man denke an Don Juan)?

Einerseits also tendiert diese Welt dazu, eine syndoxische, soziale, sehr wohl positive Existenz anzunehmen. Es gibt, um mit Lewis zu sprechen, ein „Universum des literarischen Diskurses". Aber an ihrer anderen Grenze löst sich diese Welt auf und sie wird fransig. Keine Logik der Erscheinung, keine Gesetze der Identität auf dieser gespensterhaften Seite: Man denke an die Schimären, die im Schrecken einer tragischen Erwartung so schnell, wie sie entstehen, wieder verschwinden. Wenn die Dichtung, als Kunst und technischer Zweig der Literatur, mit genauso viel Solidität, wie es ein Roman oder ein Gemälde vermochten, Eviradnus oder Éloa, die Schlucht von Ernula oder Samsons Zelt[53] setzen, gibt es an ihren Rändern dann keine vagen Erscheinungen, die man einen Augenblick lang wahrnimmt, wie sie durch das Dickicht des Poetischen hindurchlaufen, und die das Denken unvermittelt zusammenzucken lassen, ohne dass sie in eine stabile, genau abgegrenzte, geschlossene und dauerhafte Welt, wie in einen von Mauern umgebenen Park, eingeordnet werden können?

§ 58. Es ist gerade dieser transitive und transitorische Charakter, dem die Imaginären ihre besondere dialektische Situation schulden. Grosso modo ist ihr Status, in seinen besten Regionen, ontisch; das steht außer Zweifel. Ein erdachter Hund ist ein Hund, weil er am Ontischen des Hundes teilhat. Aber einerseits tendiert er dazu, dem Phänomen zu entfliehen, um eine reine logische Entität, ein Wesen der Vernunft zu werden. Und andererseits tendiert er dazu, sich in reinen Phänomenen aufzulösen, von denen er all seine existenzielle Wirklichkeit übernimmt.

§ 59. Die Imaginären haben, in dem Maße, wie sie von einem Grundphänomen abhängen, teil an den Bedingungen der Wirklichkeit, die diesem eigen sind; sei diese Wirklichkeit deutlich oder verschwommen, sei sie intensiv oder schwach. Und das ist eine Art und Weise, sie zu definieren. Wenn das so ist, scheiden sie sich von den Wesen der Wahrnehmung, deren existenzielle Konsistenz nicht im Geringsten von der Intensität oder der Klarheit der Empfindung als Grundphänomen, sondern von einer ganzen Menge an kosmischen Bestimmungen abhängt. Aber dann betrifft ihr Fall nicht nur die Einbildungskraft. Er weitet sich aus, um auch all das einzuschließen, was vom Gefühl, der Emotion abhängt. Denn das Grundphänomen der Imaginären ist oft emotiv.

In diesem Sinne muss man sie folglich in eine viel weiter gefasste existenzielle Klasse einordnen: diejenige der Wesen, die für uns mit einer Existenz anwesend und existierend sind, deren Grundlage der Wunsch oder die Besorgnis, die Befürchtung oder die Hoffnung ebenso sind, wie die Fantasie und das

---

53 Für „Eviradnus" vgl. Hugo 1859a; für „Éloa" vgl. Vigny 1824; für „die Schlucht von Ernula" vgl. Hugo 1859b, 135; für „Samsons Zelt" schließlich vgl. Vigny 1864, 81. Anm. d. Übers.

Vergnügen. Über diese Wesen könnte man sagen, dass sie in Proportion zur Wichtigkeit, die sie für uns haben, existieren – sei es, dass wir uns wegen vieler Dinge beunruhigen, sei es, dass für uns nur ein einziges notwendig ist.

So gibt es, wie es Imaginäre gibt, Emotionale, Pragmatische und Attentionale (wenn man so sagen darf); die Wichtigen von dieser oder jener Sorge oder von diesem oder jenem Skrupel; kurzum eine fürsorgebedürftige Existenz (von der man meinen kann, dass Heidegger in gewisser Hinsicht eine Teilstudie über sie erbracht hat, ohne unseres Erachtens nach hinlänglich zu erkennen, dass es keine Entdeckung oder Manifestation, sondern eine Basis der Existenz gibt). Ihr essenzielles Merkmal ist stets, dass die Größe oder die Intensität unserer Aufmerksamkeit oder unserer Besorgnis die Basis, das tragende Vieleck ihres Monument oder der Schild sind, auf den wir sie heben; ohne weitere Wirklichkeitsbedingungen. Diesbezüglich sind sie völlig konditional und untergeordnet – wie doch die Dinge, die wir sonst positiv, substanziell glauben, wenn man sie aus der Nähe betrachtet, nur eine fürsorgebedürftige Existenz haben! Prekäre Existenzen, sie verschwinden mit dem Grundphänomen. Was fehlt ihnen? Die Ubiquität, die Konsistenz, die dingliche und ontische Grundlage. Diese mock-existences, diese Pseudo-Wirklichkeiten sind wirklich; aber darin falsch, dass sie den dinglichen Status formal imitieren, ohne seine Konsistenz, oder, wenn man es so ausdrücken will, seine Materie zu haben.

Und genau darin liegt ein zweites Merkmal der Ontischen dieser Klasse; sie haben den dinglichen Status nicht, sie imitieren ihn.

§ 60. In dieser Hinsicht wird man beobachten (und das lässt sie in ihrer Bedeutung stark zunehmen), dass das Mögliche in Wirklichkeit nur eine Spielart des Imaginären ist.

Das ist augenscheinlich, wenn es um diese Pseudo-Möglichen geht, die nur auf den suggestiven Wirkungen der Befürchtung oder der Hoffnung beruhen, auf den repräsentativen Versuchen der Vorhersage.

Subtiler ist der Fall dessen, was Bergson die Nicht-Unmöglichkeit nennt – das Fehlen von Hindernissen (Bergson [1934] 1948, 122; vgl. Supra, § 19) –, die in kosmologischer Gestalt, vor allem, was die Dispositive der Kausalität angeht, eine Anbindung an das Wirkliche impliziert. Ich kann in dieses Zimmer eintreten, wenn es nicht mit einem Schlüssel versperrt ist oder wenn ich den Schlüssel habe. Meine Imagination von dieser Handlung kann in das Wirkliche integriert werden, ohne Modifikationen des Wirklichen (die selbst imaginär sind) zu erfordern. Milliardär zu werden, indem man einen Onkel aus Amerika beerbt, was für eine willkommene Träumerei! Aber ist das möglich? Indem du es erhoffst, nimmst du an, dass dein Vater einen Bruder gehabt hat, der zurzeit in Amerika ist und Milliardär ist … Das gehört nun aber nicht mehr zum Möglichen, das gehört zum Wahren oder Falschen. Bei der nächsten Ziehung in der Lotterie zu gewinnen! Ob ich nun ein Los genommen habe oder nicht, meine Träumerei vom Millionärsanwärter bleibt absolut und ontologisch gleich. Es fällt mir nicht schwerer, mir vorzustellen, dass mein Los gewinnt, und mir auch noch vorzustellen, dass ich ein Los habe. Aber wenn ich keines habe, weiß ich, dass meine Träumerei das Wirkliche modifiziert; und ich sage: Das ist unmöglich. Wenn ich eines habe, modifiziert meine Träumerei nichts – außer vielleicht eine unergründbare Zukunft. Ich sage daher, dass es eine Möglichkeit gibt. Der Unterschied liegt hier zur Gänze im Grad der angenommenen Modifikation des aktualen Wirklichen; und die Möglichkeit drückt nicht mehr aus als eine gewisse Anpassungsfähigkeit des Imaginären an das Wirkliche.

Aber der interessanteste Fall betrifft das, was man die absolute Möglichkeit nennen könnte. Von irgendeiner bestimmten Figur, irgendeinem bestimmten Wesen, irgendeinem bestimmten Ereignis wird man sagen: Es ist an sich, unabhängig von jeglicher Referenz auf das Aktuale, möglich. Ich weiß, dass es niemals Zentauren oder Faune gegeben hat, dass es sie niemals geben wird. Aber anatomisch (siehe weiter oben) ist der erste unmöglich, der zweite jedoch möglich.

Was heißt das, außer dass der zweite in groben Zügen konform mit bestimmten morphologischen Gesetzen des Lebens ist und der erste nicht? Ein Imaginäres kann gemäß einer gegebenen Kosmologie strukturiert werden oder nicht – aber auf willkürliche Art und Weise. Willkürlich, da das Gesetz über das Imaginäre selbstverständlich nicht so bestimmt, wie es über sein Modell bestimmt. Als imitative Forderungen, die von einem ontischen Typus übernommen werden, der aus einer positiven Kosmologie entnommen wird, haben sie alle Zusatzcharakter. Die „absolute Möglichkeit" ist also diese besondere Stilistik des Imaginären: die willkürliche und zusätzliche Konformität mit einer gegebenen ontischen und kosmischen Konditionierung.

Das erklärt, warum das Mögliche wirklicher erscheint oder als sich der Existenz stärker annähernd als das Imaginäre im Allgemeinen. Natürlich nähert es sich ihr weder stärker noch schwächer an. Es ist eine Unter-Spielart des Imaginären, das selbst eine Spielart des ontischen Modus ist. Aber es simuliert andere Spielarten ziemlich gut, von denen man es gewohnt ist, sie als wirklicher zu behandeln.

§ 61. Was das Imaginäre im Allgemeinen betrifft, erkennt man, dass sein spezieller Modus der Existenz (außer in diesen Simulationen) in seiner vollkommenen Aufhängung am Grundphänomen liegt. Es trifft zwar zu, dass diese Simulationen mehr oder weniger weit (und manchmal sehr weit) in die Kosmizität vordringen können; dass die Imaginären sich auf eine solche Weise organisieren können, dass sie ein mehr oder weniger dauerhaftes Universum des Diskurses setzen können – und das zum Beispiel eine bedeutende soziale Positivität hat. Wir denken dabei weniger an das literarische oder künstlerische Universum als an bestimmte Mythen, die hinlänglich wirken können (vgl. Theorie des Mythos in Sorel [1908] 1928), um in der Welt der konkreten gewöhnlichen Repräsentation inkorporiert zu werden. Aber dann sind sie keine reinen Imaginären mehr und kleiden sich in eine andere Gattung der Existenz ein.

◆

§ 62. Gehen wir einen Schritt weiter.

Das Imaginäre (und das Mögliche als sein Unterprodukt) bleibt doch aus einem bestimmten positiven, namentlich psychologischen Stoff gemacht, so gebunden an die phänomenale Existenz und so abhängig es auch von ihr ist. Es ist solcher Stoff wie der zu Träumen.

Gibt es einen Modus der Existenz, in dem es (abgesehen von diesem Ansatzpunkt, der ihn einer anderen Existenz unterordnet) überhaupt keinen Stoff gibt; eine Existenz, die aus einem Stoff aus reinem Nichts zugeschnitten ist?

Ja: die virtuelle Existenz.

Wir werden uns nicht bei ihr aufhalten, da wir sie anderswo lange behandelt haben (Souriau 1938). Begnügen wir uns damit, das Wesentliche hervorzuheben.

Zu sagen, dass ein Ding virtuell existiert – heißt das, zu sagen, dass es nicht existiert? Keineswegs. Aber es heißt auch nicht, zu sagen, dass es möglich ist. Es heißt, zu sagen, dass es von irgendeiner Wirklichkeit konditioniert wird, ohne dass es in ihr enthalten ist oder in ihr gesetzt wird. Es vervollständigt sich im Äußeren, schließt sich in sich selbst in der Leere eines reinen Nichts. Der Bogen der eingestürzten oder erst begonnenen Brücke lässt den fehlenden Anfänger hervortreten. Die oben auf den Säulen unterbrochene Kurve der Rippen lässt im Nichts den abwesenden Schlussstein hervortreten. Die sich allmählich abzeichnenden Konturen einer Arabeske setzen virtuell die gesamte Arabeske. Wie im Imaginären gibt es in Bezug auf die Abalität eine Aufhängung an eine beliebige Wirklichkeit; aber eine Vollendung in einer Repräsentation, Vorstellung oder in einem Traum ist weder notwendig noch präsent.

Eine Menge von Entwürfen oder Anfängen, lückenhaften Anzeichen, lassen rund um eine winzige und veränderliche Wirklichkeit ein ganzes kaleidoskopisches Spiel an Wesen oder an Monumentalitäten hervortreten, die niemals existieren werden; die keine andere Wirklichkeit haben, als im Voraus oder hypothetisch konditioniert zu sein, mitunter mit einer vollkommenen

Genauigkeit in ihrem Stoff aus Nichts bestimmt. Ein Modus der Existenz, der besonders reich ist an einer Vielzahl von Anwesenheiten, die Abwesenheiten sind. Auch ein besonders ökonomischer Modus der Existenz: Eine Klaue des Löwen genügt der virtuellen Existenz des gesamten Tieres; „der blutbefleckte und nackte Fußabdruck der Liebe im Sand" genügt, um den geheimnisvollen Passanten in der Zwischenwelt, am Rande des Seins hervortreten zu lassen.

Besonders das Innenleben besitzt Anwesenheiten dieser Art im Überfluss. Seine wertvollsten Reichtümer sind aus ihnen gemacht, seine Schätze sind aus eben dieser Welt.

Und man beschwöre hier nicht die phänomenologische „Intention". Sie ist davon nur ein Spezialfall und im übrigen gleichzeitig mit einem Logizismus und einem Psychologismus behaftet: der Fall, in dem sich der Ansatzpunkt der Virtualität in einer phänomenalen Vektion konkretisiert, in einem Schwung in Richtung einer Vollendung, mit der tatsächlich begonnen wird oder die sich schon in einem mehr oder weniger vagen Symbolismus ausdrückt. Aber die eingestürzte Brücke, die niemand wieder herzustellen versucht, lässt den Anfänger des unterbrochenen Gewölbes ebenso hervortreten wie denjenigen, der sich tatsächlich und aktiv in Bau befindet. Die Brücke, die niemand zu erbauen gedenkt, deren Möglichkeit man nicht einmal kennt; aber deren Materialien alle da sind, und deren Natur, Spannweite und Form als einzige Lösung eines Problems vollkommen bestimmt sind – eines Problems, dessen Ausgangsmaterial vollendet und unbeachtet ist – diese Brücke existiert mit einer virtuellen Existenz, die positiver ist als diejenige, die begonnen wurde und deren Vollendung durch einen Fehler oder eine Unzulänglichkeit in der Planung unmöglich wird.

Denn man täusche sich nicht: Es gibt unerfüllbare Intentionen, nicht zu vollendende Vektionen; sie stehen mit keiner virtuellen Existenz in Verbindung. Damit es dort Existenz gibt, braucht es sehr wohl etwas anderes als einen Schwung und eine Intention: Ein Harmoniegesetz muss das mutmaßliche Wesen architektonisch in sich schließen; diese begonnenen, in die Leere geworfenen Kurven müssen sich sammeln und sich in der Leere zu einem Virtuellen ordnen, das in diesem Modus wirklich existierend ist. Und gewiss ist eine Seele deshalb vor allem eine Harmonie. Die Seele, die wir nicht haben, die wir aber haben könnten, besteht in ihrer Virtualität aus der Harmonie, die in Akkorden das koordiniert, dessen Entwurf einer inneren Melodie einen Augenblick lang die unterbrochene Kontur gezeichnet hat.

Und wir leben umgeben von einem Wald aus unbekannten Virtuellen, von denen einige vielleicht bewundernswert, dazu geeignet sind, uns auszufüllen, und die wir nicht einmal zu betrachten, zu verwirklichen gedenken – und wäre es auch nur im Traum, in der Kladde des Imaginären. Und wir tragen unsere

Intentionen anderswohin, in Richtung des nicht zu vollendenden Absurden, in Richtung von Monstren.

Der Unterschied – innerhalb der Intentionalität zum Beispiel – zwischen dem Erfüllbaren und dem Unerfüllbaren (und zwar unerfüllbar nicht mangels Kraft oder Eifer, sondern weil das Unternehmen absurd oder selbstzerstörerisch ist), genau in ihm liegt die Wirklichkeit des Virtuellen und er macht aus diesem einen Modus der Existenz.

◆

§ 63. Die virtuelle Existenz ist daher von einer extremen Reinheit, einer extremen Geistigkeit. In gewisser Hinsicht könnte man sie als Läuterung des Imaginären betrachten, aber das Virtuelle behält stets einen Charakter der Abalietät, der seinen Wert ein klein wenig schmälern kann; es braucht ein Auflager. Gerade das ist es, was es konstituiert und definiert. Es ist eine konditionierte Konditionierung, abhängig von einem Fragment der Wirklichkeit, das seinem eigenen Sein fremd und für es wie eine Beschwörungsformel ist.[54]

Kann man noch weiter gehen? Kann man sich eine absolut entmaterialisierte Existenz vorstellen, die aus unkonditionierten Konditionierungen besteht, welche befreit sind von jeglichem Ansatzpunkt, von jeglicher Aufhängung an eine beschwörende Wirklichkeit; welche jeglicher, selbst nur teilweisen, konkreten Einkleidung vorhergehend sind?

---

54   Es kann der Eindruck entstehen, dass die drei Begriffe des Imaginären, des Möglichen und des Virtuellen hier einander zu sehr angenähert werden. Doch das eben ergibt sich, so glauben wir, wenn man sie von einem rein existenziellen Standpunkt aus untersucht. Selbstverständlich gehen diese drei Begriffe weiter auseinander, wenn man sie vom Standpunkt der kritischen Erkenntnis aus in all ihrem philosophischen Bedeutungsgehalt rekonstruiert. Nach einer scharfsinnigen Bemerkung, die wir dem ersten Leser dieses Buches (É. Bréhier) verdanken, „bezieht sich das Imaginäre auf ein wirkliches Existierendes, das das imaginierende Ich ist; das Mögliche ist intrinsisch, völlig unabhängig von jeglichem wirklichen Existierenden; das Virtuelle ist das wirkliche Existierende selbst, das sich zu manifestieren beginnt. Sie werden überdies auf eine sehr unterschiedliche Art und Weise eingeführt: das erste in einem pejorativen Sinn (all das ist nur imaginär!), das zweite in einer logischen Diskussion, das dritte in der Metaphysik". Für das Mögliche gibt es subjektive und objektive Bedeutungen (siehe *Vocab. hist. et crit.*). Erstere (die Lachelier für missbräuchlich hält) werfen es noch weiter auf das Imaginäre zurück, zweitere auf die logische *lexis* oder sogar auf das Noumenale. Dem mathematischen Wahrscheinlichen schließlich gleichgestellt (Bedeutung B 3 des *Voc.*), gehört es nur noch der Ordnung der kritischen Erkenntnis an. Die Idee der „wahrscheinlichen Existenz" hat keinen eigenen existenziellen Gehalt: Sie misst gewisse präzise begriffliche Eigenschaften einer beliebigen (meist virtuellen) Existenz.

Ein sehr wichtiges Problem. Man wird entweder an rein rationale oder logische Wesen, an Formen ohne Materie oder an Essenzen denken; oder auch, und zuerst, an die noumenale Existenz (nach kantischem Stil).

§ 64. Der Ausdruck ist paradox. Etymologisch bezeichnet er, dass es um erkannte und gedachte Dinge geht (νοούμενα); sie würden somit als von psychischen Wirklichkeiten abhängig angenommen werden. In gewisser Hinsicht unterschieden sie sich von den Imaginären dann nur durch ihren allgemeinen und abstrakten Charakter. Sie wären gewissermaßen die Imaginären des Verstandes. In das Universum des Diskurses träten sie nur in dieser Form der rational Vorgestellten ein, als Wesen der Ideation, des Denkens in seiner psychologischen Aktualität.

Versucht man andererseits, sie von dieser Inhärenz zu befreien, um sie als absolut transzendent zu setzen, kann man nicht mehr über sie sprechen; sie sind (was auch immer sie in ihrem Modus der Existenz sein mögen) in ihrem Verhältnis zu uns gänzlich Unbekannte – da man sie als gesonderte nur insoweit setzt, als unser Denken sie nicht berührt, sie nicht erfasst.

Kant hat selbst – das ist wahr – einen Weg aufgezeigt, um diesem Dilemma zu entkommen. Wenn man jedem Diskurs über die Noumena nur diese positive, empirische und extrinsische Tatsache entgegenhält, dass sie für uns Unbekannte sind, vielleicht trennte sie von unserem Denken dann nur das Fehlen eines angemessenen Vermögens in uns, sie zu erfassen (die berühmte „intellektuelle Anschauung"). Man stellte also ihre Verbindung mit einem für diese Anschauung charakteristischen Phänomen sui generis als aktuale nicht in Abrede. Aber um sie zu setzen, genügte es, diese Anschauung in problematischer Hinsicht als eventuell zu setzen; oder, wenn schon nicht ihre direkte Anschauung zu finden, so wenigstens indirekte Zeugnisse. Die mathematische Entität, die sich in einer Existenz an sich unserer Anschauung entzieht, träte eventuell und indirekt durch die Regelmäßigkeit und die Universalität der Zwänge zutage, die sich im Laufe der diskursiven Argumentationen und Beweise entweder für unseren Verstand ergeben oder für die Figuren (nach Platon für beide zugleich). Die „Wesen der Vernunft" (vgl. weiter oben § 50), welche die ultramikroskopischen physischen Entitäten wären, lägen an sich außerhalb der Erfahrung (man kann sie experimentell nicht nachweisen, weil sie durch die Bedingungen des Experimentierens selbst modifiziert werden); aber man nähme sie als eventuell nachweisbar an, wenn sie eine neue Technik des Erscheinen-Lassens – da sie sie mit ausreichend Feingefühl berührt – mit dem Phänomen in Verbindung setzte, ohne sie umzustürzen. Im Übrigen sind sie mit diesem schon auf eine mehr oder weniger indirekte Art und Weise verbunden. Gott selbst – der noumenale Gott der Metaphysiker – wäre ebenso der gefühlte Gott der Mystiker, wenn indirekte Zeugnisse seine Anwesenheit sonst bestätigten oder wenn eine besondere Anschauung (die einigen

Privilegierten mit einem speziellen Sinn für das Göttliche vorbehalten wäre) ihn erreichen und zum Beispiel „im Herzen fühlbar" machen könnte.

In diesem Fall verlöre das kantische „Halt!", das über diese Unbekannten zu sprechen verbietet, jeglichen Wert. Ein unerschrockener Seefahrer – man denke an Nietzsches Ausruf: „Auf die Schiffe!" in der Fröhlichen Wissenschaft (Nietzsche 1887, Nr. 289) – könnte stets nach diesen Glücklichen Inseln segeln (wir denken an Gaunilo von Marmoutiers), die man uns als unentdeckt, deshalb aber nicht als unentdeckbar ausgibt. Auf dass sich ein neues Vermögen in uns öffne ...

§ 65. So verführerisch die Perspektive durch ihre Aufforderung zu einer Erweiterung des Denkens, zu einer Erneuerung in unserer Erkenntnis auch sein mag, so bleibt sie doch von dem Standpunkt aus unzureichend, der uns beschäftigt. Sicherlich erlaubte das, diese Noumena nützlicherweise in das Universum des Diskurses eintreten zu lassen, aber nur als problematische Existenz, was ganz und gar keine Art der Existenz ist, sondern nur der Auftakt eines sich auf die Existenz beziehenden Problems.

Die Wahrheit ist, dass, wenn man an die mögliche Isolation von ontischen Konditionierungen denkt, die außerhalb von jeglicher erlebter und phänomenaler Anwesenheit betrachtet werden, man an alles andere als an problematisch Existierende denkt. Man denkt an von jeder Existenz unabhängige Essenzen.

Zu Unrecht wirft man namentlich dem ontologischen Argument einen unberechtigten Übergang von der Essenz zur Existenz vor. Allerhöchstens geht es um eine Rückkehr. Die Wahrheit ist, dass es in jeder Betrachtung der Noumena einen Übergang von der Existenz zur Essenz gibt.

Da wir an die Existenz über das Phänomen herangegangen sind, haben wir nämlich gesehen, wie man von dort auf ontische Organisationen übergeht, und zwar zunächst auf die praktischsten und spontansten, auf die körperlichen Ontischen; dann auf die technischeren, die auf wissenschaftliche Disziplinen gestützten, welche sie rationalisieren, indem sie ihnen ein wenig von ihrer instinktiven und empfindbaren Solidität wegnehmen; von dort auf die Imaginären, dann auf die Virtuellen. Schließlich verlangen die vom Verstand Vorgestellten eine totale Trennung, die zu vollziehen ist, indem man entschlossen in die offene See des Phänomens sticht. Wenn aber diese Leinen einmal gerissen sind, inwieweit kann man dann noch denken, dass mit diesem letzten existenziellen Halt nicht auch jegliche Existenz schwindet? Gewiss müsste man für sie (und eben das drückt der Wunsch nach der intellektuellen Anschauung oder nach der problematischen Erfahrung aus) eine neue Gattung der Existenz finden und sie ihnen zuweisen. Inzwischen gibt es wohl ganz einfach die Privation der Existenz.

Diese kann sich in diversen Formen darstellen. Die Annullierung des existenziellen Parameters kann als Unterdrückung (oder Einklammerung) eines Attributs erscheinen. Die Existenz als Prädikat, das ist die These von Leibniz (vgl. Leibniz [1704] 1996, Teil IV, Anfang).[55]

Wenn man aus der Existenz nicht ein Prädikat macht, sondern die Setzung des Dings selbst (das ist die These von Kant, *Krit. d. rein. Vern.**, A 598), ist die Unterdrückung der Existenz gleichzeitig Weigerung, das Ding zu setzen. Sicherlich kann man dann von der Existenz [als Setzung des Dings, Anm. d. Übers.] absehen und sie das Ding betreffend aufschreiben, als eine Affirmation, dass „das Universum des Diskurses nicht null ist".[56] Aber das heißt, die Existenz durch ein logisches Symbol der Existenz zu ersetzen. Das auf diese Weise als Objekt dieser Affirmation betrachtete Ding ist sehr wohl ein Wesen oder ein Diskurs, die unabhängig von jeder Affirmation oder jeder Negation betrachtet werden. Es ist die reine lexis.[57] Eine lexis, die Aussage eines Systems von Relationen, die unabhängig von dem Akt betrachtet werden, der dieses System als existierendes affirmieren oder negieren kann, das ist das äußerste Residuum, zu dem wir über diesen Weg gekommen sind.

Abermals könnte man in der Folge danach forschen, ob eine neue Gattung der Existenz diese blutleeren Gespenster nicht auferwecken könnte, sie wiederbeleben könnte wie mit jenem Blut, das Odysseus den Toten zu trinken gibt. Jenseits von jeder Angliederung an das Phänomen, jenseits von jeder aktualen Setzung oder Ideation, selbst jenseits einer Anschauung oder einer ideellen Determination gemäß den eigentlich phänomenologischen Wegen,[58] wenn schließlich jeder Modus des Ontischen schwindet, kann man fragen, ob nicht etwas Neues eintreten kann, das ihnen wieder neuen Auftrieb geben wird, um zu existieren. Unterdessen kann es scheinen, dass sie zwischen dem Moment, wo sie sich so auflösen – frei von allem, was ihnen zunächst Halt gegeben hat – und demjenigen, wo sie wiedergeboren werden, nach einer Transfusion mit neuem Blut, einen Augenblick lang sie selbst an sich selbst in dieser Zwischenwelt der Existenz fortbestehen. Aber eben das ist die Illusion eines Grenzmoments.

---

55 Man könnte ihr Russel gegenüberstellen (Whitehead und Russell 1925, 427), insofern er die Existenz (darin vom Sein verschieden) als Eigenschaft von bestimmten Klassen von Individuen betrachtet.
56 Vgl. Couturat 1905, § 20. Ihr Symbol ist: 1 ⊲ 0.
57 Eine kleine Schwierigkeit des Vokabulars: Manchmal (Goblot 1918, § 50) hat man jene Aussagen „virtuelle Urteile" genannt, die in ihrem Inhalt unabhängig von jeder Affirmation oder Negation betrachtet werden, wie in dem lateinischen Satz: *sapientem solum esse beatum*. Hier gibt es nichts Gemeinsames mit dem existenziellen Virtuellen, wie es weiter oben beschrieben worden ist. Die Ausdrücke *dictum* oder *lexis* vermeiden diese Zweideutigkeit.
58 Über den Begriff der ideellen Existenz im phänomenologischen Sinne siehe speziell: Maximilian Beck 1928/1929.

Was heißt das, außer dass wir hier sehen, wie sich die Existenz, so wie wir an sie herangegangen sind, völlig auflöst; dass wir an die Grenzen der als Erstes erforschten Welt – derjenigen des Ontischen – gelangt sind?[59]

Abteilung II

§ 66. Weder können, noch wollen wir dem Problem der transzendenten Existenz ausweichen. Dieses aber sei wohl verstanden: Es geht nicht darum, das Ontische bis in die Leere, über seine Verwachsungen mit dem Phänomen und der Erfahrung hinaus zu verfolgen. Ein Fehler von so vielen Metaphysikern – und gewiss der Phänomenologie. Es geht darum, etwas aufzufinden (wie man einen Schatz „auffindet"); positive Modi der Existenz zu entdecken, die uns mit ihren Siegespalmen entgegengehen, um unsere Hoffnungen, unsere Intentionen oder unsere problematischen Spekulationen aufzunehmen, um sie aufzufangen und aufzurichten. Alle andere Forschung ist metaphysischer Hunger.

§ 67. Erste Hoffnung. Man wird sagen: Bevor wir einen neuen Forschungskreislauf aufnehmen, können wir, wonach wir suchen, nicht in eben dem Kreislauf finden, den wir schon durchlaufen haben, indem wir einfach seine Ordnung modifizieren; indem wir uns von diesem Einsatz, der vom Phänomen aus erfolgte und nicht verpflichtend war, befreien?

Das Ding Mensch, das Ding Blume, das Ding Theorem, sind sie als Systeme – außerhalb von jeder phänomenalen Erscheinung – nicht ausreichend konstituiert, um Existenz zu repräsentieren?

Denn schließlich sind diese Rahmen, diese Schablonen aus Relationen so skelettartig, wie wir sie letzten Endes auch vorgefunden haben – nicht nichts. Haben sie selbst von einem bestimmten Standpunkt aus nicht alles, was die

---

[59] Man muss die eigentlich logischen Schwierigkeiten festhalten, die diesem Schwinden inhärent sind (wie auch physikalische oder vielmehr mikrophysikalische Schwierigkeiten dort auftauchten, wo die körperliche Existenz schwindet). Wir werden von ihnen eine der sonderbarsten anführen: den Streit der Logiker über jene merkwürdige Meinung (vertreten von McCall, Venn, J. Jorgensen, usw.), derzufolge die universalen Sätze die Existenz ihres Objekts tatsächlich nicht implizierten; die partikulären Sätze tun es aber doch. Darüber bemerkt Bradley humoristisch Folgendes: Wenn man sagt, „alle Kobolde haben grüne Hosen", impliziert man die Existenz von Kobolden nicht; man affirmiert sie aber, indem man hinzufügt, „und einige haben eine rote Mütze". – In Wirklichkeit beruht die Spitzfindigkeit auf einer Frage des verbalen Ausdrucks. Die traditionelle Logik vermeidet all diese Schwierigkeiten, indem sie schreibt, wie es sich gehört: Jeder Kobold hat grüne Hosen; irgendein Kobold hat eine rote Mütze. Eben die Schreibweise im Plural – „einige unter ihnen" – ruft das betrachtete Phänomen hervor; indem sie an die Imagination mit ihrer Konkretheit appelliert, und zwar so, wie diese die Vielheit der Wesen verwirklichen kann. Es gibt daher eine Verschiebung der logischen Existenz auf die imaginäre Existenz. Diesbezüglich kann man so manche Unsicherheit gewisser Logiker, vor allem aus Cambridge, beobachten.

Existenz definieren kann – zum Beispiel sogar das lokale oder temporale Zeichen, das intrinsische hic und das intrinsische nunc, die kollokativen Relationen; oder auch die consistency?

Der Fall der göttlichen Essenz im ontologischen Argument ist wohl der auffälligste. Aber man könnte ebenso viele aus der gesamten Ontologie aufzählen. Ist nicht jedes Ontische schon genug, um eine Art und Weise zu sein, einen eigenen Modus der Existenz hervortreten zu lassen? Und wenn dieser sich nicht mit einer Immanenz von der Ordnung des Phänomens oder der Erfahrung abfindet, dann muss er doch als sich in der Ordnung des Transzendenten setzend betrachtet werden. Reicht das nicht, um die transzendente Existenz zu definieren?

Das Argument kann spitzfindig scheinen. Man muss wohl zugeben, dass es stark ist. Die göttliche Essenz, wird man zum Beispiel sagen, kam soeben (das Noumenale betreffend) als eine auf problematische Art gesetzte vor. Aber so, wie sie hier ist, definiert sie ein Existieren, eine Art und Weise zu sein – das göttliche Existieren. Dieses problematische Existieren können Sie nun aber weder affirmieren noch negieren. Und insofern, als es hypothetisch gesetzt ist, kann es nicht in die Rahmen der Erfahrung oder des Phänomens zurückkehren – weil es zu seiner Essenz gehört, es nicht zu können. Gott manifestiert sich nicht in seiner Essenz; wäre dem nicht so, inkarnierte er sich im Phänomen oder in der Welt; er gehörte zur Welt. Er übersteigt sie nun aber, er unterscheidet sich von ihr; sein Existieren entwickelt sich neben ihr und außerhalb von ihr. Sein Existieren wird folglich als transzendente Existenz definiert. Ob Sie es wollen oder nicht, Sie definieren diesen Modus der Existenz. Indem Sie ihn annehmen, setzen Sie ihn (und wäre es nur problematisch) als definierten Modus. Eben das ist es, was es an Starkem, was es an Unausweichlichem im Herzen des ontologischen Arguments gibt.

Das ist unleugbar. Man kann es übrigens auch auf andere Art und Weise prüfen. Man kann sagen: Indem Sie sich des ontischen Universums der Repräsentation angenommen haben (vgl. weiter oben § 16 und weiter unten § 82 und 84), haben Sie sich Gottes angenommen. Denn er kommt darin vor. Er repräsentiert den besonderen Modus der Existenz, der ihm angemessen ist und den sein Ontisches definiert. Einen transzendenten und sogar absoluten Modus. Es ist nun an Ihnen, zu beweisen, dass man ihn ausstreichen muss, dass diese Existenz keine ist, dass sie mit nichts übereinstimmt. Die Beweislast liegt bei Ihnen.

Darüber lässt sich nicht streiten.

§ 68. Doch täuschen wir uns nicht. Womit haben wir es hier zu tun? Mit einem Anspruch auf Existenz. Ontische Status, reduziert auf den Zustand der lexis, reine Wesen der Vernunft – frei von dem, was sie zu Seienden machte – verlangen zurück, was man ihnen genommen hat. Es geht nur darum, ihnen

Rückerstattung zu leisten. So auch den mathematischen Entitäten.[60] Der Kreislauf, von dem man sie als Essenzen isoliert, enthielt sie im Zustand von Seienden; und wenn man die Identität richtig begreift, die diese Existenz als an sich vorhergehend (§ 47) im Verhältnis zu allen kosmischen Kollokationen der Erscheinung und der Manifestation gründete, braucht es keine transzendente Modalität, um diese Existenz zu gründen. Ebenso verhält es sich mit dem Ich. Seine Identität gründet es innerhalb der Phänomenalität, in der es unter diesem Aspekt der Egoität erscheinen kann, der einer der seinen ist, und sie bildet seine Existenzgrundlage ohne Inanspruchnahme des Noumenalen und des Transzendenten.

Genauso ist es mit dem Großteil der wirklichen Essenzen. Obgleich man ihnen aus der Welt hinaus folgen kann, und zwar über eine vorübergehende Transzendenz, die ihnen auch, wie man gesehen hat, das Existieren entzieht, genügt es, um ihnen dieses Existieren zurückzuerstatten, sie wieder mitten in die Welt herab zu holen, wo sie auf essenzielle Art und Weise sind. So wie der Aufbau der Tonleiter den Quintenzirkel in das Innere der Oktave herabholt, obwohl dieser Zirkel sie von seiner Struktur her zu verlassen und sich unendlich weit von der Anfangssituation des Grundtons zu entfernen scheint.

Das Bedürfnis nach Transzendenz stellt sich nur für die Existenzen ein, die nicht auf diese Weise herabgeholt werden können, weil sie der Größe nach die Oktave der Welt überschreiten oder sich mit ihrem Inhalt nicht decken können. Eine solche wäre namentlich die göttliche Existenz; und es gibt vielleicht nicht viele weitere metaphysische Beispiele, die zu erwähnen sind.[61] Ist die Idee in dieser Form brauchbar? Ja, zweifellos. Aber geben wir darauf Acht, dass sie auf eben jener Annahme beruht, dass ein göttliches Existieren definiert wird. Und nicht verbal definiert wird (Ich nenne Gott das unendliche und vollkommene Wesen ...), sondern wirklich; und wäre es auch nur auf eine gänzlich virtuelle Art und Weise (was eine Gattung der Wirklichkeit ist) über die unvollkommene Vorstellung, die wir uns von ihm bilden.

Das ontologische Argument wird dann ein Übergang nicht von der Essenz auf die Existenz oder von der Existenz auf die Essenz sein, sondern von einem Modus der Existenz auf einen anderen; zum Beispiel von dieser virtuellen Existenz (oder von dem, was Descartes objektive Existenz nannte) auf eine aktuale (oder, im kartesischen Stil, formale) Existenz, oder welcher Modus der Existenz es auch sein mag, den man im folgenden Schluss affirmieren will:

---

60 Es ist nicht erstaunlich, dass ihr Schicksal gemeinsam mit demjenigen der theologischen Entitäten diskutiert wird; eine Ähnlichkeit, die von Paul Schrecker betreffend Malebranche gut aufgezeigt wird: Schrecker 1938, 215 f.
61 Bliebe noch die Möglichkeit, danach zu suchen, ob die zwischenontischen oder morphematischen Einkleidungen der Existenz nicht eine Art Wiedereinsetzung Gottes in die Oktave der Welt erlaubten, ohne Deckungsgleichheit mit ihr und ihrem ontischen Inhalt. Es scheint, dass Bergson Gott von dieser Seite her suchte.

Gott existiert. Es ist der Übergang von einem Modus auf den anderen, der das Argument konstituiert. Auf jeden Fall setzt es voraus, dass eine positive Antwort in Form eines konkreten, wirklichen Urteils auf die Frage: „Worum geht es?", „Was ist das Göttliche?" gegeben worden ist; und dass von diesem – wenigstens – ein Modell, eine Ahnung, eine Konzeption, ein Beispiel gegeben worden ist; dass es irgendwie zur Diskussion gestellt, in Bewegung, zur Wirkung, in Anwesenheit gebracht worden ist; dass es vor Gericht erschienen ist; dass es „seinen Prozess führt", wie es Hiob von ihm forderte.

Furcht erregende Forderung. Einzelne antworten; unter den Philosophen – einzelne halten sich das Göttliche entgegen – lassen diejenigen, die es wagen (ein Augustinus, ein Malebranche, ein Pascal), das WORT sprechen. Im Allgemeinen könnte man sagen, dass das Göttliche seinen Prozess im Universum des menschlichen Diskurses nur auf diesen einigen zwanzig Seiten aller Schriften sämtlicher Religionen führt, in denen man den Eindruck haben kann, einen Gott als Gott zu vernehmen. Und zwanzig ist schon viel. Vielleicht gibt es von ihnen im Ganzen fünf. Aber man müsste auch die gesta Dei berücksichtigen. Zum Beispiel berücksichtigen, dass der menschliche Lehm (Gefühle, Gedanken und vor allem Ereignisse eines Lebens) auf eine solche Art und Weise geknetet werde, dass er darin die Hand eines Gottes wiedererkenne …

Denn man denke daran, das Problem stellt sich nur, wenn das Subjekt, von dem man affirmiert: es existiert, vor Gericht erschienen ist – wie viele theologische oder metaphysische Spekulationen, in denen es auf gar keine Art und Weise vorkommt!

§ 69. Aber vertiefen wir das Problem noch weiter.

In solchen Darstellungen ist von einer Transzendenz im Sinne einer existenziellen Exteriorität noch überhaupt nicht die Rede. Allerhöchstens könnte man hier von einer Art moralischer Transzendenz sprechen, von einer Veränderung der Größenordnung oder des Wertes, was einer anderen Gruppe von Ideen zuzurechnen ist.[62] Wenn es hier bis zu einem bestimmten Punkt einen Übergang gibt, von einer menschlichen Größenordnung auf eine höhere, so lässt uns das in der Frage, ob dieses Göttliche nicht eine menschliche Basis hat, völlig im Unklaren; ob dieses von außerhalb kommt oder ob es um den Menschen geht, der, in seinem Denken oder in seiner Erfahrung, gerade dabei ist, göttlich zu werden. Um das: „es existiert", welches das zweite Glied des Urteils ausmacht, mit Recht in einem transzendenten Sinn zu verstehen, müsste man sich anderer Spekulationen bedienen.

Welcher?

Viele Möglichkeiten bieten sich an.

---

62 Diese wird im letzten Kapitel aufgegriffen.

§ 70. Eine der einfachsten, die diese Passion, dieses göttliche Leiden betrifft, von dem gerade gesprochen wurde, bestünde darin, jenes manchmal als Axiom[63] dargestellte Postulat in Erinnerung zu rufen, dass alles Leiden eine Handlung voraussetzt, jedes Patiens ein Agens – wie jedes Tal einen Hügel voraussetzt oder jeder Verkauf einen Ankauf. Was heißt das, außer dass sich der gesuchte Übergang in der zwischenontischen Form der Kategorie der Gemeinsamkeit oder der Gegenseitigkeit vollziehen wird – in jener des Miteinanderseins*. Darin wird die Existenz eingekleidet werden, welche die Wirklichkeit dieser Transzendenz ausmacht. Natürlich wird der Übergang das wert sein, was das Axiom wert ist; die Kritik hat hier einiges, woran sie sich üben kann. Aber das ist nicht unsere Sache. Das Ziel war es, in diesem „thematischen Versuch" zu zeigen, über welche Arten von Operationen man auf problematische Art und Weise versuchen kann, Transzendenzen hervortreten zu lassen, die Exteriorität implizieren. Sie, und genau das galt es zu zeigen, setzen eine Veränderung in der Natur der Einkleidung der Existenz selbst voraus. Man verlässt hier den ontischen Modus. Es geht nicht darum, wenigstens nicht unmittelbar, das definierte essenzielle Ontische als transzendent zu setzen; sondern von ihm auf einen andersartigen Modus der Existenz überzugehen; und in diesem speziellen Fall auf diese morphematischen Einkleidungen, die der Gegenstand der dritten Abteilung dieses Kapitels sein werden.[64]

§ 71. Eine andere Möglichkeit bietet sich auf einer, was den allgemeinen Gegenstand unserer Studie betrifft, noch interessanteren Grundlage an. Es handelt sich um die Idee der Existenz für-sich.

Man wird sagen: Für dieses Göttliche, das also auf problematische Art und Weise in unserem Denken anwesend ist, ist es ausgeschlossen, von einer Existenz an sich zu sprechen. Ohne den bis hierhin durchlaufenen Kreislauf zu verlassen, finden wir in ihm noch die Erfahrung eines Modus der Existenz, der, wenn man es genau bedenkt, genügt, um diese gesuchte Transzendenz zu verwirklichen.

In der psychischen Ordnung sind wir auf diese Existenz gestoßen. In dem Maße, wie wir Personen sind, existieren wir für uns selbst. Und wenn wir es verstehen, uns in diesem Modus der Existenz zu konstituieren, sind wir von jeder Abhängigkeit vom Anderen und vom Anderswo, von jeder Abalietät kuriert. In einer universalen Vorstellung von diesem Modus der Existenz werden wir nun aber dazu gebracht, ihn in dem Maße auch bei anderen

---

63 Vgl. Descartes am Beginn von *Die Leidenschaften der Seele* (Descartes [1649] 1996); und scholastische Quellen in Gilson 1913.
64 Ein anderes Beispiel für dieselbe Tatsache ist das *kausale* Argument der Idee von Gott in uns über das Axiom, das bei Descartes vorkommt: „Es muss in der wirksamen und gesamten Ursache mindestens genauso viel Wirklichkeit geben wie in ihrer Wirkung." Hier dient die Ursache-Wirkung-Beziehung als Synapse für die Bewegung der Transzendenz.

Personen zu erkennen, wie wir sie denken, und zwar nicht für uns, sondern für sie. Ist das nicht die Art und Weise, auf die sie die Liebe denkt? Im Tête-à-Tête mit Gott verwirklichen wir, ohne unsere Erfahrung zu verlassen, seine Transzendenz, wenn wir es verstehen, dieses Für-sich von Gott in unserem Dialog zu spüren; oder auch ein Für-ihn von uns selbst, das sozusagen das Gravitationszentrum dieses Tête-à-Tête von einem architektonischen Standpunkt aus verändert.[65]

Weniger denn je geht es um Argumentation und Spekulation: Es ist die tatsächliche Verwirklichung dieser Akte oder dieser dialektischen Momente, die weniger eine Transzendenz verwirklichte als (wenn man so sagen darf) eine Transzendentalisierung des entgegengehaltenen Göttlichen. Sie beruht, wie man sieht, zur Gänze auf dieser architektonischen Transformation des Systems, die ein Paar, in dem Gott vom Menschen abhängt, durch ein anderes Paar ersetzt, das aus den gleichen semantischen Elementen gebildet wird, in dem es aber nunmehr der Mensch ist, der (um mit Exaktheit zu sprechen) morphologisch von Gott abhängt.

In ihrem Kern haben wir die Stichhaltigkeit und den Wert dieser Ideen nicht zu kritisieren.[66] Uns interessiert vielmehr ihre Tragweite hier. Sie zeigen uns nicht eine transzendente Existenz, sondern eine transzendentalisierende architektonische Transformation des Modus der Existenz. Das betrachtete Faktum der Existenz kleidet sich hier wieder in ein zwischenontisches Verhältnis; das Ver-

---

65   Wie man weiß, ist der Ausdruck der Existenz-für-sich hegelianisch; und er enthält insofern sogar einen Germanismus, als das *für-sich** eine gewisse Idee einer getrennten Existenz impliziert (vgl. zum Beispiel auch Lotze 1909, 535). Wie dem auch sei, Renouvier hat ihn von Hegel unverändert übertragen und an Hamelin weitergegeben (vgl. Hamelin [1907] 1925, Kap. V, 2, S. 356–357); bei ihm wird der Unterschied zwischen der Existenz an sich und der Existenz für sich in Bezug auf das „aktive System" gesetzt. „Wir haben für es einen Modus der Existenz aufzufinden, der uns nicht auf ein anderes verweist und doch nicht die Existenz an sich sei ... Alles freie Sein ... ist für es selbst." Man könnte das übrigens Maine de Birans Kritik der „Existenz für mich" und der Existenz an sich im Cogito gegenüberstellen (Maine de Biran 1937). Das Problem eines Gottes *für mich* und *in mir* kehrt schließlich häufig im *Metaphysischen Tagebuch* von Gabriel Marcel (Marcel [1927] 1955) wieder. – Wir würden ziemlich bereitwillig glauben, dass der wahrhaftige Glaube sich nicht in: „Gott für mich", sondern in: „Ich für Gott" ausdrückt; in einem für-Dich oder sogar einem für-Ihn des ganzen Wesens, das selbst mit Rückkehr zur Welt gültig bleiben würde. Vielleicht gilt das auch für die wahrhaftige Liebe.

66   Die Kritik ist im Übrigen einfach. *Wenn* die Operation wahr ist, wenn sie in ihrer lebendigen Wirklichkeit ausgeführt wird, führt sie für eine Seele dazu, *ihren* Gott in seiner Wirklichkeit im Verhältnis zu ihr zu setzen. Indem sie sich selbst als Person opfert, nimmt sie die Personalität *dieses* Gottes auf sich. So erhält sie ihren Lohn – oder ihre Strafe. Sie hat, was sie wollte. Sie hat den Gott, den sie verdient hat. Bilden nun all diese Götter – all diejenigen der *wirklichen* Mystiker oder der *wirklichen* Gläubigen – einen einzigen Gott oder sogar Gott; und zu welchen Bedingungen? Das ist wieder ein Problem zweiten Grades, ein Problem der Überexistenz. Jedenfalls wird das Problem der Theodizee sicherlich über solcher Art Wege *wirklich* aufgeworfen; und nicht über *flatus vocis* von Metaphysikern oder Theologen.

hältnis der architektonischen Subordination – der „Komposition" (im ästhetischen Sinn des Ausdrucks) könnte man sagen –, das die korrelative Situation zweier Elemente ausmacht, deren Verhältnis sich verändert. Die Musiker werden das verstehen, indem sie an eine „enharmonische Modulation" denken: diese Folge von zwei Akkorden, die substanziell aus denselben Noten bestehen, deren Folge aber einen Tonartwechsel vornimmt, weil die Note, die im ersten als Grundton klang, nur noch als Dominante klingt oder als Septime usw.; das ganze innere Gleichgewicht wird also kaleidoskopisch modifiziert, ohne Modifikation der Terme.

§ 72. Schluss: Es gibt insofern keine transzendente Existenz, als sie kein Modus des Existierens ist. Die problematische Transzendenz muss von einer wirklichen, der problematischen Entität zuzuweisenden Existenz begleitet werden, und das allein ist es, was ihr ihre Existenz bildet; wobei dann die Tatsache der Transzendenz in keiner Weise konstitutiv und modal ist.

Aber es gibt Tatsachen der Transzendenz: Übergänge von einem Modus der Existenz auf einen anderen. Und in denjenigen, die wir gerade thematisch geprüft haben, wird die Transzendenz als Übergang, aktive und wirkliche Veränderung, gerade in dieser modalen Innovation kenntlich: der Einkleidung der Existenz in die Modulation selbst und im Allgemeinen in den Übergang, in die zwischenontische Verbindung; in die Zwischenwelten der ontischen Existenz.

Das ist die letzte Gruppe der Modi der Existenz, auf welche uns noch ein Auge zu werfen bleibt.

Abteilung III

§ 73. Ziemlich am Anfang dieser Studie haben wir einen philologischen Vergleich eingeführt, indem wir an den Gegensatz erinnerten, den die Linguisten im Diskurs zwischen den „Semantemen" (Substantiva, Adjektiva, „Elemente, die die Ideen der Repräsentationen ausdrücken") und den „Morphemen" (diejenigen, die die Beziehungen zwischen den Ideen ausdrücken)[67] machen. Die erste Abteilung dieses Kapitels hatte die Absicht, sozusagen die Ordnung der existenziellen Semanteme zu bilden. Und die beiden in der zweiten in Aussicht genommenen „thematischen Versuche" über Transzendenz zeigten die Existenz, wie sie in das übergeht, was man über eine vergleichende Darstellung als Morpheme betrachten kann.

Eine bedeutende Veränderung in der Grundlage des Seins selbst. Ist sie, insofern sie einer vollständigen Auffassung von der Existenz von Grund auf inhärent ist, notwendig, ist sie vertretbar?

War das eigentlich vertretbar, was wir zuvor gesehen haben?

---

67 Vgl. Vendryès 1921, 86. Siehe auch weiter unten § 76.

Ja gewiss, wenn man die Gesamtbedeutung dieser Vielheit der Existenz richtig verstanden hat. Die Existenz ist fragmentarisch, weil sie sich in vielen verschiedenen Punkten gleichzeitig abzeichnet und so von Grund auf diskontinuierlich und lückenhaft bleibt. Genau das ist es, was man nicht aus dem Blick verlieren darf, um die Existenz so zu sehen, wie sie ist. Und doch stellt jeder dieser Einsätze, jedes incipit der immer neuen Melodie der Existenz etwas Überraschendes und immer Bewundernswertes dar: das lokale Gelingen eines Versuchs in der Kunst des Existierens. Wie man gesehen hat, setzt diese Kunst voraus, dass ein ganz bestimmter Modus der Existenz gefunden und angewandt wird – gleich einer künstlerischen Idee, die sich, um zu sein, entschieden hat, Roman oder Gedicht, Gemälde oder Statue, Kathedrale oder Symphonie zu werden. Das Erstaunliche, könnte man sagen, ist, dass von diesen Modi insgesamt so wenige existieren. Und das liegt sicherlich weniger an der Möglichkeit der Vereinheitlichung als an der Kargheit der Ressourcen – als, wenn man so sagen kann, an der Bequemlichkeit einer ontagogischen Imagination, die sich unbegrenzt mit drei oder vier Typen von Werken zufrieden gibt. Nicht weil sie reichten, sondern aus Armut und vielleicht Gewohnheit des Seins heraus. Allerdings ist es wahr, dass man mit dem Unbekannten rechnen muss und dass hier nur das ins Spiel kommt, wovon wir Erfahrung haben ... Der durchlaufene Kreislauf fällt selbstverständlich ausschließlich in die menschliche Erkenntnis. Absolut oder relativ, diese Kargheit ist jedenfalls ausreichend Grund für das Bedürfnis, das Andere als Modus der Existenz zu begreifen und zu wagen. Und das genügt, um den Wechsel der Einkleidung wiederzugeben, den wir miterleben; diese dynamischen Fluchtversuche wiederzugeben, die sozusagen aus den „guten Noten", den tonalen Noten der Melodie heraus „Zwischennoten" einfügen; und die zusätzlich zu den statischen vollkommenen Akkorden die Dynamik des dissonanten Akkords als Bewegungsprinzip erfordern. In der notwendigen Spezifizierung werden dort nicht die Idee oder der Wunsch nach diesen Fluchten, sondern ihre tatsächliche Verwirklichung bezeugt.

§ 74. Welch allgemeine Subversion daraus in Bezug auf die Grundlage der Existenz resultiert, könnte man sich vorstellen, indem man den Heraklitismus oder den Bergsonismus in Erinnerung ruft; oder in einer anderen, genauso wichtigen Ordnung der Ideen, jene Philosophien oder Physiken, welche die Existenz in qualitative Atome oder qualia einflechten (Berigard oder Whitehead), im Verhältnis zu welchen die Subjekte nur noch zufällige Komplexe sind, die unaufhörlich zusammengesetzt und auseinandergenommen werden. Aber in all diesen Beispielen besteht eine Tendenz fort, die so wahrgenommenen neuen Existierenden immer noch gemäß dem ontischen Typus aufzufassen oder anzuerkennen, dass man das Ontische entweder über Betrachtungen dieser Komplexe wiederfindet oder indem man Schnitte im Werden herstellt; oder indem man einfache Blockierungen miterlebt; oder weil schließlich das Werden immer dasjenige eines Wesens ist, topisch also mit einem Ontischen zusammenfällt (vor allem, wenn man an Bergson denkt). Um das Hin-und-her-gerissen-Sein der Wesen und die Einführung des neuen Status der Existenz, welche die gesonderte Betrachtung der Morpheme darstellt, gleichzeitig und vollständig zu verwirklichen, müsste man sich im Imaginativen zum Beispiel wie folgt üben.

Man denke zunächst an eine Vorstellung, die das Wesen von einem bestimmten ontischen Status löste, indem sie es sukzessive in verschiedene Modi, verschiedene Niveaus transponierte; zum Beispiel eine menschliche Personalität, die sukzessive in eine physische Existenz (als in der Welt der Körper anwesender Körper), dann in eine psychische Existenz (als Seele unter den Seelen), dann in eine gänzlich geistige Existenz, die sich außerhalb der Zeiten und der Welt befindet, und schließlich in eine göttliche und mystische Existenz transponiert würde, in der sie sich mit irgendeinem unermesslichen und guten Wesen vermischt, von welchem sie nur noch ein Teil wäre. Zuletzt fasse man, ohne das Problem der Übereinstimmung dieser Wesen oder ihrer Einheit zu stellen (was zur Existenz zweiten Grades führte), diese Übergänge selbst als einzige Wirklichkeiten auf. Man beschwöre ein Universum der Existenz herauf, in dem die einzigen Seienden solche Dynamiken oder Transitionen wären: Tode, Sublimationen, Vergeistigungen, Geburten und Wiedergeburten, Verschmelzungen mit dem Einen, Trennungen von ihm oder Individualisierungen. Und vielleicht erfasste man so eine Art des göttlichen Lebens (keine ein wenig pantheistische, sondern eine ohne Wesen); in dem nicht einmal das einzige Sein als Existierendes ontischen Typs vorkäme: denn in ihm wären im Grunde nur mystische Akte wirklich. Die einzige Wirklichkeit wäre das unermessliche Schauspiel oder das Zeremoniell dieser Akte … Die Wesen wären in ihm implizite Requisiten wie diejenigen, die ein Kind in einem Spiel annimmt. Es gäbe in ihm keinerlei Bedürfnis danach, dass diese Schatten Substanzen würden. Der sterbende Mensch irrte, indem er seinen Tod als den zeitlichen Abschluss der kosmischen Dimension eines Wesens dachte; und er wüsste nicht, dass die wirkliche Wirklichkeit in diesem Augenblick das mystische Schauspiel eines Todes wäre, auf welchem das lagerte und sich festigte, was er selbst an Wirklichkeit hätte, während er daran als durch das Schauspiel virtuell in die Ordnung der Fiktion implizierte Figur mitwirkte.

§ 75. In einer so verstandenen Welt nimmt das Ereignis, das Sich-Ereignen (das Geschehen*, the event oder occurence), diese so besondere Gattung der Tatsache[68] eine existenzielle Stellung und einen ebensolchen Wert ein,

---

68   *Geschehen** ließe sich gut durch *avoir-lieu* [*stattfinden*; Anm. d. Übers.] in das Französische übersetzen, und zwar unter der Bedingung, dass man in diesem Gallizismus jedenfalls die völlige Aufhebung der Räumlichkeit und selbst der zeitlichen Topik bedenkt, die das Wort *lieu* [*Ort, Stätte*; Anm. d. Übers.] suggerierte. Heidegger, der die Wichtigkeit des Ereignisses (des „historial", wie Monsieur Corbin ziemlich strittig übersetzt) betont hat, hat vielleicht nicht nur seine Eigenständigkeit, sondern auch seine Autonomie als existenzielle Gegebenheit, die sich selbst genügen kann, nicht ausreichend hervorgehoben;

die hinlänglich vergleichbar mit denjenigen sind, die wir in einer anderen Weltanschauung, welcher der erste Teil dieses Kapitels gewidmet war, dem Phänomen zugestanden haben.

So, wie das Phänomen in gewisser Hinsicht eine hinreichende und unzweifelhafte Anwesenheit ist, mit der man nötigenfalls ein ganzes Universum erbauen könnte, welches aber natürlich aus den Konstruktionen oder diversen Modi entnommen wird und in diesen enthalten ist, die man in einer Art Ordnung oder allgemeines Reich des Ontischen zusammentragen kann; so ist das Ereignis ein Absolutum der Erfahrung, unzweifelhaft und sui generis, mit welchem man auch ein ganzes Universum bilden könnte, vielleicht dasselbe wie dasjenige des Ontischen, aber mit einer völlig anderen Existenzgrundlage; und an das man (so wie das Ontische am Phänomen aufgehängt ist) ein Reich der Transitionen, der Anschlüsse – des Synaptischen – aufhängen würde, wenn man einen Oberbegriff in Opposition zum Ontischen prägen will.

Was die Größe des Ereignisses ausmacht, ist eben nicht, dass es transitiv oder dynamisch ist, nicht einmal, dass es singulär und hic et nunc ist, sondern dass es die Tatsache ist; dass es das ist, was stattfindet.

Im Haben, im Machen, im Sein selbst; im Geboren-Werden oder im Sterben, im Kommen oder im Gehen gibt es etwas, dass sich in der Tiefe und von Grund auf von der einfachen Vorstellung oder Bedeutung dieser Handlungen unterscheidet: Es gibt die Tatsache; es gibt das Das-ist, das Das-ereignet-sich. Ich hielt dieses Glas, habe es losgelassen und es zerbricht. Zwar kann man dieses Unzweifelhafte der Tatsache durch eine stilistische Übung auf die Betrachtung einer Essenz beschränken: der Entität des Zerbrechens, mit dem, was sie an einem zerbrechlichen Ontischen impliziert, das zweifach konstituiert ist, eines nach der Vorstellung des ganzen Glases, das andere nach der Idee des in Scherben zersprungenen Glases. Aber all das bringt nicht einen Schritt in Richtung des Begreifens dieser Gegebenheit selbst weiter: Hier, in diesem Augenblick, gibt es das Zerbrechen. Das Geschehene; die Tatsache des Vorkommnisses, dies bleibt irreduzibel. Eine einzige Form drückt es wirklich aus: die Verbalität des Verbs, jener Teil des Diskurses, in dem sich der Unterschied zwischen kommen und kommt, fallen und fällt, fiel und wird fallen ausdrückt.

> als Halt und Konsistenz Gebendes für jede andere Wirklichkeit, die mit ihm kollidiert. Auch Whitehead und Alexander messen dem Gegensatz zwischen dem Sein und dem Ereignis große Bedeutung bei. Aber Lotze hatte als einer der ersten (siehe Lotze 1909, 497–498) diesen existenziellen Charakter des Ereignisses aufgezeigt, der es als *Wirklichkeit** über die Domäne der *Realität** hinausgehen lässt. Davor wurde die Selbstgenügsamkeit des Ereignisses, obwohl von einigen Philosophen anerkannt, meist aufgrund einer substanzialistischen Anschauung bekämpft. Das trifft auf die Stoiker zu, für die das Ereignis, da es unkörperlich ist, nur ein Epiphänomen des Seins ist und die Substanz voraussetzt (vgl. Bréhier 1908). Für den Epikurismus siehe auch Lukrez, I, 457 f. – Über die metaphysische und mystische Bedeutung der „Ereignisse" für Pascal, siehe *Mystère de Jésus* [Pascal (1670) 1937, 301. Anm. d. Übers.].

Dunkel spürt Descartes genau das und er lässt es mit dem Cogito laut werden; im Cogito gibt es das Ich, gibt es das Denken, gibt es die Existenz des Ich und des Denkens. Aber es gibt auch die Tatsache des „Ich denke" in ihrem Sich-ereignet-Haben. Ein Modus der Existenz, der absolut von demjenigen des Ich und des Denkens verschieden ist. Und in dem Maße, wie Sie ihn auf eine Aktualisierung dieser beiden Entitäten: des Ich und des Denkens beschränken, lassen Sie ein unersetzbares Element entrinnen, und zwar das: Dies geschieht. Später wird es geschehen sein. Diese Tatsache, die sich ereignet hat. Das Cogito ist nicht nur der Existenzbeweis für das Ich und das Denken, es ist ein Ereignis, das sich durch sich selbst äußert und sich zeigt wie ein Glas, das zerbricht.

Vorhin gab es ein ganzes Glas; jetzt gibt es diese Scherben. Zwischen den beiden gibt es das Irreparable. Irreparabel, nicht zu unterdrücken, selbst durch die subtilsten Mittel des Geistes nicht zu umgehen, der sich davon abwenden, dem aber nicht widersprechen kann. Offenkundigkeit dieses Irreduziblen. Das ist die Existenz der Tatsache.[69]

In ihrer Offenkundigkeit derjenigen des Phänomens so ähnlich, dass sich Verwechslungen anbieten und sich in die Sprache einschreiben. Der Physiker sagt gerne Phänomen für Tatsache und Tatsache für Phänomen. Weil es (aber nicht immer) ein Phänomen der Tatsache gibt; wie es auch eine Tatsache des Phänomens gibt. Aber die beiden sind wesensmäßig unterschiedlich. Die Verbindung mit der Tatsache, mit dem Ereignis – das ist das Wirksame.

◆

§ 76. In Bezug auf die Welt des Synaptischen, diese Welt, die mit der Tatsache stärker in Verbindung steht als mit allen anderen Modi der Existenz, weiß man, welche Bedeutung W. James in seiner Beschreibung des Bewusstseinsstroms dem beimaß, was er „ein Gefühl von oder, ein Gefühl von denn"[70] nannte. Damit wären wir in einer Welt, in der die oder, die wegen, die deshalb und vor allem die und dann, und weiter wirkliche Existenzen wären.

Einerseits, wir wiederholen es, die Semanteme der Existenz, unter welchen das reine Phänomen das reine Adjektiv hinlänglich gut repräsentieren würde, das autonom geworden und von jeder Ordnung des Substantivs trennbar

---

69 Bei Strada gibt es über die Tatsache so einiges Gutes (mit etwas Pathos). Siehe Strada 1865, Bd. II, 128: „Indem sie ein Element wird, ist die Tatsache Vermittlerin zwischen dem Sein und dem Geist", usw.

70 Vgl. James 1890, 245 f.: „We ought to say a feeling of *and*, a feeling of *if*, a feeling of *but*, and a feeling of *by*, quite as readily as we say a feeling of *blue* or a feeling of *cold*." Anm. d. Übers.

ist, die durch das Ontische repräsentiert wird.⁷¹ Andererseits entspräche das Synaptische (in der Ordnung der Morpheme) all diesem grammatikalischen Material (Konjunktionen, Präpositionen, Artikel usw.), dem man wohl (während man es derselben morphematischen Ordnung zurechnet) das Ereignis gegenüberstellen würde, und zwar als mit der eigentlichen Essenz des Verbs übereinstimmend.

Das ergäbe eine Art Grammatik der Existenz, die wir auf diese Weise, Element für Element, enträtseln.

Es ist allerdings nicht davon die Rede, den Inhalt dieser synaptischen Welt detailliert zu inventarisieren (wir werden sogleich, § 84, sehen, warum). Eine Hand voll Beispiele wird genügen, um die neue Ordnung, die wir gerade definiert haben, zu situieren und sie in ihrem Reichtum vor Augen zu führen.

§ 77. Die Struktur der Zeit wird uns als Beispiel nützlich sein. Ob man sie unter anderem als eine kosmische Dimension oder als eine Ordnung von aufeinanderfolgenden Attributen versteht – diese Auffassungen bedingen immer eine Struktur, die einer ontischen Gesamtheit immanent ist: Universum, singulärer Psychismus oder psychischer Kosmos des Pleroma der Seelen – einerlei. Und von einem gewissen Standpunkt aus ist das tatsächlich eine annehmbare Auffassung der Zeit.

Aber wenn man sie von einem anderen Standpunkt aus in jener Vektion, in jener Ausrichtung, auf jene Weise auflöst, in der die gegenwärtige Zeit zu der eintretenden Zukunft hin flüchtet, so ist es eben dieser Übergang, diese Transition, die zugleich die Seele der Zeit und das Fundament ihrer subjektiven Wirklichkeit ist. Die Zukunft ist dann kein besonderer Status der Existenz, verwandt mit dem Möglichen, dem Eventuellen, dem Potenziellen und auch noch mit dem Verborgenen, dem transzendenten Unbekannten (und wie viele Schwierigkeiten es überdies auf all diesen Wegen gibt!). Die Zukunft ist dann die Erfüllung in Virtuellem, welche die Bewegung dieser Gegenwart vervollständigt, die in Richtung der Zukunft geneigt ist – dieser Zukunft, die in die Gegenwart fällt.

Das künftige Ereignis ist also wie berufen und gefesselt, dann freigelassen und in die Vergangenheit zurückgeschickt, durch diese konstante Form, durch dieses und danach, durch dieses und dann, dessen Essenz es ist, nicht in einem Augenblick, sondern zwischen zwei gelegen zu sein (man denke an den Ausdruck: inzwischen), in der Zwischenwelt zwischen dem Augenblick, der vergeht, und dem Augenblick, der kommt. Und der Augenblick ist davon in dem Maße, wie er rein anwesend – daher unbeweglich und tot – ist, selbst

---

71 „Das äußerste Ergebnis der Entwicklung des abstrakten Wortes zum Konkreten ist, aus ihm ein Adjektiv zu bilden", Vendryès 1921, 155.

also nur eine virtuelle Abhängigkeit, kaum so reich wie die Vergangenheit als vorgestellte.

§ 78. Selbstverständlich wäre die Reziprozität, deren Tragweite als mächtiges Mittel der Transzendenz wir soeben erkannt haben, auch in dieser existenziellen Ordnung vorhanden. Aber man muss ihre Natur, die dieses Beispiel auf typische Art und Weise zeigte, richtig verstehen.

Sie ist insofern existenziell, als die Verbindung, von der sie zeugt, auf der Tatsache des Seins ruht. Es gibt kein Leiden ohne Tun – das ist das Beispiel, das uns soeben den Weg zeigte – um in der Transzendenz vom Menschlichen zum Göttlichen überzugehen. Aber man verstehe richtig, es geht auf diesem hypothetischen Weg nicht darum, vom Existierenden „Mensch" zum Existierenden „Gott" überzugehen. In diesem gemeinsamen Tun oder im mutmaßlichen Geheimnis dieses Leiden-Tuns ginge es um eine eigene Einkleidung der Existenz. Als Tatsache, Ereignis, Existenz wäre es der Akt dieses Geheimnisses; seine eigene Existenz als Ereignis bezeugend, und nicht diejenige zweier Figuren, welche das Geheimnis enthält oder setzt und die nur in Bezug auf es existierten.

Dann existierte einzig ihre Relation. Und man erkennt, worin das Unternehmen von Hamelin definitiv unmöglich wäre, insofern es die Relation ist, aus der die ganze Repräsentation hervorginge. Denn aus einer Welt der Relationen ließe man niemals auch nur irgendeine ontische Wirklichkeit als existierend hervorgehen. Man hätte es hier mit zwei verschiedenen Welten zu tun oder mit zwei existenziellen Interpretationen einer selben Welt; es sei denn, man findet umgekehrt die Mittel einer Transzendenz, die den Term außerhalb der Relation als existierend setzt.

§ 79. Ebenso wird die Kausalität, dieser funktionale, insofern dynamische Zusammenhang, als er einen infiniten Regress erlaubt, in dem Maße existenter als die messbaren Elemente der Phänomene sein, die, was ihre Wirklichkeit angeht, von ihr abhängig sind, wie sie synthetisch – als Trennungsstrich – verfährt (s. § 103).

§ 80. Und wieder erkennt man, welche Bedeutung dieser Existenz für sich oder für etwas anderes, die weiter oben dazu gedient hat, den Übergang vom vorhergehenden Kreislauf auf diesen hier zu kennzeichnen, die richtige ist. Die Modulationen der Existenz für, der Existenz angesichts und der Existenz mit sind lauter Spezies dieses allgemeinen Modus des Synaptischen. Und über diesen Weg kann man das Zuviel an Bedeutung leicht ablegen, das dem berühmten Menschen-in-der-Welt in gewissen Philosophien beigemessen wird; denn der Mensch angesichts der Welt und sogar der Mensch gegen die Welt (adversus: das Gegen als Konflikt, als Zusammenstoß und gewaltiger Aufprall, als Versuch einer ganz und gar offensiven Einflussnahme) sind auch wirklich. Und umgekehrt gibt es auch die Welt im Menschen, die Welt angesichts des Menschen, die Welt gegen den Menschen. Das Wesentliche ist es, klar zu fühlen, dass sich die Existenz in all ihre Modulationen einkleidet, und zwar nicht in den Menschen oder in die Welt, nicht einmal in deren Gesamt, sondern in dieses Für, in dieses Gegen, auf denen die Tatsache einer Seinsart beruht und von welchen der Mensch von diesem Standpunkt aus genauso abhängig ist wie die Welt.

§ 81. Wieder erkennt man – eine wichtige unmittelbare Folge –, wie die Sicht auf diese Tatsachen die antike Frage sehr einfach löst (wenn auch für gewisse Metaphysiker vielleicht mit einiger Enttäuschung), ob die Kopula des Urteils mit dem kleinen Wort ist die Existenz wirklich impliziert.

Sie impliziert sie bestimmt; unter der Bedingung, dass man klar erkennt, dass sie weder die substantivische Existenz des Subjekts noch diejenige (auf welche Weise man sie auch immer interpretieren will) des Prädikats impliziert; sondern allein diejenige der Synapse, der Kopula als Existenz der Relation der Inhärenz, die es in dieser Perspektive in ihrer reinen Existenz zu erkennen gilt und die zum synaptischen Modus gehört; eine Existenz, von welcher diejenige des Subjekts und diejenige des Attributs abhängig sind, in der sie in einer selben Tatsache angenommen werden, die wiederum das wirkliche Existierende ist.

◆

§ 82. Es erübrigt sich, noch weiter zu machen, noch weitere Spezies zu inventarisieren. Geben wir uns Mühe, unser Denken auf das Wesentliche zu konzentrieren, auf die allgemeine philosophische Bedeutung dieses Gegensatzes zwischen den beiden durchlaufenen existenziellen Kreisläufen.

Ganz offensichtlich entsprechen sie den beiden Forschungsmodi, die schon kurz angezeigt wurden (§ 16): sei es, sich des ganzen ontischen Inhalts der Repräsentation anzunehmen, ihn aufzuteilen, in existenzielle Modi zu spalten; sei es, von einem beliebigen, einzigen Ontischen auszugehen und nach den Verbindungen zu suchen, durch welche man von dort aus in Richtung anderer existenzieller Tonarten „moduliert" (im Sinne der Musiker). Es ging an dieser Stelle darum, Methoden zu unterbreiten. Aber jetzt geht es um keine Methodenfrage mehr. Der so herausgestellte Gegensatz ist wirklich. Und um ihn richtig zu verstehen, muss man ermessen, was es im Gedanken des Dichters, der zu uns gesprochen hat, an Tiefe geben kann.

Eine Welt, in der die Tat nicht des Traumes Schwester ist.[72]

---

72 „– Certes, je sortirai, quant à moi, satisfait/D'un monde où l'action n'est pas la soeur du rêve;"; „– Gewiß, ich meinerseits verließe zufrieden eine Welt, in der die Tat nicht des Traumes

Der Traum und die Handlung sind zwei große Beispiele der existenziellen Wahlmöglichkeit, die sich uns bietet, sobald es darum geht, Verwirklichungen tatsächlich zu bewirken.

Die Handlung [*l'action*] – und nicht der Akt [*l'acte*] oder die Tätigkeit [*l'activité*] – ist wohl das typischste Thema des zweiten hier untersuchten Kreislaufs. Ein Mensch kann über die Imagination oder die Wahrnehmung das ontische Dekor seines Lebens setzen. Er kann einen Modus der Wirklichkeit behaupten, auf den er sich stützen, in dem er sich konstituieren wird und der eine Welt von Wesen setzen wird, von denen er eines sein wird. Wesen des Traumes oder des physischen und konkreten Existierens – einerlei. Was nicht im physischen Existieren ist, wird er im Traum setzen können. In all diesen Fällen wird er Demiurg sein, und Schöpfer oder Halt einer Gattung der Wirklichkeit. Aber indem er die Handlung wählt, wird er weit in eine ganz andere Gattung der Wirklichkeit vordringen, wird er eine ganz andere Seinsweise wählen. Dort wird alles Verbale vergeblich sein und alles Stabile des Ontischen gespensterhaft. Genauer gesagt wird es kein Universum des Diskurses mehr geben. Es wird nur diese Handlung geben, die zur Gattung des Ereignisses gehört. Und um sich darin niederzulassen, um sich in dem Sinne, in dem die Handlung existiert, als existierend zu situieren, wird man all das solide und stabile Ontische von sich selbst und sogar der Welt opfern müssen (ein unermessliches, beängstigendes Opfer), das Ontische, das vom anderen Standpunkt aus als auf typische Art und Weise substanziell erschien. Der Lohn? Einzig dieser Durchbruch in eine Gattung der Existenz, die, und das nicht ohne Schwindelgefühl, einem selbst allein dann über eben das Wirken der Tatsachen der Handlung die Teilhabe am Wirklichen bietet.

Wir schreiben für Philosophen, denen gemeinhin nur der Name der Handlung bekannt ist, nicht die Handlung selbst; und für die die Tatsache, die Handlung – vollständig und ganz – zu wählen, einen Verzicht auf all das darstellt, was ihnen als das wirkliche Leben erscheint (sie werden es Leben des Geistes nennen), weil es auf der Seite der gesamten Ontologie mit ihrer eigenen Metaphysik steht. Wir hegen deshalb kaum Hoffnung, ihnen das klar verständlich zu machen, worüber wir sprechen, außer indem wir sie eben das auf negative Art und Weise spüren lassen, in ihrem Abscheu vor dieser Idee: alle Bücher zu schließen, alle Diskurse einzustellen, alle Theorien zu vergessen, welche die Welt des Ontischen verfechten, und über einen Verzicht auf deren Philosophie – auf das, was ihnen als die Philosophie erscheint – in die Handlung einzutreten; wie Pascal die Mathematik aufgab oder Rimbaud die Dichtung. In irgendein großes Abenteuer einzutreten, in dem das Ereignis die wahre Substanz wird; und es zu den Verbindungen mit allen Wesen wird, die einzig

---

Schwester ist;" Charles Baudelaire, „Le Reniement de Saint-Pierre: Die Verleugnung des Heiligen Petrus", in Baudelaire (1868) 1975, 310 und 311. Anm. d. Übers.

und allein transitiv sind und in der Handlung selbst situiert oder konstituiert werden, und zwar in ihrem Modus.

Eine Lebensweise, die ihnen eine Erfahrung dieses Modus des Seins sichern wird; und die umso fordernder ist, als die Schwierigkeit nicht darin besteht, ein bis zweimal zufällig zu handeln: Die Schwierigkeit besteht darin, immer zu handeln, in einem Handeln so sehr enthalten zu sein, dass es das ganze Leben in jeder seiner Minuten tyrannisch und totalitär umfasst: kurzum, dass es die Bildung einer Kosmizität im Pleroma der Handlungen und die Einsetzung des Lebens in diese Kosmizität miterleben lässt.

Wir wollen nun aber die Aufmerksamkeit auf die Tragweite solch einer Evidenz der Wirklichkeit der auf diese Art und Weise tatsächlich vollzogenen Wahl lenken. Es stimmt, dass die Handlung nicht des Traumes Schwester ist. In irgendeinem schrecklichen Umsturz, in dem unsere gewöhnliche Welt in die Brüche ginge oder sich auflöste, können wir uns selbstverständlich in den Traum flüchten, um in ihm ein Phantom dieser – oder einer besseren – Welt wiederzuerrichten. Wir können uns immer noch in die Betrachtung dessen flüchten, was uns diese wirkliche Welt an dem dem Traum Verwandten bietet, und wäre es nur durch die Schönheit der Dinge, die uns wenigstens vom Himmel, den Bäumen und den Gewässern geboten werden. Aber wir können auch die Waffe oder das Werkzeug in die Hand nehmen und handeln. Zunächst, in der Unmittelbarkeit des Seins und im ersten Grad, sind die beiden unversöhnbar: Sie sind radikal verschiedene Investituren des Lebens und der Existenz. Das ist alles, was wir sagen wollten.

Allgemein ist die Notwendigkeit, zwischen diesem oder jenem Modus der Existenz zu wählen, um zu sein, ein Zeichen eben jener Tatsache, dass die Spezifität der Modi der Existenz nicht einem niederen, relativen oder zweiten Standpunkt entspricht, sondern im Gegenteil dem Standpunkt der Existenz selbst auf ihrem eigenen Terrain; der „erste Grad" der Existenz, dessen Gehalt wir in diesem Kapitel gerade ein wenig zu erforschen versucht haben, ist die erste Ebene der Existenz; und zwar nicht nur als basische, sondern als unmittelbare, exakte und präzise. Genau dort ist die Existenz. Genau dort hat sie ihren Sitz, dort residiert sie. Und sie ist anspruchsvoll.

§ 83. Natürlich dürfte man diesem Gegensatz zwischen der Ordnung der ontischen Existenz und derjenigen der Existenz durch die Handlung keine vorherrschende und konstitutive Bedeutung beimessen. Mit diesem topischen Beispiel sollten die lebendige Wirklichkeit und das konkrete Empfindbare dargestellt werden; eine Praxis, aus diesen Spaltungen der Existenz heraus, die zur Wahl zwingen, weil die Existenz eben ein bestimmter Modus der Existenz ist; und weil Partei ergriffen worden sein muss, damit eine Existenz wirklich ist. Allerdings ist keine dieser Parteiergreifungen zeitlich definitiv, es sei denn, die kosmischen Bedingungen wirken sich in einer definitiven Praxis so aus, zum Beispiel in den Grenzen des menschlichen Lebens als Dimension dieser Praxis. Ich kann – wie Mohammed sagt: „eine Frucht und danach eine andere Frucht" – die diversen Sorten der Existenz ausprobieren; sie konstituieren: das, was ich träume, zunächst in der Ordnung des Traumes, dann in derjenigen der physischen und konkreten Existenz. Ich kann den alten Menschen ablegen und auf eigene Gefahr ein neues Leben in einer Welt versuchen, in einer ganz anderen Welt, in die ich mich noch nicht gewagt habe. Man muss aber klar erkennen, dass jeder dieser Versuche als Gangart der Existenz eine absolute Parteiergreifung, eine metaphysisch definitive Wahl ist. Das so errichtete Sein ist auf totale Art und Weise, von Grund auf das, was es ist, nämlich von diesem oder jenem Modus. Man weicht der Existenz mit dieser Gottheit nicht aus; man täuscht sie nicht durch verfängliche Worte, die eine nicht getroffene Wahl verbergen. Zu sein, und nicht so zu sein, zählt nicht. Schneide dich nach deinem Belieben aus einem Stoff der Existenz zu, aber du musst schneiden und also entschieden haben, aus Seide oder aus Wollstoff zu sein.

◆

§ 84. Der langen Rede kurzer Sinn, die verschiedenen Modi der Existenz sind die wirklichen Elemente.

Kann ihre exakte Aufschlüsselung erfolgen? Gewiss; wenn man den philologischen Vergleich, der hier mehrmals angestrengt wurde, weit vorantreibt, könnte man sich rühmen, die vollständige Tabelle der Modi der Existenz aufgegliedert zu haben, sich durch ihr Ausmaß oder – wenn man an sie vom Phänomen aus herangeht, um diesem in seinen Formen des ontischen Reichs zu folgen, um die Untersuchung dann mit dem Reich des Synaptischen wiederaufzunehmen, das sich seinerseits am Ereignis konkretisiert und von ihm abhängig wird – durch die symmetrische Anordnung in der Zusammensetzung der Tabelle geschmeichelt fühlen. Sodass eine philologische Tabelle der Bestandteile des Diskurses in uns den Eindruck erwecken könnte, die Rahmen für eine allgemeine Tabelle der Modi zu liefern.

Aber: außer dem empirischen und begrenzten Charakter dieses philologischen Ausdrucks; außer der besonders wichtigen Tatsache, dass die philologische Einschreibung nur ein unzureichender Näherungsversuch ist, um etwas viel Grundlegenderes auszudrücken, das, so gut es eben geht, über diesen Ausdruck analysiert wird; abgesehen von all dem Platz, der den Unbenannten und den Unausgedrückten einzuräumen ist, muss man vor allem der scheinbaren In-sich-Geschlossenheit der Tabelle misstrauen, die sich so aus einer vielleicht oberflächlichen, auf dem Gegensatz der Semanteme und der

Morpheme gegründeten Symmetrie ergibt. Sie maskierte jene essenzielle Tatsache, dass die Tabelle ja gerade offen ist. Die zwei Reiche, die so in ihren Modi empirisch inventarisiert wurden, enthalten beide in ihrer Zahl gewiss unbegrenzte Modi, die in ihrer Gesamtheit eine Kluft hinterlassen, einen vielleicht niemals aufzufüllenden Abgrund. Schließlich hängt die erlangte Struktur vor allem von der Ordnung ab, die für diese Forschung, für diesen Parcours übernommen wurde; eine Ordnung, die nicht notwendig ist. Denn sie symbolisiert mit dieser methodischen Dualität, die mehrmals angezeigt wurde (§ 16 und 82) und die uns in unseren Nachforschungen leiten konnte. Das ist genug, um uns zu versichern, gewiss nichts Wichtiges ausgelassen zu haben, aber nicht, um uns zu versichern, die wirkliche Ordnung der Elemente, der Modi des Seins, erfasst zu haben. Gibt es überhaupt eine solche Ordnung? Ist ihre Vorstellung berechtigt?

§ 85. Indem wir ganz zu Beginn dieser Untersuchung die hypothetische Vielheit dieser Modi ins Auge gefasst haben, überraschte uns die auf diese Weise multiple Welt vor allem durch ihren Reichtum. Sie konnte uns soeben auch durch ihre Armut überraschen. Eine Bequemlichkeit des Seins, sagten wir soeben. Aber auch glückliche Lücken, die ihren Freiraum auf neue, zu wagende Wege hin öffnen. *Tentanda via est ...*[73] *Avia Pieridum peragro loca ...*[74] Für uns andere Menschen unverbrüchliche Hoffnungen. Kein abschlägiger Bescheid kann einem solchen frischen und neuen oder erhabeneren Modus der Existenz entgegengesetzt werden. Es geht nicht nur darum, anerkannte und unzweifelhafte Modi der Existenz zu konstatieren, sondern darum, Modi zu erringen. Und die wichtigsten sind vielleicht diejenigen, die sich in der wirklichen conditio humana so wenig äußern und im Zustand eines derart winzigen Entwurfs und einer prekären Errichtung bleiben, dass sie sich dem Bewusstsein entziehen. Um sich eine Vorstellung davon zu machen, denken Sie daran, was die ersten Entwürfe der geistigen Existenz für den Menschen sein konnten, als die Moral, das religiöse Denken, die Wissenschaft oder die Philosophie die Elemente dieses Lebens noch nicht hervorbrachten, noch nicht unterschieden und konkretisierten und als die ersten Momente seiner Wirklichkeit als eine Erscheinung ohne Dauer und ohne Namen das Denken eines Wilden oder eines Barbaren in seiner Höhle zusammenfahren ließen. Es verhält sich hier sicherlich so wie in der Kunst, wo die großen Errichter weniger regelrechte Erfinder als eher solche sind, die in den schüchternen Anfängen so mancher Vorläufer die Grundzüge eines neuen Stils auszumachen wussten, den sie entwickelt, erhoben und in großen Werken legitimiert haben.

Indem wir sagen: Um zu existieren, muss jedes Wesen seinen Modus der Existenz entdecken (oder man muss ihn für es entdecken), sagen wir notwendigerweise auch: Es gibt noch unbenannte und unerforschte Modi der Existenz, die

---

73 Vergil, *Georgicon*, III, 8–9. Anm. d. Übers.
74 Lukrez, *De rerum natura*, IV, 1. Anm. d. Übers.

zu entdecken sind, um gewisse Dinge zu errichten, die insofern toter Buchstabe sein werden, als dieser Modus nicht erdacht, erfunden worden sein wird.

§ 86. Deshalb müssen wir der Versuchung standhaft widerstehen, diese georteten Modi der Existenz zu erklären oder abzuleiten. Hüten wir uns vor der dialektischen Faszination. Gewiss, mit ein wenig Einfallsreichtum wäre es einfach, zu improvisieren und eine Dialektik der Existenz in groben Zügen zu zeichnen, um zu beweisen, dass es gerade nur diese Modi der Existenz geben kann; und dass sie sich gegenseitig in einer bestimmten Ordnung hervorbringen. Aber dabei stürzen wir alles um, was es in den hier gemachten Feststellungen an Wichtigem geben kann.

Angezogen von der philologischen Analogie könnten wir zeigen, dass es nur vier Bestandteile des Diskurses geben kann, denen unsere Gruppen tatsächlich entsprächen: dem Adjektiv das Phänomen, das heißt: offenbar zu sein als klare Manifestation, mit dem instantanen, von jeder substanziellen Verbindung befreiten quale als Grenze; dem Substantiv das identische und unveränderliche Wesen, mit der Ewigkeit, der bleibenden Substanz als Grenze; dem Verb: wirklich zu sein als ein Ereignis, als eine Handlung, als eine Tatsache, mit der Selbstgenügsamkeit des Akts als Grenze, der sich setzt und sich durch seine Kraft und nicht (wie das Phänomen) durch seine qualitative Essenz definiert; schließlich den Präpositionen, Konjunktionen und Artikeln alles, was als korrelative oder kompletive Determination, die von der Synapse erfordert wird, wirklich ist.

Trügerischer Versuch; falsche Klarheit. Metaphysische Maschine, was willst du von mir? Sie täuschte uns umso mehr, als sie uns die Vorstellung suggerierte, den für einen vollständigen Diskurs notwendigen Elementen gegenüberzustehen. Das wäre die falscheste Vorstellung, die man sich von diesen Gattungen machen kann.

Man muss sie nehmen, wie sie sind: als arbiträre. Bedenken Sie es so: Ein primitiver Maler kann auf seiner Palette die farbigen Erden finden, die ihm sein Boden und seine technische Umgebung liefern: Gelbocker, Rotocker; grüne Tonerde, Rauchschwarz. Er wird sich damit begnügen müssen; und genau mit dieser Skala wird er malen: Sie ist ihm durch Armut auferlegt, durch Entsagungen des Gegebenen in seiner Kontingenz. Ebenso die Skala, die der rustikale Musiker zu seiner Verfügung findet, weil er die Löcher seiner Hirtenflöte bald hier, bald da gebohrt hat. Von einer kontingenten anfänglichen Gegebenheit aus zielt er vielleicht notgedrungen mit seinen Modulationen auf das im Verhältnis zu diesem Gegebenen andere. Aber das anfänglich Gegebene ist arbiträr.

So verhält es sich auch mit den Anoden. Die Modi des Seins sind kontingent. Jeder als Ursprung genommen kann durch Dialektik diesen oder jenen anderen erforderlich machen. Aber jeder seinerseits als Ursprung genommen ist arbiträr. Er ist umsonst. Genau das darf man nicht aus dem Blick verlieren. Jeder Versuch, sie von einem unter ihnen aus, der als privilegiert betrachtet wird, zu legitimieren, ist also ein grober Fehler und ein abgrundtiefer Irrtum. Jeder kann, in einer bestimmten Ordnung aufgefasst, den anderen untergeordnet werden. Aber nimmt man jeden für sich, sind alle gleich; und andere, in unbegrenzter Zahl, unter den Unbekannten, hätten die gleichen Rechte. Hüten wir uns also davor, ihren Kreislauf zu schließen, indem wir sie erklären.

Hier wird auch der Vergleich mit der Kunst wieder zuverlässiger sein. Die Bildhauerei ist an sich nicht besser als die Malerei, die Musik nicht besser als die Architektur. Es trifft zwar zu, dass sich dieses oder jenes zu vollbringende Werk in einer für es günstigen Umgebung besser verwirklichen wird, zum Beispiel in der Bildhauerei besser als in der Malerei, in Bronze besser als in Marmor oder besser als in Ton usw. Ein Sonderfall (und wir werden auf ihn zurückkommen: s. auch § 73). Aber dies wird nicht im Geringsten ein allgemeines Primat der Bronze über den Marmor oder über den Ton schaffen. So wird dieses menschliche Werk besser im Traum als in der Handlung vollbracht werden, jenes andere besser in der Handlung als im Traum. Eine solche Wirklichkeit wird besser im Geistigen errichtet werden als im Körperlichen. Aber glauben wir, dass das Geistige besser ist als das Körperliche? Sogleich werden wir uns erinnern, dass es solch eine erhabene Tatsache gibt – die Opferung des Lebens –, die einen Körper erfordert; und dass das Wort an Größe gewinnen kann, wenn es Fleisch geworden ist; weil solch ein Werk das Fleisch erfordert.

Weisen wir daher jede Versuchung zurück, die Modi, indem wir sie dialektisch erklären, zu strukturieren und zu hierarchisieren. Sie werden es immer verfehlen, die Existenz in ihrem Eigentlichen zu erkennen, wenn Sie dieses Arbiträre, das eine ihrer Absolutheiten ist, von ihr abziehen.

§ 87. Man sieht, wie sinnlos es wäre, die Modi der Existenz an seinen Fingern abzuzählen und ihre Anzahl im Voraus festzulegen. Bescheiden wir uns damit, die existenzielle Vielheit auf die einzige Art und Weise begründet zu haben, auf die sie begründet werden kann. Die Existenz braucht diese Verschiedenheit, wie die Palette des Malers oder die elementare Hirtenflöte des rustikalsten Musikers mehrere Farben oder mehrere Töne braucht. Und zweifellos kann man mit zwei bis drei Farben, mit vier bis fünf Tönen edle Gemälde oder schöne Melodien hervorbringen. Aber ohne Neuerungen auszuschließen, ohne auszuschließen, dass diesen Gemälden neue Farben oder dieser kargen rustikalen Skala neue Töne hinzugefügt werden. Man denke daran, was die Entdeckung der Diesis als Öffnung zu neuen Universen mit neuen Tonalitäten bedeutete!

§ 88. Offensichtlich sind nun aber Versuche der Vereinheitlichung möglich – allerdings keine oberflächlichen Totalisierungen, die die Gesamtheit dieser Elemente auf einen endlichen Diskurs, eine endgültige Skala, ein einziges Universum schließen. Aber gibt es zum Beispiel keine Perspektive für eine einzige Lösung in Form einer einzigen, durch all diese Modalitäten hindurch gültigen Dialektik der Existenz?

Vielleicht. Sogar gewiss. Und es erschiene plausibel, sie aufseiten von etwas zu suchen, das eher an der Kunst teilhat als an allen anderen errichtenden Wegen, die dazu geeignet wären, irgendein Modell von ihr zu liefern – unter der Bedingung, die Kunst ziemlich auszuweiten und sie in ihrem reinen Prinzip aufzufassen –, aufseiten einer gemeinsamen oder reinen Kunst, zu existieren, die diesen verschiedenen Künsten, zu existieren, von denen man irgendeine tatsächlich wählen und praktizieren muss, um Existenz zu erlangen, gemeinsam ist. Aber in all ihrer Wahrscheinlichkeit wird eine solche Lösung die Verschiedenheit der Ausgangspunkte, der Abstammungen, der Originalität jeder einzelnen dieser anfänglichen Parteiergreifungen, die jede Verwirklichung geleitet haben, niemals aufheben.

Denn es ginge um eine mögliche, hypothetische dialektische Einheit, jenseits oder diesseits der Existenz.

Was die existenzielle Einheit selbst betrifft, also die wirkliche Errichtung des Einzigen, welche die theoretische Einheitlichkeit der Dialektik rechtfertigt, die am Werk ist, so ruft sie nicht das Problem eines Löschens oder einer involutiven Auflösung der ursprünglichen Diversität hervor, sondern das ihrer Überwindung durch die Wiederaufnahme all dieser Abstammungslinien in einer gemeinsamen Garbe für gleichzeitig komplexe und doch konvergente Errichtungen.

Das ist die letzte Frage, die wir ins Auge zu fassen haben. Vielleicht können wir uns von nun an fragen, ob sie nicht bis zu einem gewissen Grad Merkmale der Hypothese und des Ideals trägt, da die Tabelle der existenziellen Spezifitäten ja offen ist und bleiben muss, da sie ja darin unvollständig ist, dass sie Platz lässt, sei es für das Unbekannte, sei es für das noch Unentdeckte und Unerfüllte …

§ 89. Was im Besonderen diese beiden Hälften – diese beiden Tetrachorde – des Semantems und des Morphems betrifft; oder unter einem anderen Gesichtspunkt des (ontischen) Seins und der Handlung, so ist es gewiss nicht ausgeschlossen, dass man ihre einigende Synthese entwerfen kann. Kann diese Wahlmöglichkeit zwischen dem Ontischen und der Handlung, die soeben skizziert wurde, nicht überschritten werden? Die Idee der Errichtung kann hierfür Vermittlerin sein. Die Thetik ist gleichzeitig Handlung und Setzung eines Ontischen. Sie ist ontagogisch. Eine Philosophie der Errichtung wird sowohl die Modi des Handelns als auch die des Seins versammeln, indem sie untersucht, wie und auf welchen Wegen sie eine Verbindung eingehen können. Aber das sind eben Probleme, die (denken wir an den wesentlich plurimodalen Charakter der anaphorischen Erfahrung) unvermeidlich diejenigen der Überexistenz und einen Übergang auf diese Ebene zweiten Grades hervorrufen, über die uns noch ein Wort zu sagen bleibt. Vergessen wir nicht, dass sie uns in gewisser Hinsicht von der Existenz entfernt. Eine zusätzliche Transzendenz im Verhältnis zu diesem oder jenem Modus, aber im Verhältnis zum Existieren selbst eine Transzendenz in ihrem unmittelbaren Gehalt, sobald es nämlich darum geht, die diversen Modi des Existierens außerhalb der Ebene, auf der sie gesetzt werden, konvergieren zu lassen, das heißt außerhalb der Ebene der Existenz selbst, die allein sie legitimerweise festlegen.

[IV]
Von der Überexistenz

Die Probleme der Vereinheitlichung [*unification*]; – die simultane Teilhabe an mehreren Gattungen der Existenz; – die substanzielle Vereinigung [*union*]. – Die Überexistenz in Werten; – qualifizierte oder axiologische Existenz; – Trennung der Existenz und der Wirklichkeit als Werte. – Der zweite Grad. – Das Über-Sein* von Eckhart und das Eine von Plotin; – die kantischen Antinomien; – die Konvergenz der Erfüllungen; – der dritte Grad. – Der Status des Überexistierenden; – seine Beziehung zur Existenz. – Schlussfolgerungen.

§ 90. Die Existenz, das sind alle Existenzen; das ist jeder Modus des Existierens. In allen, in jedem einzelnen für sich genommen residiert und erfüllt sich die Existenz in vollem Umfang.

Ist das so zu verstehen, dass sie unwiederbringlich von sich selbst getrennt ist; dass sie durch und in ihrer modalen Diversität aufgespalten ist?

Das Problem ist unvermeidlich. Es ist schwierig, es gut darzustellen. Schlecht dargestellt, ist es an falschen Problemen ebenso reich wie an falschen Lösungen; was man vor allem bei denjenigen sieht, die die aktuellsten philosophischen Themen im Großen und Ganzen verfolgen, und in ihnen unrichtigerweise Fragen, die sich auf das Sein beziehen, und Fragen, die sich auf die Existenz beziehen, vermischen: vor allem in Bezug auf das Problem der Vereinheitlichung.

Sich zu vereinheitlichen [*unifier*] kann ein Streben in Richtung der Identität sein. Es gibt weit verstreute Wesen – verstreut in einem gegebenen Modus der Existenz –, die ihre Identität suchen. Ein Problem, auf das wir hier schon gestoßen sind, das wir schon untersucht haben (vgl. § 47), ist zum Beispiel, das phänomenale Verstreutsein abzulegen. Es zu schaffen, sich mit sich selbst eins zu fühlen, bedeutet unter diesem Aspekt, seine ontische Einheit, seine Wahrheit des Seins im ontischen Modus zu finden.

Sich mit den anderen eins zu fühlen ist ein Problem derselben Art. Es impliziert keinen Wechsel des Modus. Über die Liebe, über die Barmherzigkeit, über die Einmütigkeit, über die Harmonie, über die organische Wechselbeziehung, über die vereinheitlichende Form werden sich ein größerer Körper, eine auf extensive Art und Weise weitere Seele, ein komplexeres Wesen, ein Mikrokosmos, ein Werk, eine soziale Gruppe oder das simple Duo des Ich und des Du errichten – einerlei. Als verschiedene Modalitäten wird man darin allerhöchstens die alleinige Existenz bei sich und die gemeinsame Existenz unterscheiden. Aber dieses gemeinsame Existieren zu erringen, heißt für den Teil, zu sehen, wie dieses Bei-sich-alleine-Existieren, das der Teil abgibt, dem errichteten Gesamtwesen übertragen wird.

Aber hier nun ein anderes Problem. Wenn sich der Bestandteil die gemeinsame Existenz wünscht, begehrt [*appète*] er nach einem anderen Modus; er will sich in diesen transponieren. Er möchte nicht das Verstreutsein in einem Modus der Existenz ablegen, sondern diesen Modus selbst. Und es gibt, wie wir gesehen haben, viele weitere Formen dieses Wunsches nach dem anderen. Eine ursprüngliche Verletzung: die Selbstanwesenheit, die anfängliche Selbstbegegnung in einer nicht befriedigenden Gattung der Existenz. Streben: auf das andere zugehen, auf sich im Anderswo zugehen; eine neue Ebene der Existenz finden, auf welcher die eigene Selbstentwicklung besser ist oder wo sich dieses bessere Wesen, in dem man enthalten wäre, als möglich erweist; ein Wesen, das man sich selbst und der anfänglichen Isolation vorzieht.

Ein praktisches, konkretes, erlebbares Problem, in dem sich aber gleichzeitig das folgende kritische und reflexive Problem abzeichnet: Wie kann man selbst sein im Anderswo; wie kann ein selbes Wesen, immer noch als es selbst, in zwei verschiedenen Modi der Existenz ansässig sein, sich in ihnen befinden?

In gewisser Hinsicht ist das wieder ein Problem der Identität, aber der plurimodalen Identität. Wir konnten und mussten (vgl. § 47) die unimodale Identität mit einer Art Krümmung der Existenzebene vergleichen, die derart gekräuselt und zerknittert ist, dass das, was in ihr getrennt ist, mit sich selbst Kontakt aufnimmt und sich gegenseitig durchdringt, sich in eine gleiche ontische Existenz integriert. Aber nun ginge es darum, zwei Existenzebenen zu krümmen, miteinander in Kontakt und zur gegenseitigen Durchdringung zu bringen, und zwar auf eine Weise, dass ein gleiches Wesen einen Platz in der einen und in der anderen zugleich besetzt.

Und hier ist die Frage, die sich stellt: Ist dieses plurimodale Wesen in seiner Identität plural? Ist es die Summierung und die ontische Vereinheitlichung von zwei Modi der Existenz, die einfach kommunizieren? Oder lässt es in einer neuen Art und Weise, zu sein – Existenz oder Überexistenz –, eine Wirklichkeit hervortreten, die, anstatt diesen und jenen Modus einfach zusammenzusetzen und zusammenzuzählen, deren Diversität überschreitet, und – nicht durch ihre Identität, sondern durch ihre Einheit – etwas anderes setzt, das gegenüber der zweifachen existenziellen Spezifität, die gegeben ist, einen höheren Status hat?

§ 91. In dieser Form kann das Problem als abstrakt und konstruiert erscheinen, als wäre es aus purem Vergnügen aufgestellt worden. Doch es ist wirklich: Es entspricht konkreten und erlebbaren Erfahrungen oder Bestrebungen.

Wir haben für dieses Thema weiter oben (§ 55) einen Grundstein gelegt. Es ging um unser Verhältnis zu unserem Körper. In Bezug auf eben jenen eigenen Körper bemerkten wir, wie wenig körperlich seine Existenz ist: Sie ist vor allem der Ausdruck eines psychischen Zwangs.

Gemeinhin sind wir Seelen oder einfach eher Psychismen (denn das Wort Seele ruft virtuellen Reichtum, Harmonie und vorgebliche Erhabenheit hervor). Aber halten wir uns mit diesem Unterschied nicht auf.

Um die Frage in der Sprache von G. Marcel zu stellen: Wir sind Seelen, und diesen Körper, den haben wir. Aber können wir auch dieser Körper sein?

Man möchte sagen: Welch merkwürdiger Wunsch! Sind wir nicht glücklich, eine Seele zu sein? Wenn wir als Erstes ein Körper wären, wünschten wir uns nicht, eine Seele zu haben, diese Seele zu sein? (Und überhaupt bedürfen wir, als Psychismen, einer Askese, um eine Seele zu haben.) Aber lassen wir dieses Problem unberücksichtigt: Lassen wir, im Sinne der Klarheit des Berichts, Psychismus und Seele ineinander übergehen. Wir sind Seele. Und ist es unsinnig, dieser Körper, den wir haben, sein zu wollen; sich zu wünschen, auch dieser zu sein? Das Wort (sagt man uns) wünschte, Fleisch zu werden. Weil nämlich der Körper, wie wir gesehen haben, der Seele nicht unterlegen ist: Er hat seine Eigenarten. Er kann den Schmerz und den Tod erleiden, er kann sie anbieten. Die monophysitischen Häretiker behaupteten, dass das Wort einen Körper *hatte*, dieser Körper aber nicht *war* – dass *es* in diesem weder gelitten hatte noch am Kreuz gestorben war. Zumindest heißt das, eine schöne moralische Vorstellung zu verwerfen. Und nicht nur der Schmerz und das Opfer sind mit dieser körperlichen Existenz betroffen, sondern auch die Freude, die physische Teilhabe an der Natur.

Sind wir nun aber unser Körper? Wir sind an ihn gebunden, gezwungen, ihm zu folgen; mit ihm über die kausale Synapse verknüpft. Aber mein Körper zu sein, kann ich das so einfach? Vielleicht glaubte ich, ihm in solcherlei Stunden nahe zu kommen, in denen ich – im niedrigen Gras liegend, der Sonne und dem Meereswind dargeboten – glaubte, mich mit Mutter Erde, mit der Wirklichkeit des „Großen Fetischs" eins zu fühlen. Einen Augenblick lang glaubte ich, Materie zu sein – ein Körper unter den Körpern. Und wieder, wie viel an Fiktion, an Imagination gab es darin? Könnte es sein, dass sich Descartes und nach ihm alle Kartesianer über ein falsches Problem Gedanken gemacht haben, und dass es alles in allem (man wagt es kaum zu sagen) überhaupt keine substanzielle Vereinigung gäbe, nicht einmal in Gott? Dass es nur Kollaborationen gäbe (ich weiß mich meines Körpers, dieses Instruments, zu bedienen, und er weiß genauso, sich meiner zu bedienen); und Transitionen und Übereinstimmungen; und eine gewisse Gewohnheit, miteinander zu sein. Aber von dort bis zu dem Punkt, er zu sein, besteht eine Distanz; und es gibt auch eine Distanz von dort bis zu einem Wesen, das dieser Körper und diese Seele zugleich wäre, nicht in einer einfachen additiven Zusammensetzung, sondern in einer Überschreitung ihrer Dualität, doch ohne Umsturz oder Vernichtung ihrer spezifischen Existenz.

Und selbstverständlich stellt sich das Problem exakt in den gleichen Termini, wenn es nicht mehr um den Psychismus und die körperliche Existenz geht, sondern um die tägliche und konkrete psychische Existenz und die geistige und erhabene Existenz, usw.

Die Idee von der Totalität ist hier nun aber absolut unwirksam, unzureichend; sie gehört zu einer anderen Ordnung, sie entwickelt sich nach einem anderen philosophischen Register, sie orchestriert ganz andere Probleme, die immer relativ zur ontischen Zusammensetzung und es nicht im Geringsten zu dieser Überschreitung der plurimodalen existenziellen Heterogenität sind. Genau darin liegt der entscheidende Punkt, gegenüber dem es in der gesamten folgenden Diskussion aufmerksam zu bleiben gilt. Und es gibt wenige, namentlich monistische Systeme, die diesbezüglich nicht schweren Fehlern verfallen, und zwar durch die Verwechslung des Ontischen mit dem Existenziellen und durch die korrelative Verwechslung der Totalität mit der Einheit, eine Verwechslung, die ihrerseits die Aufhebung der Distanz (einer noetischen, aber vielleicht auch metaphysischen und wirklich ontologischen Distanz) nach sich zieht, die es zwischen einer einfachen plurimodalen Zusammensetzung und einer anderen und neuen Wirklichkeit geben kann, die die existenzielle Vielheit überschreitet, wobei sich die Existenz auf jeder ihrer Ebenen dennoch vollständig erfüllt.[75] Und eben hier wird die Idee der Überexistenz unerlässlich.

§ 92. Ein erster – gefährlicher, aber wichtiger – Zugang zur Idee der Überexistenz kann in der Ordnung des Wertes gewagt werden. Gerade weil er gefährlich ist, muss man mit ihm beginnen, und wäre es nur, um uns vor den Gefahren, die er impliziert, zu warnen.

§ 93. Obwohl wir die Gattungen der Existenz nicht an unseren Fingern abgezählt haben, hoffen wir, nichts Essenzielles ausgelassen zu haben. Indessen, gibt es nicht gewisse existenzielle Aspekte, die Gefahr laufen, verkannt zu werden, wenn man alle Gattungen der Existenz auf dieselbe Ebene bringt, indem man sie als gleich erklärt?

---

[75] Man bemerkt schnell, dass der Monismus von Spinoza das Problem, ohne es zu lösen (davon ist er weit entfernt), dennoch erkennt, und es veranschaulicht durch die vergeblichen Anstrengungen, die er unternommen hat, um mit ihm fertig zu werden. Die Einheit (nicht zu verwechseln mit der Einzigkeit, vgl. Spinoza [1663] 2006, Teil 1, Kapitel VI) ist dort sehr weit davon entfernt, ganz einfach die Totalität zu sein. Aber eben da tun sich all die Schwierigkeiten auf. Jedenfalls muss man bei Spinoza als Mittel, um diesen vorzubeugen – und folglich erkennt er sie an –, einerseits die Abschwächung des existenziellen Charakters der Attribute festhalten (es existieren genauer gesagt einzig die Substanz und die Modi) und andererseits die Wahrung einer architektonischen Relation zwischen den Modi und der Substanz, trotz tausender Nachteile; was vor allem mithilfe der Theorie des *Ausdrucks*, im Gegensatz zu den Relationen der kausalen Abhängigkeit, des Teils im Ganzen und derjenigen von der Grundlage der Existenz in der Essenz bewerkstelligt wird. Daher die Wichtigkeit jener Tatsache, dass es in den erschaffenen Dingen (und nicht in Gott) eine Unterscheidung der Essenz und der Existenz gibt. Siehe auch (ebd., Teil 1, Kapitel III, s. f.) die Unterscheidung der vier *Sein*, von denen die Existenz eines ist. Das verleitet Ritter, zu sagen, dass man, wenn der einzige Unterschied zwischen dem Modus und der Substanz – als willkürliche Definition der Substanz – derjenige der Existenz an sich wäre, diesen bei Spinoza abziehen könnte, „ohne das System in seinen weiteren Folgerungen zu stören, wenn man nur den Sprachgebrauch änderte und sich gefallen ließe Substanz zu nennen, was Spinoza nur Weise des Seins nennt, für die Ursache ihrer selbst aber oder für Gott einen anderen Namen zu ersinnen" [Ritter 1852, 219 f., Anm. d. Übers.]. Aber das zu tun, wäre absurd, wenn man beabsichtigte, Spinoza aufgrund von alexandrinischen Präjudizien eine Art Theorie der Überexistenz der Substanz zuzuschreiben. Die Bemerkung Ritters beweist, dass das System von Spinoza das Problem aufstellt, aber als Schwierigkeit, als nicht aufgelöste Aporie. In den *Cogitata metaphysica,* in denen die Dinge wie für Descartes in Gott „in eminenter Weise" existieren, gibt es zwischen der Existenz der göttlichen Substanz und derjenigen der geschaffenen Dinge bis zu einem gewissen Grad einen Unterschied; aber er wird in der *Ethik* nicht aufrechterhalten, wo die Existenz ganz bestimmt univok ist, trotz Axiom I, in dem das *esse in alio* nicht von der Tatsache aus verstanden werden soll, auf eine andere Art und Weise als auf diejenige der Substanz zu existieren, sondern von der Tatsache aus, in eben ihrer Existenz zu sein. Die Bedeutung des kleinen Wortes *in* in diesem Satz ist der Schlüssel des gesamten Spinozismus, nämlich diese Anstrengung, nicht um die existenziellen Spezifitäten zu überschreiten, sondern um sie mit einem gänzlich von der ontischen Ordnung übernommenen und nur in dieser Ordnung wirksamen Instrumentarium aufzuheben.

Und zunächst einmal: Haben wir eine Gattung der Existenz für alle Wirklichkeiten gefunden? Wie existieren zum Beispiel die Naturgesetze? Klar ist, dass ihnen parallel zur Identität in der Ordnung des Ontischen die Identität in der Ordnung des Ereignisses den einzigen grundlegenden existenziellen Halt gibt, der ihnen gegenüber nötig sein kann. Heißt das aber, wenn man so sagen kann, ihre Würde und ihre Unermesslichkeit an Anwesenheit hinreichend anzuerkennen? Fächert sich vom selben Standpunkt aus betrachtet die unbegrenzte Dyade des Großen und des Kleinen nicht sowohl in winzige Existenzen auf, die sich – wir haben daran erinnert – im normalen Status des dinglichen Ontischen dem menschlichen Maßstab entziehen, als auch in Existenzen, die diesen Maßstab der Größe nach unermesslich überschreiten? Und wenn es zyklische Neuanfänge gibt, die vom Mikrokosmos zum Makrokosmos, vom Menschen zu Gott, von den Dingen zum Universum, von den Atomen zu den Sternsystemen gewisse Ähnlichkeiten im Status und in der Struktur wiederholen, kann man dann, indem man hier nur die Analogie sieht, den Parameter eines Unterschieds an Erhabenheit wie auch an Unermesslichkeit der Anwesenheit aufheben? Dann überstürzen sich die Fragen: Stellt die Kategorie der Modalität nicht kontingente Existenzen und notwendige Existenzen dar, die man vielleicht momentanen Existenzen und ewigen Existenzen gegenüberstellen kann; und wenngleich sie in die schon durchlaufenen Umgebungen zurückkehren können, sogar müssen, bleibt zwischen ihnen nicht ein Wertunterschied, den man nicht übersehen kann? War nicht auch die Rede davon, formal zu existieren und eminent zu existieren, was traditionellerweise ein *weniger* und ein *mehr* ins Spiel bringt; wobei die eminente Existenz (Descartes, *Méd.*, III, 7), „dieselben Dinge oder andere ausgezeichnetere"[76] enthält wie die formale und dieser *wenigstens* gleich ist?

Gibt es andererseits, ohne auf die Fragen der Intensität zurückzukommen, nicht gewisse Weisen, auf die das Existieren glühender, inbrünstiger, sprudelnder oder hervorstechender ist als auf andere? Hugo sagte über Gott:

---

76   Aus Gründen des Textflusses Übersetzung von TW. Souriaus Nachweis „*Méd.*, III, 7" bezieht sich wohl auf die siebente Seite der dritten Meditation nach der Paginierung in der von Charles Adam und Paul Tannery herausgegebenen Referenzausgabe der *Meditationes* (Descartes [1641] 1996a). Die angeführte Stelle in der französischen Übersetzung von Louis Charles d'Albert Duc de Luynes: „Et cette vérité n'est pas seulement claire et évidente dans les effets qui ont cette réalité que les philosophes appelent actuelle ou formelle, mais aussi dans les idées où l'on considère seulement la réalité qu'ils nomment objective: par exemple, la pierre qui n'a point encore été, non seulement ne peut pas maintenant commencer d'être, si elle n'est produite par une chose qui possède en soi formellement, ou éminemment, tout ce qui entre en la composition de la pierre, c'est-à-dire qui *contienne en soi les mêmes choses ou d'autres plus excellentes que celles qui sont dans la pierre* ..." (Descartes [1641] 1996b, 32, Hervorhebung TW). Vgl. für die deutsche Übersetzung Descartes (1641) 2008, 81. Anm. d. Übers.

Er ist! er ist! er ist! – er ist völlig ...[77]

Völlig zu existieren (und auch lyrisch zu existieren, saltativ zu existieren, wenn man so sagen darf, so wie man einen Sprung macht, wie man einen Freudenschrei oder eine Liebesbekundung ausstößt), heißt das nicht vielleicht, quantitativ gesprochen, *mehr* zu existieren; aber heißt es nicht auch, *anders* zu existieren als in einem Existieren, das aus Grau-in-Grau besteht, aus sonntäglichem Regen, aus Teilnahmslosigkeit und alltäglicher Verdrießlichkeit? Wenn schließlich, wie man gesehen hat (§ 86), die reinen Existenzen untereinander gleich an Rechten sind, wird man dann nicht sagen, dass eine plurimodale Existenz, die mehrere dieser Existenzen in sich zusammensetzt und sie in einer vielfältigen Wirklichkeit vereint, nicht *mehr wert* ist als eine einzige unter ihnen?

§ 94. Gewiss wurde der etwas grobe Dualismus des Primitiven, der alle Dinge in zwei Gruppen einteilt, in das Profane und das Heilige,[78] durch eine Reihe von Profanierungen und Laisierungen nach und nach aus dem Sattel gehoben. Die Physik des Anaxagoras hat die Himmelskörper profaniert. Epikur hat die Liebe laisiert.[79] Und so weiter. Nichtsdestoweniger hält sich in diesen Unterschieden im Wertniveau nicht nur etwas Beachtliches, sondern auch etwas Erhebliches. Gibt es in der Existenz eines Menschen nicht gewissermaßen profane, alltägliche und gewöhnliche Zustände; sowie würdevolle Zustände, Extrem- oder Höchstzustände, die unter einem moralischen Aspekt immer noch etwas von diesem Dualismus aufrechterhielten? Und man muss sich fragen, ob dieser Unterschied des Erhabenen und des Nicht-Erhabenen nicht sogar den Modus des Existierens dessen betrifft, was sich auf diese Weise aufteilt. Pascal sagt, das fällt in eine andere Ordnung. Die Frage der reinen spezifischen Existenzen gleichen Niveaus wäre also von zwei Problemen des Unterschieds nach Graden flankiert: von demjenigen der intensiven Grade, die bereits im Kapitel II untersucht worden sind, und von dem davon verschiedenen, aber symmetrischen der Grade des Werts.[80]

---

77 Übersetzung von TW. Das französische Original: „Il est! il est! il est! il est eperdûment!" (Hugo 1880, 135). Anm. d. Übers.
78 Dass dieser Gegensatz für den Primitiven existenziell ist, dass der Übergang vom profanen zum heiligen Zustand eine Veränderung *totius substantiae* ist, vgl. Durkheim (1912) 1984, 65.
79 Indem er zu sagen gewagt hat, dass sie nicht von den Göttern gesandt worden war, οὐδὲ θεόπεμπτον εἶναι τὸν ἔρωτα (Diogenes Laertius, X, 118).
80 Für Hamelin stützt sich jeder dialektische Modus der Existenz in der Ordnung, in der sie der *Essai* durchläuft, auf den folgenden und höheren Modus; derart, dass es eine Übereinstimmung dialektischer Ordnung der Modi, der Intensitäten des Seins und der Werte gibt (s. Hamelin [1907] 1925, 487 f.). Für Lachelier wie auch für Ravaisson ist der Unterschied des Niederen zum Höheren so sehr im Sein einbeschrieben, dass er genügt, um ontologische Theorien zu erklären. Daher die Zustimmung zu der berühmten, von Auguste Comte formulierten Definition des Materialismus als „die Lehre, die das Höhere durch das Niedere erklärt".

§ 95. Doch in einigen dieser Ideen kann es einen Anteil an vorgefasster Meinung geben, es gibt ihn sogar gewiss. Nichts ist weniger philosophisch als die Verwechslung der Grade des Werts mit der Dyade des Großen und des Kleinen. Es besteht kein Grund, dass ein großer Himmelskörper, eine Galaxie oder ein Sternsystem, eine Art siderischer Caliban, mehr wert ist als irgendein winziger Ariel, als irgendeine kleine, auf den Seiten eines Buches versteckte Idee, irgendein in einer Figur zusammengepresster Erdklumpen. Es ist nicht gesagt, dass das Sandkorn in seiner Tiefe nicht irgendein Atom enthält, das auf wertvollere Art und Weise bewohnt wird als irgendein unermesslich großer Planet. Ein einziger Akt der Nächstenliebe, Werk eines Augenblicks in einer demütigen Seele, kann mehr wert sein als ausgedehnte, blinde Aktionen eines großen sozialen Körpers. Die moralischen Spitzen der Existenz haben nichts mit den räumlichen Dimensionen des Seins zu tun. Und genauso könnte man bestreiten, dass die plurimodale Existenz zwangsläufig wertvoller wäre als eine reine Existenz. Ist das Wesen, das zugleich ich als Körper, ich als Seele, ich als Phänomen, ich als Folge von Ereignissen, ich als zeitloses Ontisches wäre, mehr wert als dieses selbe, gereinigte und auf einer einzigen Ebene, in einem einzigen Modus entwickelte Wesen, so gespensterhaft, sogar imaginär es auch sein mag? Wie Calderons verwirrter Held sagt, wenn *la vida es sueño*, wenn das Leben ein Traum ist, „bleibt das im Traum begangene Gute und Schlechte nicht weniger gut und schlecht". Und wäre es nicht einfacher und wirksamer, bestimmte Vollkommenheiten oder Erhabenheiten in eben diesem reinen Modus zu verwirklichen, als in der Dichte einer heterogenen Existenz? Wie wir gesehen haben, kann man schließlich nicht behaupten, dass die psychische Existenz (zum Beispiel) der körperlichen Existenz in jedem Fall überlegen wäre (was so einige Metaphysiker, zum Beispiel Descartes und Spinoza, mit einer Hierarchie der Substanzen belastete, die dem Rest ihres Systems widerstrebte). Jeder Modus der Existenz hat seine eigenen Qualitäten und Schwächen (deshalb ist gewiss keiner überflüssig). Jeder einzelne kann das Erhabene in sich aufnehmen (vgl. § 86 und 91). Wenn die Ordnung des Werts existenziell ist (was zur Diskussion steht), überlagert sie sich wie zufällig mit den spezifischen Modi der Existenz. Das stellt einen Sonderfall dar. Allerhöchstens wären wir dazu veranlasst, aus der moralischen Existenz – der als gut oder schlecht qualifizierten Existenz – einen spezifischen Modus der Existenz zu machen.

Allerdings glauben wir, dass man das Gute und das Schlechte, wie auch das Schöne oder das Hässliche, das Wahre oder das Falsche anders erklären kann; das heißt, dass man auf die Frage: „Wie existieren sie?" antworten kann: Sie existieren in etwas anderem, sie sind in gewissen Konditionierungen der Wirklichkeit ansässig, von denen uns namentlich die Idee der Vollkommenheit ein Beispiel geben kann. Ohne dieses große Problem aufzuwerfen, räumen wir ein, dass man sagen kann, dass sie an sich existieren, was erst einmal darauf hinausliefe, die *moralisch qualifizierte Existenz* als einen neuen reinen Modus der Existenz anzuerkennen, der denjenigen hinzuzufügen ist, die wir schon anerkannt haben.[81]

Ein Modus, den es den anderen (der Neutralität des Ereignisses oder der Handlung) bestimmt vorzuziehen gilt, wenn er als gut qualifiziert ist. Aber er ist nicht in jedem Fall allen anderen Modi vorzuziehen, was darauf hinausliefe, zu sagen, dass ein Verbrechen, weil es moralisch qualifiziert ist, *mehr* wert ist als eine indifferente Handlung. Was, ontologisch gesprochen, hier das *Mehr* ausmachte, wäre die Hinzufügung dieses Modus zu den bereits anerkannten Modi; nicht deren Ersetzung durch ihn. Kann man diese allgemeine Ersetzung kraft des ontologischen Motivs versuchen: Einzig das Gute existiert wirklich? Das hieße (nach dem bekannten Sophismus existieren der Fehler und das Schlechte nicht), den Indifferentismus wieder herzustellen, aus dem man hinaustreten wollte. Die Gleichsetzung des absolut Schlechten mit dem Nichtsein und des relativ Schlechten mit einer minderen Existenz kommt wieder zu den mangelhaften Denkweisen zurück, die auf den in Kapitel II angezeigten Verwechslungen beruhen. Was das Schlechte des Schlechten ausmacht, ist, dass es – sei es in ihm selbst, sei es in dem, was schlecht ist (sei es Existenz oder Wirklichkeit) – existiert, wirklich ist. Es kam schon vor, dass man es verübte, um sich beim Existieren zu spüren.

Mit anderen Worten und den üblichen Pfaden folgend kann das moralische Problem auf diese Hinzufügung eines Modus der qualifizierten Existenz eingegrenzt werden. Nichtsdestoweniger kann man sich von einem anderen, metaphysischeren Standpunkt aus, nicht eine (auf diese Weise eingegrenzte) *Existenz der Werte*, sondern *Werte der Existenz* oder der Wirklichkeit vorstellen. Und von diesem Standpunkt aus gäbe es so manche Übereinstimmung zwischen der Suche nach den Spitzen der Existenz als Wert und dieser Suche nach der Einheit, die in Bezug auf die plurimodalen Existenzen das Problem einer pyramidierenden und vermittelnden Überexistenz stellt.

§ 96. Diese Übereinstimmung (und das ist wichtig) kann sich nun aber in einem zweifachen Sinn manifestieren und aufeinander folgen.

Manchmal versucht eine komplexe, implexe, in einer zweifelhaften Dichte unvollkommene Existenz, sich in ihrem höchsten Wert zu verwirklichen, sich exakt auf einer einzigen Ebene in der Gestalt der reinen Existenz zu

---

81 Es scheint, dass diese qualifizierte Existenz, die vor allem die Handlung und folglich das Ereignis betrifft (denn sie konstituiert das moralische Leben), in einem neuen Modus eine Art Neuanfang des Pleromas der Ereignisse hervortreten ließe. Würde sie auch mit dem ontischen Reich neu anfangen? Es scheint nicht so, es scheint, dass sie nur auf es einwirkte, wobei sich die Begriffe Verantwortung und Verdienst als ihr Zusammenhang darstellten. Das ist die Lösung, die am meisten den allgemeinen Pfaden der Ethik des Sensus communis entspricht. Das wirft Probleme auf, zumal die These, die den Wert mit den Konditionierungen der Wirklichkeit, namentlich der ontischen, in Verbindung bringt, doch eine andere moralische Auffassung impliziert. Das ist nicht der Ort, um diese Probleme zu behandeln. Doch ist es nicht unwesentlich, sie im Vorübergehen anzuzeigen.

entwickeln, die ihr die beste Bestimmung ihrer selbst erlaubte. Eine Askese, die etwas wegnimmt und die präzisiert zugleich: Ich werde Seele und Seele allein werden, weil ich nur diesen Kristall zu dem Glanz schleifen kann, nach dem ich suche. Ich werde Fleisch werden, weil ich, indem ich dieses Fleisch abtöte, der freiwillige Leidende sein werde, nach dem meine Vorstellung des moralischen Verdienstes verlangt. Mein Werk werde ich im Traum schaffen, weil sich seine moralische Pracht und seine Reinheit nicht mit den Kompromissen des Wirklichen abfinden. Ich werde es aus Stein schaffen, weil ich von einem Gebäude träume, das bedürftige Körper aufnimmt und ihnen wirklich Schutz bietet, und weil ein Traumkrankenhaus Leidenden nicht wirklich Schutz bietet. Und vielleicht werden wir es mit Land und Gewässern schaffen, mit Bäumen und Rasen, Gemälden und Statuen, Lesesälen und Spielräumen; weil wir die Utopie hassen und wir eine Wohltat für die lebendigen Menschen in der Komplexität ihres Seins wollen. Manchmal sucht eine einfache, reine Existenz – eine Seele, die nicht aus der Einsamkeit der Seelen heraustreten kann, ein Traum, der nur eine illusorische und subjektive Vollkommenheit andeutet – eine vollständige und unterschiedliche Art und Weise zu sein, sucht danach, sich zugleich auf der Ebene des Traums und auf derjenigen der Handlung zu befinden, auf der Ebene des Psychischen und auf derjenigen des Physischen. Am idealen Endpunkt erkennt man flüchtig die Vorstellung einer Art zu sein, die so vollständig ist, so vielfältig und zugleich so offenbar, wie in tausenden Facetten, auf der Ebene des Sinnlichen und auf der Ebene des Intelligiblen, gegenwärtig und zeitlos, unbeteiligt und handelnd, dass sie in all diesen Bereichen gleichzeitig ansässig ist und in keinem vollständig Platz findet, da sie sie überschreitet, indem sie sie alle zusammensetzt.

Wird eine solche Seins-Art nicht wirklicher als eine einzige der reinen Existenzen sein, auf welche hin sie sich öffnet? Und wird nicht der Mensch, der gleichzeitig physischer, moralischer und religiöser Mensch ist, intellektueller, handelnder und bestehender Mensch, der wirklichste sein, verglichen mit dem, was er an Phantomhaftem annimmt, wenn er auf einen einzigen dieser Modi beschränkt wird, welcher jeden einzelnen der anderen erforderlich machen und beanspruchen wird, um seine Wirklichkeit zu vervollständigen?

§ 97. Ja, wenn das aber so ist, ist in dieser Anreicherung und in dieser Fülle nichts, das die Existenz betrifft, sondern nur die Wirklichkeit. Drei Werte womöglich: ein intrinsischer Wert der Dinge oder, wenn man so will, ein neuer reiner Modus der Existenz, die qualifizierte Existenz, der zu den anderen, die wir bereits anerkannt haben, hinzuzufügen ist. Und dann noch diese zwei Werte: jener der Existenz, jener der Wirklichkeit. Es wäre möglich, dass sie indirekt proportional zueinander sind.[82] Bestimmt und in jedem Fall sind sie

---

82 In Kapitel II erschienen sie uns (§ 29 und 31) beinahe als ein Vernunftunterschied innerhalb der bloßen Existenz. Hier sieht man, wie sich die Tragweite und die tiefgründige Bedeutung ihrer Unterscheidung gleichzeitig bestätigen.

trennbar. Daher die zweifache Bewegung, einmal in Richtung der Wirklichkeit, einmal in Richtung der Existenz. Gewiss können wir uns Folgendes wünschen: das Existieren und diese größere Wirklichkeit zugleich einzubehalten; die Plurimodalität abzulegen, ohne auf die Existenz zu verzichten. Denn heißt nicht existieren von diesem Standpunkt aus – Partei zu ergreifen für einen Modus der Existenz –, etwas Wertvolleres auseinanderzureißen, sich von diesem loszureißen? Und heißt nicht umgekehrt, auf diesen höheren Status der Wirklichkeit zuzugehen, sich von der Existenz zu entfernen? Darin liegt die ganze Frage.

§ 98. Aber warum eigentlich dieser Ausdruck: die Plurimodalität ablegen? Ist die Diversität der Gattungen der Existenz ein Übel? Ist sie nicht eher ein Beistand? Sie ist nicht nur eine Folgewirkung, ein Ausdruck sogar der Autonomie der Existenz (existieren, sagten wir, heißt, beherzt und bewusst einen Modus der Existenz zu wählen, sich für ihn zu entscheiden, für ihn Partei zu ergreifen); sie ist auch noch die Bedingung für etwas zusätzlich anderes. Alles begibt sich, als ob diese Töne, diese diversen Stimmen, mit welchen man die „Polyphonie" (um einen Ausdruck aufzugreifen, der dem werten Lalo zurecht wichtig ist) und die Harmonie der Existenz erzeugt, die notwendigen und bewunderungswürdigen Instrumente von etwas wären, das über ihre Ebene hinausgeht und das wirklich über der Existenz ist. Eben diese Polyphonie wirft das Problem der Überexistenz auf, wenn sie nicht noch mehr macht: wenn sie nicht gar die Überexistenz selbst setzt. Hüten wir uns also davor, indem wir diese Plurimodalität, die inhärente Bedingung der Existenz, ablegen wollen, die Existenz und die Überexistenz gleichzeitig abzulegen, und davor, da wir das Eine suchen, auf das Nichts zuzugehen.

§ 99. Aus dem Vorangegangenen bleibt uns ein Schluss. Dieser Übergang über den Begriff des Werts hat jede mögliche Verwechslung zwischen einem Mehr an Wirklichkeit und einem Mehr an Größe oder an extensivem Reichtum verworfen. Was ausreicht, um die letzten Geister auszutreiben, die noch mit der Idee der Totalität verbunden sind. Nicht, weil sie zusammensetzt und vereinigt, enthält eine Totalisierung ein Mehr an Wirklichkeit. Diejenige, die uns interessiert, lässt jenseits der Vielheit der Existenzgattungen etwas erscheinen, das diese nicht nur umfasst, sondern sich von ihnen auch unterscheidet, sie überschreitet. Wenn man die Überexistenz definieren muss, so folglich nicht über irgendeine axiologische Betrachtung, oder als einen höheren, erhabeneren Grad der Existenz (obschon sie diese Erhabenheit haben kann); sondern über die strenge und nüchterne Vorstellung eines Übergangs auf

Probleme des zweiten Grades, welche die Existenz zwar betreffen, sich aber als ein aus ihrer Ebene hinausführender Vorsprung äußern.

§ 100. Von Beginn dieser Studie an haben wir an die ach so bekannten Ideen Meister Eckharts erinnert, die das *Über-Sein**, die göttliche Überexistenz betreffen. Wie man weiß, ist das nun aber keine ursprüngliche These der spekulativen deutschen Mystik, sondern eine antike neuplatonische Tradition, welche die christliche Theologie vor allem Dionysius Areopagita verdankt.[83] Ihr Schlüssel findet sich bei Plotin: „Wir setzen also eine Mehrheit der Klassen [des Seienden, Anm. d. Übers.] an … Ist das Eine nun außerhalb der so zustande gekommenen Klassen …? Nun, das eine Eine ist außerhalb (denn es ist jenseits) …"[84]

§ 101. Es trifft zwar zu, dass das Eine Plotins nicht das Eine von allen anderen ist. Aber die Universalität des Problems ist auch außerhalb seiner plotinschen oder theologischen Aspekte evident.[85] Denkt man reichlich darüber nach, scheint es zunächst möglich, dass jede Einheit eine Existenz definiert; dann scheint es ebenso möglich, daraus zu schließen, dass jede Einheit aus zwei Existenzen eine Existenz einer höheren Ordnung definiert. Aber diese wird als eine hierarchische und architektonische Überlegenheit der neuen Existenz im Verhältnis zu den beiden anderen verstanden; und nicht unbedingt als ein von

---

83 „Denn wenn alles Erkennen vom Seienden ausgeht und sich auf das Seiende richtet – wie sollte da nicht das, was jenseits alles Seienden ist, auch aller Erkennbarkeit entrückt sein?" (*De divinis nominibus*, I, 4). Über die Lehre des *Über-Seins** im 14. Jahrhundert siehe zum Beispiel: Karrer 1926, 293 f.. Siehe auch *Revue néoscolastique*, 1927, 69–83.

84 Plotins Schriften, VI 2, 3. – Doch obwohl die Idee der Überexistenz natürlich unter der Schirmherrschaft von Plotin steht, ist zu bemerken, dass sie sich so, wie sie in diesem Kapitel vorkommt, von der Idee, wie sie Plotin historisch konzipiert hat, beträchtlich unterscheidet. Historisch gesehen wird die Frage nach dem Überexistierenden als Frage nach dem Ursprung und nicht nach der Vollendung der Existenzen eingeführt, was zur Folge hat, vielmehr zwischen endlicher und unendlicher Existenz zu unterscheiden als zwischen Existenz und Überexistenz. Für Plotin gehört εἶναι dem Einen voll und ganz an, wenn ihm ὕπαρξις nicht angehört.

85 Léon Chestov ist unter den zeitgenössischen Autoren vielleicht derjenige, der folgende Behauptung in der Ordnung der Theodizee am deutlichsten wiederaufgenommen hat, nämlich, dass „man von Gott nicht sagen kann, dass er existiert. Denn indem man sagt: Gott existiert, verliert man ihn sofort." Und er hat gewiss nachhaltig auf G. Marcel eingewirkt, wenn man sein mutiges Geständnis, „Ich weiß nicht, was ich glaube", in diesem Sinne interpretieren muss (vgl. Bespaloff 1938, 34). – Gegen die überexistenzielle Idee der Göttlichkeit sprach andererseits stets die übliche Interpretation der Bedeutung des Mose offenbarten Namens Gottes (*Exodus*, 3, 13–14): Ich bin, der ich bin [Einheitsübersetzung: „Ich bin der 'Ich-bin-da'", Anm. d. Übers.]. In Wirklichkeit ist die richtige Interpretation: Ich bin, wer ich bin. Eine hebräische Redensart gleichbedeutend mit einer strikten Ablehnung gegen jede Benennung des Göttlichen. Vgl. Lods 1930, 374. Die „konventionale Benennung" Jahve „soll unaufhörlich an den Satz erinnern, dessen Abkürzung sie ist: Er ist, wer er ist; das Sein, das der Mensch nicht zu bestimmen weiß". Dem es, fügt unser Autor hinzu, „nicht an Größe ermangelt". Bestimmt. Es wäre interessant, es den wohl bekannten Pfaden der „negativen Theologie" alexandrinischer Herkunft gegenüberzustellen.

der Existenz unterschiedener Status der Wirklichkeit. Wenn die Einheit also im Begriffsumfang um den Preis einer Verringerung des Begriffsinhalts erlangt wird, wird die Existenz, in der sich diese Einheit aktualisiert, eine generische Existenz sein; und am Ende aller über diesen Weg möglichen Vereinheitlichungen wird „die oberste Gattung", wie ein Logiker,[86] der dieses klassische Problem gut formuliert hat, mit Recht sagt, „die abstrakte Idee des Seins sein, der ausgedehnteste, aber auch der ärmste der Begriffe; so leer, dass er einigen Metaphysikern zufolge ununterscheidbar von seinem Gegenteil ist ...".

Anders ausgedrückt, definiert die über diesen Weg erlangte Einheit des Seins an ihrer hierarchischen Spitze für das betreffende Wesen eine abstrakte, generische, logische, sehr reine und sehr arme Existenz. So haben wir nicht gewettet, denn man hat sich ganz einfach auf die begriffliche Ebene begeben.

Wenn man diese Verarmung vermeiden will, wenn das Wesen, an das man denkt, nicht dieses Wesen einer rein abstrakten Existenz ist – die begriffliche Existenz der Totalität des Wesens –, sondern ein Wesen, das so aufgefasst wird, dass es mit einer äußersten Fülle ausgestattet, reich an jeder Existenz ist, wird man es namentlich (um unter diesem logischen Aspekt zu bleiben) so auffassen, dass es „den weitest möglichen Begriffsumfang und den reichhaltigsten Begriffsinhalt zugleich" (ebd.) hat.

Gut, aber die Frage auf diese Weise zu stellen, heißt, nicht mehr in den wirksamen Operationen des Denkens eine positive Verwirklichung der Vereinheitlichung festzustellen, und zwar in einer eindeutigen Gattung der Existenz. Es heißt, ein Ideal zu setzen und die oberste Existenz, in der sich diese Vereinheitlichung vollziehen würde, auf problematische Art und Weise zu benennen. Handelt es sich noch um Existenz? Handelt es sich nicht um eine Existenz ohne determinierte Gattung der Existenz? Ich sage: determiniert vielleicht durch die Wirklichkeitsbedingungen, die ihr auf problematische Art und Weise auferlegt werden; aber nicht als Existenz gesetzt, insofern das Problem nicht auf positive Art und Weise gelöst wird. Es kann sein, dass die Gleichung die Lösung enthält; es kann auch sein, dass es sich um eine „unvollkommene Frage" handelt (im kartesischen Sinn des Ausdrucks, siehe die *Regulae*[87]), und sogar um eine Frage ohne mögliche Lösung überhaupt. Wie dem auch sei, die so definierte Existenz kann nur in einer und durch eine wirksame Lösung als gesetzt betrachtet werden – wenn eine solche Lösung existiert (ob sie in unserem Denken oder in der Zukunft, virtuell oder am universalen Nullpunkt, als aktualer Akt, als unbekannte und transzendente oder als bekannte, an der wir uns beteiligen, existiert ... ist nicht wichtig). Kurzum, als auf problematische Weise gesetzt, geht es um eine definierte Wirklichkeit, die unabhängig

---

[86] Goblot 1918, 114.
[87] Vgl. Descartes (1701) 2011, 121. „Von den Fragen aber werden die einen vollkommen eingesehen, obwohl ihre Lösung unbekannt ist [...]; die anderen hingegen werden nicht vollkommen eingesehen [...]." Anm. d. Übers.

von jeder Existenz ist; wobei die Tatsache, dass sie existiert, eine ganz andere Frage darstellt und einen unterschiedlichen Akt erfordert, ein spezielles Moment, das dieser Konstitution von Wirklichkeitsbedingungen etwas hinzufügt, das absolut *sui generis* ist (eben die Existenz).

§ 102. Andere Logiker, zum Beispiel McTaggart, greifen das Problem im umgekehrten Sinn auf. Da er als Erstes die Wirklichkeit (die er mit dem Sein, *being*, identifiziert) und dann die Existenz gesetzt hat, nimmt er (vernünftigerweise) an, dass das, was existiert, wirklich sein muss. Aber er fragt sich, ob jede Wirklichkeit existierend ist. Und zu dem Eingeständnis gezwungen, dass es nicht-existierende Wirklichkeit geben kann (seine Beispiele entwickeln sich im Übrigen vor allem über dem Thema des Möglichen), klammert er das Gewicht des Problems ein, indem er bemerkt, dass eine nicht-existierende Wirklichkeit für uns nicht von praktischem Interesse sein kann, sondern nur von einem rein spekulativen.[88]

Aber trifft es zu, dass dem so ist? Ohne auf dem „Interesse des spekulativen Interesses" zu beharren; ohne im Kreislauf der Metaphysik oder der Theodizee zu bleiben, werden wir nicht trotzdem sagen, dass zum Beispiel die Vorstellung oder das Problem des wirklichsten MENSCHEN, so wie man es weiter oben gesehen hat, eines derjenigen ist, die unsere grundlegendsten und intensivsten Interessen am deutlichsten berühren? Ist es nicht vielleicht versteckt oder latent im Hintergrund all unseres Bestrebens oder all unserer Wünsche, wenn auch auf eine für uns manchmal absolut verborgene Art und Weise?

Wenn ein solches Wesen nun aber existierte, könnten wir gewiss sagen, dass es sehr wohl mehr existierte, als seine fragmentarischen Abbilder, die da und dort auf verschiedenen Ebenen der Existenz angezeigt werden, auf denen wir sehen, wie es irgendeine Wirklichkeit von sich hervortreten lässt. Aber wie man weiß, ist genau das eine gefährliche Redeweise, die schnell zum Sophismus führt. Was man erfasst, indem man dieses „Mehr-Existieren" erfasst, ist zunächst eben ein quantitatives Mehr; da es ja nämlich die Zusammensetzung von zahlreichen Gattungen der Existenz ist und zwar auch von Gattungen, die so verschiedenartig wie möglich sind. Es ist auch ein Mehr an Überlegenheit, an Meisterschaft. Wir träumen also von einem Meisterwerk der Kunst des Existierens. Den MENSCHEN angenommen, der weder der fleischliche, noch der psychische, noch der geistige oder der moralische Mensch, sondern der Mensch als MEISTER aller Gattungen der Existenz ist, kann man sagen, dass der Mensch nicht existiert, wenn er nur in einem dieser Modi existiert. Er existierte nur mit dieser Vollexistenz, die auch Überexistenz wäre. Aber man kann auch sagen, dass er nicht existiert, nicht einmal mit einer virtuellen Existenz,

---

[88] „We can, then, have interest in the real, even though it should not be existent. But it is only that interest which we have in knowledge for its own sake. All our other interests – in happiness; for example, in virtue, or in love – deal exclusively with the existent ..." (McTaggart 1921–1927, Bd. 1, 8).

wenn diese verschiedenartigen Entwurfsmodi durch ihre Harmonie nicht eine Vollendung hervortreten lassen, die wie die geheimnisvolle Kontur eines einzigen Wesens wäre; und dass er nicht einmal mit einer idealen Existenz existiert, wenn diese geheimnisvolle Kontur in dem, was das Essenzielle wäre, unbestimmt und vakant bleibt, nämlich in einem definierten Modus der existenziellen Erfüllung.[89]

Seine Überexistenz ist so nicht nur eine kulminierende hierarchische Situation, sie ist auch eine Situation außerhalb der Existenz. Sie kehrte nur in sie zurück, indem sie ein determinierter Modus der Existenz wird. Da sie dann diesen überexistenziellen Charakter verliert, kehrt eben dieser seinerseits in den Kreislauf der Existenzen ersten Grades sowie in die architektonischen und sogar hierarchischen Verhältnisse zurück, die diese zusammensetzen können, ohne zum zweiten Grad aufzusteigen – zu diesem zweiten Grad, der ein Problem bezeichnet, das per definitionem außerhalb der Ebene der eigentlichen Existenz gelegen ist.

§ 103. Ein drittes und nicht weniger klassisches Beispiel wird diese Fragen noch besser einordnen: Es geht um nichts weniger als um die kantischen Antinomien.

In gewisser Hinsicht gibt es nichts Bedauernswerteres als diese vorgeblichen Antinomien, wenn man darin ein unvermeidliches Straucheln der Vernunft sieht, die sich zwangsläufig selbst widerspricht, wenn sie in ihren Wirklichkeitsbedingungen die großen metaphysischen Gegenstände bestimmen will. Wo erkennen wir, dass es zwischen den Thesen und den Antithesen Widerspruch gibt? Heißt sich widersprechen, A und Nicht-A eines selben Dings zu affirmieren? Deutlich lesen wir zum Beispiel im „ersten Widerstreit", dass a) die Welt einen Anfang in der Zeit hat und auch im Raum begrenzt ist; und dass b) die Welt weder einen Anfang noch Grenzen im Raum hat, sondern dass sie unendlich in der Zeit und im Raum ist. Aber genügt es, das gleiche Wort: „die Welt" in dem einen wie auch dem anderen Satz verwendet zu haben, um über dasselbe Ding gesprochen zu haben, um es infrage gestellt zu haben? Einerseits betrachtet man ein Pleroma von Ereignissen, die über die kausale,

---

89   Genau das ist das derart Enttäuschende im berühmten Buch des Dr. A. Carrel, *Der Mensch – das unbekannte Wesen* (Carrel [1935] 1938). Die Einheit des Menschen wird darin unaufhörlich postuliert, ohne legitimiert zu werden. Vgl. z.B. S. 42: „Eine Definition, die etwa lautete: der Mensch sei aus Materie und Bewußtsein zusammengesetzt, wäre ganz bedeutungslos, denn die Beziehungen zwischen Bewußtsein und Körpersubstanz sind bisher noch nicht in den Bereich des wissenschaftlichen Experiments getreten. Dagegen liegt uns eine Verfahrensdefinition vor, wenn wir den Menschen als einen Organismus ansehen, der bestimmte biochemische, physiologische und psychologische Äußerungen hervorbringt." Siehe auch S. 321, in einer sehr optimistischen Art und Weise: „Die Wissenschaft vom Menschen ist heute so weit, daß wir mit ihrer Hilfe alle geheimen Anlagen unseres Körpers ausbilden können." Es geht darum, „den Menschen nach den Regeln seiner Natur wiederherzustellen" [(Carrel 1935, 355), Anm. d. Übers.]. Aber ist diese Natur eine?

zeitliche oder räumliche Synapse miteinander verbunden sind („eine unendliche Reihe aufeinander folgender Zustände der Dinge in der Welt", sagt Kant). Andererseits betrachtet man ein ontisches Pleroma („so wird die Welt ein unendliches gegebenes Ganzes von zugleich existirenden Dingen sein"). Dieses synaptische und dieses ontische Pleroma – diese beiden Universen, von denen jedes eine besondere Gruppe von Existierenden versammelt und die zwei spezifische Modi der Existenz repräsentieren (denn in der Antinomie wirkt sehr wohl eine Setzung des Objekts als existierend, und Kant hat Recht, das zu zeigen) –, diese zwei Universen, denn sie sind wesentlich zwei, unterscheiden sich tiefgehend in ihrer Konditionierung der Wirklichkeit; was gibt es Befriedigenderes für die Vernunft! Die Schwierigkeit beginnt erst, wenn man diese zwei Universen miteinander in Übereinstimmung bringen will, wenn man, ungeachtet ihres tiefen Unterschieds – das eine endlich, das andere unendlich (wahrscheinlicher: das eine unendlich, das andere unbegrenzt); das eine statisch, das andere dynamisch (exakter: das eine ontisch, das andere synaptisch), das eine diskontinuierlich, usw. – wenn man, sagte ich, ein höheres Universum vorschlagen, sich eine Gattung des Seienden geben will, die zugleich das eine und das andere wäre, die sie in einer einzigen Wirklichkeit zusammensetzte. Für uns ohne Zweifel eine Auffassungsschwierigkeit (das Denken ist in ihr noch nicht getan) und auch eine Schwierigkeit der Existenz. Was wird das für eine Wesensart sein, die nicht nur die Zusammensetzung, die „Komplikation" der zwei betroffenen Modi der Existenz herbeiführen wird, sondern auch ihren ungeteilten Besitz dessen, was ihr „gemeinsamer Akt" (um mit Aristoteles zu sprechen) an Schöpferischem hat?

Und Kant hat ganz Recht, das Problem der „Totalität" (die nicht „absolut" ist, sondern ausschließlich relativ zum gegebenen Problem) mit der Ordnung der „transzendentalen Idee" in Beziehung zu bringen, einer Totalität, deren Erforschung insofern ein „regulatives Prinzip ist", als sie ein unwiderlegbares Bedürfnis des Denkens darstellt. Aber die „kritische Entscheidung" des Problems ist vollkommen wirkungslos. Warum den Akt, dieses Prinzip zu hypostasieren, als illegitim bezeichnen? Es ist wahr, dass man, indem man es so hypostasiert, die Idee einer Lösung nur auf problematische Art und Weise setzt. Und man irrte, von dieser Unbekannten als existierend zu sprechen, da man sie mit x benannt hat, und besonders irrte man, zu glauben, sie auf den ersten Grad einer Gleichung zweiten Grades zu reduzieren, indem man schreibt: $x^2=X$. Die wahre Frage ist, ob eine solche Unbekannte, eine solche plurimodale Einheit zur Existenz fähig ist; und wenn ja, welche Art und Weise zu existieren sich bietet – sei es objektiv oder im Denken –, um sie zu verwirklichen. Das (zu erringende) Recht, ein Über-Universum zu setzen, sich eine Welt als existierend zu geben, die diese zwei Pleromata und diese zwei Modi der Existenz in einer einzigen Wirklichkeit zusammensetzt, ist ein ausgezeichnetes Beispiel dieses zweiten Grades und seiner Probleme.

§ 104. Glauben wir daher nicht, dass die Hypothese einer vollständigen und fertigen präetablierten Harmonie zwischen all den konvergierenden Intentionen und inständigen Bitten nach Erfüllung einfach ist; eine Harmonie, durch welche – da jede Modalität der Existenz das Bedürfnis nach dem anderen mit sich bringt, nach einem Existieren in einer anderen Modalität – alle gemeinsam eine einzige und volle Existenz jenseits ihrer selbst hervortreten ließen, die ihnen vollständige Wirklichkeit verliehe. Bemerken wir besonders, wie sehr dann diese Hypothese, wenn man sie vonseiten des Wesens vorantreiben will – vonseiten der Idee eines Wesens, das diese vollständige Wirklichkeit besetzt und trägt –, das Wesen und die Existenz divergieren lässt, wobei das betroffene Wesen immer mehr außerhalb der Ebene der Existenz, im Verhältnis zu deren Vielheit es sich definiert, zu suchen ist. Denn wenn all das richtig ist, erkennt man klar, nicht nur wie sehr, sondern warum die Idee der Totalität unzureichend ist, um die Idee der Überexistenz zu definieren und in ihrem Wirklichkeitswert zu festigen.

Im Bezug auf das Virtuelle (§ 62) haben wir die Bedeutung schon erkannt, die man der Möglichkeit oder der Unmöglichkeit der Erfüllung beimessen muss. Zum Beispiel heißt (nach Art einiger billiger Personalismen, die sich ziemlich ungerechtfertigt auf Renouvier berufen) zu sagen, dass ein Mensch, um voll und ganz zu existieren, all seine Möglichkeiten verwirklichen, all seine Virtualitäten entwickeln und aktualisieren muss, zugleich auch nichts zu sagen. Wenn man die Virtualität in ihrem präzisen, strengen Sinn nimmt, heißt, von einem *totum potestativum* als virtuell existierend zu sprechen, zu postulieren, dass es eine gänzlich vorbereitete, gänzlich befriedigende Lösung des Problems bietet; welche nur noch vom virtuellen Modus in irgendeinen anderen, zu bestimmenden Modus zu bringen ist (was immer noch Fragen aufwirft; aber es handelt sich nur um eine Transposition von Modus zu Modus). Gibt es aber eine solche Lösung, das heißt eine virtuelle Existenz dieser Einheit – das ist die Frage. Um es klar und deutlich auszudrücken, ein menschliches Beispiel: ein liebenswürdiger und hübscher junger Mann von siebzehn Jahren, nachdenklich und verspielt, hochmütig und schüchtern, intelligent und gefühlsbetont, ziemlich sinnlich und ein wenig mystisch, aus dem Stoff eines Don Juan und eines Heiligen zugleich, eines Armeegenerals (in seinen Träumereien hat er eine befehligt) und eines Malers (er hat die Gaben dafür, das steht fest), auch eines Literaten und eines Mannes der Tat (wenn er seine Trägheit und sein Zögern ablegt). Ist es ein weiser Rat, ihm zu sagen: Das ist ganz einfach, sei zugleich dieser Heilige und dieser Don Juan, dieser Maler, dieser Literat und dieser General? Es ist nicht gesagt, dass sich ein Schicksal nicht durch Zufall darbieten und dass eine Seele nicht durch die Anstrengung, die Ausdauer und das Genie entworfen und aufrechterhalten werden kann, die all das tatsächlich in einer Vereinheitlichung verwirklichen. Derlei Dinge sind nicht alltäglich. Jedenfalls kann man nicht bestreiten, dass, wenn man so etwas als verwirklicht oder überhaupt als verwirklichbar annimmt, das zugleich die Annahme eines sehr eigenartigen, genialen, wichtigen und völlig neuen Dings bedeutet; von etwas, das in nichts gegeben, sondern zu finden ist. Was soll man konkret vorschlagen, um all diese Elemente miteinander zu vereinbaren, sie in eine Synthese zu bringen? Das eben meint das *hic*. Umso mehr als es darum geht, jenen Mann hervorzubringen, der moralisches und mystisches, künstlerisches und körperliches Leben in einer evidenten und positiven Einheit substanziell vereint – in etwas, das nicht nur ein Herumstochern hier und da in all diesen Modi ist, sondern eine Verwirklichung ihrer Einheit als eines Seienden und zwar eines nicht nur plurimodalen, sondern gleichzeitig in der Synthese dieser diversen Gattungen der Existenz, in einer zugleich höheren, obersten und einzigen Existenz wirklichen. Ich erkenne klar, möchte ich sagen, indem ich ein solch erstaunliches und beinahe übermenschliches Beispiel betrachte, wie hier die Handlung und der Traum, das mystische Leben und die virile Handlung im steten Wechsel aufeinander folgen. Aber noch einmal, worin *ist* dieser Heilige dieser Mann der Tat, worin *ist* dieser Literat dieser Liebhaber, worin *ist* diese Seele dieser Körper? Genau das müsste noch gesagt werden.

Man kann also – um zu diesem großen Problem zurückzukehren, das dieser Vergleich verständlich machte – die Idee einer universalen Totalität, wenn man so will, als transzendentale Idee setzen. Man kann sogar aufgrund einer ein ganz klein wenig abstrakten und begrifflichen Deduktion hinzufügen, dass sie das Meistmögliche des Reichtums an Wirklichkeit repräsentierte. Aber man sei sich des Risikos, das man auf sich nimmt, sehr wohl bewusst: Man nimmt auf diese Weise ein Denken in Angriff, das weit jenseits der geistig leicht zu handhabenden Regionen der Überexistenz liegt. Bei dieser Gelegenheit lässt man auch alle architektonischen Betrachtungen wegfallen, die dieser Erforschung eines metaphysischen Jenseits der Existenz einen konkreten und positiven Anhaltspunkt verleihen können. Per Hypothese vereint, vermischt, beseitigt man folgende Unterschiede in einer allerletzten involutiven Auflösung: Gott und die Welt, moralische und vereinende Transzendenz, substanzielle Vereinigung der Seele und des Körpers sowie gnoseologische Vereinigung des Subjekts und des Objekts; und zwar, indem man jede Hierarchie der Entitäten umstürzt und für nichtig erklärt (um sie sofort an der Spitze anzunehmen), die auf den Stufen dieses Jessebaumes oder dieser Jakobsleiter gelegen sind: der Ordnung der Überexistenzen, der einzigen Stütze für solide metaphysische Forschungen in diesen Problemen. Hasten wir uns nicht. Nicht nur kämen wir nicht mehr weiter, wir würden auch den einzig wirklichen Ertrag verlieren, den man philosophisch aus diesen Untersuchungen einfahren kann, und vielleicht auch die Verbindung mit dem, was seine praktische Reichweite ausmacht, mit der in gleicher Weise hierarchischen und geordneten Erfahrung der Errichtung.

§ 105. Denn schließlich drängt sich eine letzte Frage auf, bei der wir uns begnügen, sie schnell zu skizzieren: diejenige der Vereinheitlichung der Vereinheitlichungen.

Es stellte tatsächlich eine Schwäche dar, bei einer einzigen Konzeption der Einheit und der Totalität in der der Existenz eigentlichen Gattung oder auf dem Niveau der Überexistenz, das diese postuliert, stehenzubleiben und sich mit ihr zufriedenzugeben (so zufriedenstellend sie auch sein kann). Als ob dieses Prinzip der Vereinheitlichung das einzig mögliche wäre.[90]

Zu diesem Zwecke ist es wirkungsvoll, daran zu denken, in welchem Maße die verschiedenen Bestreben zur Einheit je nach der Natur der postulierten Überexistenz verschiedene Wesen hervorrufen: das niedere Wesen, Grundlage und gemeinsamer Ursprung aller Dinge, oder das terminale Wesen, gemeinsame Kulmination aller Dinge; Einheit eines Ganzen, die bereits vollkommen in diesem oder jenem Modus bestimmte Wesen wieder zusammensetzt und all ihre erfüllten Seinswahrheiten enthält; oder die Summe all ihrer Erfüllungen allein auf der Ebene der Überexistenz; oder das (ein klein wenig abstrakte) gemeinsame Prinzip ihrer Existenz; und so weiter. Was heißt es also, die Einheit all dessen unter dem Namen des Seins auf ideale Art und Weise zu setzen? Um das Problem klar zu formulieren: Es heißt, nicht die unmittelbare Vereinheitlichung von allem, sondern die Vereinheitlichung all dieser möglichen Modi der Vereinheitlichung zu postulieren. Es bedeutet, eine Überexistenz einer Gattung zu setzen, die noch weiter von der Existenz entfernt ist, ein Problem dritten Grades, des gewiss letzten, an den unser Denken herangehen kann.

---

90 Das ist die Schwierigkeit, auf die alle Anstrengungen stoßen, die Wirklichkeit einer einzigen und uniformen Dialektik folgend zu erklären. Kann, worauf man nicht auf diese Weise stößt, als inexistent bezeichnet werden? Hamelin hat diese Schwierigkeit wohl bemerkt. Daher seine verzweifelte und vergebliche Anstrengung, um zu beweisen: 1. dass seine Dialektik nicht intellektuell ist (da der Intellekt in seinem Gegensatz zum Praktischen und zum Affektiven nur innerhalb psychologischer Phänomene am Ende des Prozesses der Repräsentation auftaucht); und 2. dass die Dialektiken der Schönheit und der Güte nicht das Prinzip eines Neuanfangs *ab ovo* mit all seiner Arbeit auf anderen Gebieten sind (vgl. Hamelin [1907] 1925, 445 f. und 496 f.). Daher die Notwendigkeit einer rein begrifflichen Ästhetik (447) und der Behauptung, dass „der absolute Geist vielleicht nicht absolute Güte zu werden brauchte" (496). Für ihn geht es darum (eine unmögliche, beinahe absurde Aufgabe), zu beweisen, dass das, was nur im Namen einer autonomen Dialektik der Kunst oder der Moral Existenz hätte, nicht existierte; dass man, nachdem man im Namen der Weisheit dem Werk eines Geistes gefolgt ist, der göttlich ist, nicht im Namen der Mächtigkeit und dann im Namen der Liebe mit der Aufgabe wieder beginnen muss. Vergessend, was Dante zufolge auf den Toren der Hölle geschrieben steht: *Fecemi la divina Potestate – La somma Sapienza, el primo Amore …*

§ 106. Wir hätten uns ziemlich schlecht verständlich gemacht, wenn man im Vorangegangenen auch nur die geringste Ablehnung gegenüber solcherlei – älterer oder jüngerer – Spekulation erkennen konnte, die das Sein oder die Existenz in ihrer Einheit oder ihrer Totalität betrifft; genau das Gegenteil ist der Fall.

Wenn diese Spekulationen nämlich in mancher Hinsicht einen evident kritischen Aspekt haben (sie stehen in Verbindung mit einer allgemeinen Philosophie der Philosophien),[91] so haben sie nichtsdestoweniger auch eine andere Seite, durch welche sie, wenigstens hoffen wir das, mit der konkretesten Wirklichkeit in Verbindung stehen.

Denn wenn irgendeine Wirklichkeit die auf diese Weise problematisch oder ideell bestimmten Punkte einnimmt – an den verschiedenartigen und eindeutigen Schlusssteinen, an den wirklich kulminierenden Spitzen, an den wirklichen Zentren der Überexistenz –, muss diese Wirklichkeit ein konkreter Vorschlag der Überexistenz sein, der den gesetzten Bedingungen durch eine positive Selbstaussage antwortet.

Widergespiegelt auf der Ebene des Diskurses repräsentieren in mancher Hinsicht das Sein von L. Lavelle, der Gott von L. Chestov, der Mensch von Heidegger; oder, wenn man es vorzieht, die Substanz von Spinoza, der Gott von Malebranche, die substanzielle Vereinigung von Descartes; oder auch die Seins-Idee von Strada, der reine Akt von Gentile, das menschliche Maximum von G. Bruno, usw., genau abgegrenzte Stellungen, an denen eindeutige Wirklichkeiten im Bereich des Überexistenziellen ansässig sind. So weit, dass man (über eine Kritik, die womöglich auf brauchbare Art und Weise mit diesen Überlegungen gewappnet wäre) tatsächlich untersuchen kann, ob diese Repräsentationen angemessen sind, ob sie ihren Objekten wohl entsprechen, kurzum, ob sie wahr sind; wobei die Idee der Wahrheit hier eingreifen kann, weil es eine Wirklichkeit dieser Objekte gibt. Denn die fragliche Kritik müsste über eine rein metaphysische Instanz als Erstes danach suchen, welche existenziellen Gegebenheiten an ihrem Schnittpunkt mit dem zweiten Grad in der Überesistenz eindeutige Wirklichkeiten definieren, die dem Denken als positive Spekulationsobjekte geboten werden. Und erst in der Folge könnte man sich daran machen, zu untersuchen, inwieweit diese Spekulationen glaubhaft sind und sie uns (unter welchem Namen auch immer) Vorstellungen liefern, die sich an irgendetwas dieser Entitäten annähern, ihnen in ihren Konditionierungen der Wirklichkeit symbolisch entsprechen. Das kleine Buch, das man gerade in den Händen hält, hegt für eine so verstandene Metaphysik nur den Anspruch, eine Einführung zu sein. Und deshalb bleibt uns, da wir den Standpunkt der Kritik nun verlassen und von den Philosophien zur Wirklichkeit überwechseln, nur noch der Versuch, in kurzen Schlussfolgerungen zu

---

91   Vgl. Souriau 1939, Kapitel V, 366 f.

sagen, wie die Überexistenz (in dem, was sie sowohl an Negativem als auch an Positivem hat) mit der Existenz in Verbindung steht und welche Beziehungen sie miteinander unterhalten.

◆

§ 107. Zunächst: Von welcher Natur ist das Überexistierende? Was wissen wir darüber? Was ist diese Welt für eine Welt? – Dann: Was zeugt auf der Ebene der Existenz vom Überexistierenden? Welche Tatsache ist hier vorhanden? – Schließlich: Wie ist ihre Beziehung beschaffen? Was ist das für eine Konstruktion, die das Existierende und das Überexistierende füreinander zeugen lässt? Geben sie sich gegenseitig Halt; oder ist eines die Grundlage für das andere? Und in welcher Form bedürfen sie einander?

Und was gibt es an diesen festgelegten (oder erahnten) Punkten, das uns betrifft; und wie betrifft es uns?

◆

§ 108. Eine Sache ist sicher: Es gibt viele Dinge, viele Wesen und Tatsachen in der Überexistenz, viele Äonen in diesem Pleroma und nicht allein das Eine. Diese Welt ist hierarchisch und architektonisch. Das ist sogar das Gesichertste, was wir diesbezüglich haben. Wir haben es gesehen: Jessebaum oder Jakobsleiter. Es gibt eine Ordnung und so etwas wie eine Genealogie der Überexistenz. Durch die verschiedenartigen Formen, wie sie sich einander annähern, neigen die Modi der Existenz ihre Äste, um an den verschiedenartigen Schlusssteinen der so entstandenen Wölbungen Räume für Bewohner hervortreten zu lassen. Ist es der Gott von Malebranche oder ist es der Übermensch von Nietzsche, der am Schnittpunkt des Körpers und der Seele liegt? Darüber kann man Vermutungen anstellen. Ordnet man Gott in der Hierarchie der überexistenziellen Äonen nicht zu niedrig ein, wenn man ihn auf diese Stufe setzt? Erhebt man den wirklichsten Menschen zum Gott, wenn man ihn, indem man ihn sich vorstellt, so erkennt, wie er sein muss, um diese Einheit nicht nur der körperlichen und der psychischen Existenzen, sondern die Einheit dieser beiden Gesamtheiten und der geistigen Existenz zu verwirklichen, und dann noch der Existenzen der ontischen Ordnung und der Ordnung des Ereignisses? Wenn es einen Gott gäbe, fragt Nietzsche wunderschön, wie hielte ich›s aus, kein Gott zu sein? Ich muss Gott werden, sagte schon Novalis. Aber das, wovon man auf die eine oder andere Weise hier oder da spricht, was zu göttlich ist, um Mensch genannt zu werden, zu menschlich um Gott genannt zu werden (und die Metaphysiker ergießen sich in Fehlern, gerade indem sie Namen vergeben), ist dasselbe Wesen (dieselbe Entität), das vage auf die eine oder andere Weise erahnt wird, aber durch den metaphysischen Punkt, den seine existenziellen Koordinaten bestimmen, mit seinem exakten Wirklichkeitsgehalt auf eindeutige Art und Weise bezeichnet wird. Lassen wir uns also nicht gehen, indem wir sagen: Es ist dasselbe Wesen im Sinne von: Es ist das Sein selbst; denn so zu sprechen hieße, das ganze Gebiet der Überexistenz zu hastig mit einem globalen Namen zu benennen, eben jene Ordnung und jene Architektonik unberücksichtigt zu lassen, die es erlauben, diese verschiedenartigen Entitäten genau auszumachen und zu unterscheiden, wie zum Beispiel Gott und das Universum – exakterweise irgendeinen Gott, irgendein Universum, die diese oder jene Ebene der Existenz und diese oder jene überexistenzielle Stufe aufeinander abstimmen. Erkennen wir auch nicht zu schnell an, dass man, indem man gleich zu Beginn weit genug nach oben steigt, letzten Endes die vollständige Einheit, die totale Koordination findet. Denn wie wir wissen (§ 105), kann es sich nur um eine Koordination der Koordinationen (mit all ihren möglichen Diversitäten) handeln und also um diesen dritten, womöglich abstrakten, womöglich rein theoretischen Grad, der in jedem Fall nur über die notwendige Vermittlung der Überexistenzen, der Ordnung ihres Pleromas folgend, mit dem Existenziellen in Verbindung stehen kann.

Man lasse sich auch nicht zu der Aussage hinreißen, dass es um das Ideale geht und schon gar nicht um ideale Existenzen. Denn es gibt keine ideale Existenz, das Ideale ist keine Gattung der Existenz. Oder vielmehr ist es, im gebräuchlichen und eindeutigsten Sinne des Ausdrucks, Imaginäres. Das Ideale ist das vollkommene Imaginäre. Brauchbarer und tiefgehender wäre es, die „transzendentale Idee" im Sinne von Kant in Erinnerung zu rufen, das heißt ein Leitprinzip. Doch man irrte wieder; denn ein solches Prinzip nennt nur ein Problem, das gestellt wurde (und zwar für das Denken, in einem kritischen Sinne). Worum es nun aber geht, ist das in der Wirklichkeit seiner Lösung gelöste Problem. Nicht dieses Ideale, sondern die Wirklichkeit dieses Idealen – eben das steht zur Debatte.

Es ist zwar wahr, dass es sich uns von unserem Standpunkt aus als zu errichtend zeigen kann (das trifft vor allem für eben jenen wirklichsten Menschen zu); und gerade in der Erfahrung dieser Errichtung haben wir den spürbarsten Zugang dazu. Aber das gehört zu unserem Standpunkt und verändert es nicht in seiner Natur, die gänzlich zur Wirklichkeit gehört und nicht davon berührt wird, ob wir uns ihm mehr oder weniger nähern. Allerhöchstens kann man sagen, dass es bei der vollständigen Annäherung, beim Kontakt aufhört, Überexistenz zu sein, um Existenz zu sein. Aber ist das möglich? In Erwartung dessen kann man vor allem sagen, dass es (in dem Maße, wie es noch nicht errichtet worden ist) nicht existiert, wenn existieren bedeutet, auf der Ebene der Existenz zu sein, Partei für einen Modus der Existenz ergriffen zu haben.

Allerhöchstens kann es sich in irgendeinem dieser Modi widerspiegeln – *per speculum in aenigmate*; und selbst dann hat es keine andere Existenz als diese modale und spiegelhafte. Es ist nun aber zu reich an Wirklichkeit, um auf dieser Ebene oder sogar auf den diversen Ebenen der Existenz, die es zusammensetzt, Platz zu finden.[92]

§ 109. Und wie setzt es sie zusammen? Das bringt uns auf die Ebene und auf den Standpunkt des Existenziellen zurück.

Mittlerweile kennen wir den Unterschied, den es zwischen einer einfachen plurimodalen Zusammensetzung – einer *coacervatio* – und (um ein übrigens gefährliches Wort zu gebrauchen) dieser Synthese gibt, die eine Überexistenz äußert und impliziert. Ein Beispiel eben dieser Letzten wird noch einmal nützlich und angebracht sein; im Übrigen eines, das von einem philosophischen Standpunkt aus ersten Ranges ist, denn es handelt sich um nichts Geringeres als um das Erkenntnisproblem.

Man belastet sich mit einem falschen Problem, wenn man einer bestimmten Vorstellung (sie ist nicht die einzige, aber eine sehr wichtige und nicht auszuklammernde) der Wahrheit strikte Ablehnung entgegenbringt: der Ähnlichkeit des Denkens und seines Gegenstandes; eine strikte Ablehnung, die sich auf der Außerhalbbefindlichkeit des Gegenstandes gründet, der daher durch das Denken mit diesem selbst nicht vergleichbar ist. Denn es gibt einen gewissen Aspekt, unter dem sowohl das Denken (oder das Sagen) als auch der Gegenstand außerhalbbefindlich oder dem Denken wenigstens auf derselben Ebene gegeben sind. Und dieser Aspekt ist ohne Zweifel derjenige, unter dem der Begriff der Wahrheit als Erstes gebildet oder empfunden worden ist. Du lügst, denn ich sehe, dass derjenige, von dem du sagtest, er sei tot, am Leben ist. Oder auch: Du sprichst von einer Zeder und du von einer Eiche. *Tu sub schino, tu sub prino* (Daniel XIII). Die Zeder und die Eiche der lügenden Ältesten rufen – die eine wie auch die andere – als miteinander unvereinbare über ihnen eben diese Wirklichkeit hervor: den wahren Baum; denjenigen, welcher der mutmaßlichen Sünde Susannas Schutz geboten hätte.

Aber auf welche Weise auch immer man an das Problem herangeht, die Vorstellung von der wahren Erkenntnis ruft immer etwas Ähnliches hervor. Geht es um mein eigenes subjektives Denken und seinen transzendenten Gegenstand, so wird diese überexistenzielle Wirklichkeit genauso hervorgerufen

---

92 Man sage auch nicht: es geht um eine Essenz. Sicher geht es um eine Essenz, aber das sagt nichts. Es gibt auch Essenzen von Existierenden, die in diesen Existierenden residieren (das ist ihre existenzielle Quiddität). Und hier geht es um die Essenz der Überexistierenden, die in diesen Existierenden residiert (das ist ihre Quiddität der Wirklichkeit). Das Wort der Essenz fügt daher nichts hinzu, sagt nichts aus und führte nur in Richtung anderer Standpunkte in die Irre, die für unser Problem nicht relevant sind. Noch einmal, es geht ganz einfach um Wirklichkeit – um Stufen der Wirklichkeit, die die Existenz zwangsläufig überschreiten.

– eine Wirklichkeit, die zugleich das vereinigte und aufeinander abstimmte, was im Modus, in dem sich mein Denken vollzieht, und im (per Hypothese verschiedenen) Modus des Gegenstandes existiert. Wie kann nun aber mein Denken, das (indem es wahr sein will) diese Überexistenz hervorruft, eben diese in Handlung umsetzen, außer indem es sich über diese Wirklichkeit informiert, sich nach dieser Wirklichkeit richtet? In der Existenz gibt es nur eine Korrespondenz, das heißt keine Ähnlichkeit, sondern eine gegenseitige *Antwort* des Denkens und seines Gegenstandes, die ein Paar bilden. Die Tatsache dieser Antwort (unwichtig, ob richtig oder falsch) ist hier die einzige existenzielle Tatsache. Es gibt ein Echo. Diesem Denken steht jener Gegenstand gegenüber. Die Eiche und die Zeder rufen nach einander, antworten einander und stehen einander gegenüber. Solche Antworten (im Sinne von Goethe oder Baudelaire) sind in die Existenz als positive Relation eingeschrieben. Aber *wie* antworten sie einander? Hierin liegt der mögliche Ansatzpunkt der Überexistenz. Was mit dem Eingreifen der Idee der Wahrheit Überexistenz ausmacht, ist die Idee nicht nur eines Zusammen-Seins, sondern einer gemeinsamen Wirklichkeit, welche beide einander antwortenden Modi gleichzeitig beherrscht; wobei sie beim Subjekt die Tatsache, dass es erkennt, ebenso als wirkliche Qualität impliziert wie beim Objekt die Tatsache, dass es erkannt wird. „Erkannt sein, wie man ist …"[93] – Wunsch (Schrei oder Seufzer) einer Figur von Gabriel Marcel. „Wie man ist" ist wohl überflüssig, sogar gefährlich. Wenn ich diesen Wunsch ganz bewusst entwickle, ist das, was ich will, nicht, dass es, grob gesagt, irgendwo irgendein (bekanntes oder unbekanntes) Wesen gibt, das sich von mir eine richtige Vorstellung macht, ohne dass ich es weiß oder bemerke: Als ein wirkliches Leiden, als ein Hinnehmen, das mich modifiziert, ohne mich zu verändern, will ich die Tatsache spüren, unter einem Blick zu stehen, angestrahlt zu werden durch dieses Bild von mir; – und wirklich in eine neue Gattung der Existenz gesetzt zu werden, denn dieses Wesen wäre nicht so, wie ich bin. Dasjenige, das hervorgerufen wird, ist sehr wohl dasjenige, das zugleich an diesen beiden Modi teilhätte und ihre konstitutive Verschiedenartigkeit überstieg. Es existiert nicht, aber ich kann ihm antworten, durch ein Leiden von der Art desjenigen, das so definiert wird. Ein Erleiden des Überexistenziellen, indem ich eine Modifikation erlebe, die ihm antwortet und deren Grund es ist (in dem Sinn, wie Grund Beziehung heißt), darin besteht die Art und Weise, wie wir von ihm zeugen und in einer Leiden-Tun-Beziehung mit ihm stehen können.

So, wie es Antworten von einem Modus an einen anderen Modus gibt, die als direkte Relation, die zusammensetzt und nichts mehr, auf der Ebene der Existenz bleiben, so gibt es auch Antworten von der Existenz an die Überexistenz.

Und es gibt keine andere Art und Weise, sie auszudrücken und sie zu spüren, als festzustellen, dass der Antwortmodus des Existierenden an das

---

93   Marcel (1925) 1961, 111. Anm. d. Übers.

Existierende in gewissen Fällen über den zweiten Grad verläuft, dass er als Grund oder Gesetz der Antwort dieses Überexistenzielle aufbietet oder impliziert. Er ist dessen Funktion.

Jeder weiß, dass man einen Knoten aufbinden kann, ohne seine beiden Enden anzufassen – indem man durch die vierte Dimension geht. Genauso zeugt die praktische, tatsächliche und konkrete Verwirklichung von Problemen wie denjenigen der Erkenntnis oder der Wahrheit von solch einem Durchgang durch die Dimension der Überexistenz. Das ist die Tatsache, der Wirklichkeit dieses Überexistenziellen entsprechend (selbst der problematischen) zu handeln oder zu leiden, einer Wirklichkeit, die nicht dessen gespiegelte Projektion auf das Existenzielle ist, sondern dessen Erfahrung. Eine Erfahrung dieser Art haben wir auch in der errichtenden Handlung durch die Wirkung der Anapher erkannt. Wieder geradeso, als ob uns eine Kraft kommt, die wir nicht erklären können, ohne irgendeine überexistenzielle Wirklichkeit als Schlüssel unserer Antwort auf die Gelegenheit, auf die Situation zu implizieren. Was Michelangelo oder Beethoven groß gemacht hat, was sie genial gemacht hat, ist nicht ihr eigenes Genie, sondern ihre Aufmerksamkeit gegenüber der Genialität – nicht in ihnen selbst, sondern im Werk. Denn die Werke sind auch in der Überexistenz, und zwar nicht nur im Zeitraum der Errichtung, durch diese Erfahrung der Anapher, die, wie wir gesehen haben, mit zunehmender Intensität der Wirklichkeit die Vielheit der existenziellen Ebenen aufbietet, sondern auch aufgrund ihrer Lage an dieser existenziellen Kreuzung: zwischen ihren geistigen Konditionierungen der intrinsischen formalen Wirklichkeit einerseits; und all dem Virtuellen der Nachfrage des Jahrhunderts, der noetischen Bedürfnisse des Augenblicks, der menschlichen Erwartung andererseits, die in diesem Modus des Virtuellen ihren Gegenabzug, ihr Konterrelief hervortreten lassen. Das wirklichste Werk ist nicht nur dasjenige, das seine eigenen Qualitäten in Schönheit oder Erhabenheit hervortreten lässt, sondern auch dasjenige, welches das Eingehen auf einen Appell ist, die Befriedigung eines an sich unbestimmten und amorphen Wunsches; Formen, die ihre Materien suchen, und Materien, die ihre Formen suchen.

Was nun aber an den großen Kunstwerken wahr ist, ist es unter diesem Aspekt auch an den großen moralischen Werken oder selbst an den einfach menschlichen Werken, den praktischen Werken und den Lebenswerken, all den Werken, die zu errichten sind.

§ 110. Und auf diesem Ton würden wir gerne schließen. Denn wäre die Philosophie auch nur eine Stunde der Mühe wert, wenn sie uns nicht für das Leben rüstete?

Immanente Gerechtigkeit: Auf die Art und Weise eines Körpers zu existieren heißt, ein Körper zu sein. Auf die Art und Weise einer Seele, eine Seele zu sein. Du wirst eine Seele sein, wenn deine inneren Harmonien durch ihre

Architektur und ihre Klangfülle virtuelle Reichtümer hervortreten lassen und dich größer als dich selbst wie auch unzerstörbarer und erfüllter machen. Aber ein geistiges Wesen wirst du zusätzlich nur sein, wenn du es schaffst, zu leben, indem du für eben jene Überexistenz Zeugnis ablegst, die das einzige Wesen wäre, Meister dieser drei konzertierenden Stimmen zugleich, dieser drei Modi der Existenz. Nun, dieses Wesen existiert nicht, aber du zeugst für seine Wirklichkeit, die höher und vielfältiger ist als diejenige von jeder einzelnen dieser polyphonen Stimmen, wenn dein Leben in Abhängigkeit von dieser Überexistenz: der substanziellen Einheit dieser drei modifiziert und moduliert wird.

Gib nun aber Acht, für welche Wirklichkeit du auf diese Art und Weise zeugst, vielfältig oder karg, auf das Wirklichere oder auf das Nichts zugehend. Denn wenn du für diese Wirklichkeit zeugst, richtet sie über dich.

In Abhängigkeit von einem Gott zu leben, heißt – wie gesagt –, für diesen Gott Zeugnis abzulegen. Aber gib auch Acht, für welchen Gott du zeugst: Er richtet über dich. Du glaubst, für Gott zu antworten; aber welcher Gott ordnet dich, indem er für dich antwortet, in die Tragweite deiner Handlung ein?

Deine Nächstenliebe (und ihr wird man nie zu viel Bedeutung beimessen) kann zu einem weiteren Schritt in Richtung einer Menschheit veranlassen, die nicht existiert. Aber achte auf Folgendes: Wird diese Menschheit, die auf diese Weise *eine* mehr sein wird, affektiv die wirklichste sein? Mitunter wäre es möglich (achte darauf), dass deine Strenge (wehre diese Verderbtheit des Herzens, diese Niederträchtigkeit oder diese materialistische Verrohung der Wünsche von dir und von der Menschheit ab) überexistenziell eine wirklichere und höhere, zum Beispiel geistigere und moralischere sowie gleichzeitig psychische und körperliche Menschheit setzte, indem sie für diese Menschheit zeugte.

Ein schwieriges Kalkül? Ohne Zweifel und eben dadurch bedeutend. Ein Kalkül übrigens, das bis zu einem gewissen Grade durch die Erfahrung ersetzt werden kann.

Derartige Probleme nur über das Denken aufzulösen heißt, sich zu bemühen, dem, was überexistiert, irgendeine Existenz zu verleihen, indem man ihm irgendeinen existenziellen Modus als Spiegel anbietet, worin es sich, so gut es eben geht, widerzuspiegeln hat; ein Modus, der hier das Denken sein wird. Aber es ist nicht gesagt, dass dieser Modus irgendeine Überlegenheit hätte, außer vielleicht eine pragmatische. Und mit gutem Recht könnte gerade der Modus des physischen Ontischen und der materiellen und irdischen Welt ähnliche Zeugnisse liefern und derartige Spiegelungen hervorbringen. Im Interesse dieses Menschen, der Fleisch und Denken zugleich, Geistigkeit und Moral ist, und für ihn auf dieser Erde Bleiben einzurichten, soziale Institutionen und kulturelle Schauspiele, heißt, für ihn genauso zu zeugen, als suchte man ihn nur im Denken zu erahnen. Und vielleicht lässt sich das in einem höheren Maße und stärker auf die Wege dieser Errichtung ein, die von ihm die sicherste Erfahrung geben kann.

Aber im Übrigen beinhaltet diese fortschreitende Konstruktion des wirklichsten Menschen, die eine unserer offenbarsten und unmittelbar gebotensten Aufgaben darstellt, nicht nur die Entdeckung seiner Wirklichkeit, die in unser eigentliches Leben einzubeziehen ist, sondern vielleicht auch die Erkundung von neuen Modi des Existierens für den konkreten Menschen; Modi, die für die Harmonie der Wirklichkeit, zu welcher sie beitragen, notwendig sind. Das ist einer der Gründe, warum das Problem offen und die hervorgerufene Überexistenz von der Existenz entfernt bleibt: Es gibt immer noch zu viele Erfahrungen, die nicht gemacht worden, Formen des Existierens, die nicht errungen worden sind, als dass das Problem letzten Endes vollkommen abgegrenzt wäre und allmählich eine virtuelle Lösung anböte.

Und gerade darin ist die Existenz, wie wir gesagt haben, gleichzeitig sehr reich und sehr arm. Eine glückliche Armut, da sie uns ja Raum zur Entdeckung lässt, zur Neuerung nicht-erlebter Modi der Existenz – die nebenbei auf diese Weise sogar für die Überexistenz neue Möglichkeiten schaffen, welche also immer noch von uns abhängt und uns mit ihrer hierarchischen und erhabenen Welt nicht erdrückt. Wir haben Macht über sie; wir können in ihr neue Wirklichkeiten entstehen, erblühen lassen, Wirklichkeiten, die in ihr ohne uns nicht vorkämen.

§ 111. Wenn man sich über das, was diese Überexistenz in mancher Hinsicht an Negativem hat, wundert oder darüber erschrickt – diese Überexistenz, auf die schließlich als notwendige Bedingung einiger der reichhaltigsten Verwirklichungen der mannigfaltigen Kunst des Existierens hingewiesen wurde, von welcher wir nur einige Grundzüge zu erfassen versucht haben –, denke man, um sich daran zu gewöhnen, an das alte romantische Motiv der Verwandtschaft zwischen der Liebe und dem Tod. Dieser Tod ist ein Sturz in das Nichts; jener andere das blendend helle Glühen eines Lebens, das vollends in der lebhaften Flamme eines letzten Opfers verbrennt. Diese Liebe ist Vernichtung im Einssein mit einer falschen, im Innersten des Nichts geschaffenen Wirklichkeit. Jene andere ist ein wirkliches, schöpferisches und fruchtbares Werk. Man kann sich davon blenden lassen. Eine tragische Verwechslung. Auseinander halten zu können, was *wirklich* Fülle und Reichtum ist, und zwar durch die Natur des Werkes selbst, für welches man Zeugnis ablegt, indem man daran arbeitet, es in facto zu errichten, sowie durch die unmittelbare Erfahrung dieser Errichtung, heißt, das zu erkennen, was der Überexistenz in der Existenz selbst am nächsten kommen kann.

Auf jeden Fall liegt das in unseren Händen.

Es ist gut, dass manche Dinge nicht existieren, damit wir sie zu schaffen haben; damit sie unserer bedürfen, um zu existieren. Aber jenseits der Existenz, und darüber können wir uns sicher sein, haben sie ihre Wirklichkeit. Und eben diese Wirklichkeit, so überexistenziell sie auch sein mag, steht in einem Verhältnis zu uns – ein Verhältnis von der Art desjenigen, welches die Harmonie eines Akkords mit den unterschiedlichen Stimmen hat, die ihn erzeugen. Durch den Gebrauch, den wir von diesen polyphonen Stimmen der Existenz machen, welche ihre verschiedenartigen Modi sind und auf deren [i.e. der Existenz, Anm. d. Übers.] Ebene wir durch unsere Ausübung der Kunst des Existierens sind, können wir dieser Polyphonie wie aus einer anderen Welt Akzente und Akkorde zukommen lassen, die gleichzeitig unser Beitrag zu den Wirklichkeiten der Überexistenz und unsere Teilhabe an ihnen sind. Eben durch den Gesang von Amphion erheben sich die Mauern der Stadt. Eben durch die Lyra von Orpheus stehen die Symplegaden still und setzen sich fest, während sie das Schiff Argo passieren lassen. Jeder Tonfall unserer Stimme, der hier der Akzent der Existenz selbst ist, ist eine Stütze für diese höheren Wirklichkeiten. Wir können, indem wir auch nur einige Augenblicke zwischen den Abgründen des Nichts existieren, einen Gesang vortragen, der mit der Kraft des Zauberwortes jenseits der Existenz erklingt und vielleicht sogar die Götter in ihren Zwischenwelten die Sehnsucht nach dem Existieren verspüren lässt; – und das Verlangen, hier herabzusteigen, an unsere Seite, als unsere Gefährten und Ratgeber.

SUPPLEMENT

Über den Modus der Existenz des zu vollbringenden Werks*

Étienne Souriau

Ich will hier einige Gedanken, die mir wichtig sind, auf die Probe stellen. Sie sind mir wichtig, und, indem ich sie Ihnen zur Diskussion anbiete, will ich sie dennoch auf die Probe stellen. Warum? Weil man sich bei Gedanken dieser Art nicht zu schnell der Lust hingeben darf, sie zu bejahen.

Ich werfe ein Problem auf. Ich sage, dass es uns alle betrifft, als Menschen und als Philosophen. Wie könnte ich das sagen, wenn ich darüber von anderen Philosophen keine Zustimmung erwirkte, Philosophen von möglichst verschiedenartiger Bildung und ebensolchen Idealen, die mit mir darin einig sind, die Dringlichkeit und Universalität dieses Problems zu bejahen?

Und im Versuch, dieses Problem zu lösen, möchte ich mich auf eine ganz bestimmte Erfahrung berufen. Aber je mehr mir diese Erfahrung als entscheidend und kostbar erscheint und je mehr sie in den ganz persönlichen Lebens- und Denkhintergrund eingreift, um diesen Kraft zu geben und sie zu leiten, desto wichtiger ist es für mich, wachsam mir selbst gegenüber zu bleiben, um mich nicht, indem ich in ihr Halt und Richtung zu finden glaube, einer abergläubischen Träumerei hinzugeben. Welcher Philosoph wollte bekräftigen, dass eine gewisse Art von Erfahrung existiert, wenn er nicht bei den anderen die Erinnerung und das Bewusstsein einer gleichen Erfahrung wachrufen kann? Das ist die für mich kostbare Frucht, die ich hier suche.

Um mein Problem deutlich darzustellen, werde ich von einer alles in allem banalen Bemerkung ausgehen, die Sie mir bestimmt ohne Schwierigkeit zugestehen werden. Diese Bemerkung, die außerdem eine bedeutende Tatsache

* Aus *Bulletin de la Société française de philosophie*, 50 (1), Sitzung vom 25. Februar 1956, 4–24.

ist, ist die existenzielle Unfertigkeit von jedem Ding. Nichts, nicht einmal wir selbst, ist uns auf eine andere Art und Weise gegeben als in einer Art Dämmerlicht, in einem Halbdunkel, in dem sich Unfertiges abzeichnet, in dem nichts die Fülle der Anwesenheit oder evidente Offenkundigkeit oder totale Erfüllung oder volle Existenz besitzt. Dieser Tisch, den ich angreife, diese Wände, die uns umgeben, ich, der zu Ihnen spricht, und jeder Einzelne von Ihnen, wenn Sie sich darüber Fragen stellen – nichts von all dem hat eine ausreichend stark ausgeprägte Existenz, als dass wir ihre Intensität für sättigend halten könnten. In der Atmosphäre der konkreten Erfahrung wird ein beliebiges Wesen immer nur auf halbem Wege einer Oszillation zwischen diesem Minimum und diesem Maximum seiner Existenz (um mit Giordano Bruno zu sprechen) erfasst oder erfahren, die uns, offen gestanden, höchstens durch das Gefühl dieser Oszillation, der Zunahme oder der Abnahme der Lichter oder der Schatten dieses Dämmerlichtes, dieses existenziellen Halbdunkels eingegeben werden, von dem ich soeben sprach. Ist die Existenz jemals ein Gut, das man besitzt? Ist sie nicht vielmehr ein Anspruch oder eine Hoffnung? Sodass es ratsam ist, zuzugeben, dass man auf die Frage: „Existiert dieses Wesen?" kaum gemäß dem Paar von Ja oder Nein antworten kann, sondern vielmehr gemäß demjenigen von Mehr oder Weniger.

Das ist für uns selbst evident. Wir alle wissen, dass jeder Einzelne von uns der Entwurf eines besseren, schöneren, größeren, intensiveren und erfüllteren Wesens ist – eines selbst zu verwirklichenden Seins, dessen Verwirklichung ihm obliegt. So, dass die erfüllte Existenz hier nicht nur eine Hoffnung ist, sondern auch einem Können antwortet. Sie erfordert ein Tun, eine errichtende Handlung. Dieses erfüllte Wesen, von dem ich soeben sprach, ist zu vollbringendes Werk. Und da das der Preis für den Zugang zu einer wirklicheren Existenz ist, können wir uns unsererseits der Notwendigkeit nicht entziehen, uns über den Modus der Existenz dieses zu vollbringenden Werks zu befragen. Es betrifft uns. Das heißt, dass wir so, wie wir hier sind, von ihm betroffen sind, dass wir durch ein wirkliches Leiden das Tun hinnehmen müssen, das das aktive Verb folgender Formel ausdrückt: Das Werk betrifft uns. Und selbstverständlich wissen wir das alle, es verhält sich genauso, wenn wir, anstatt an unsere Person zu denken, an den MENSCHEN denken, insofern er zu errichten ist.

Aber ich habe soeben gesagt, dass es sich mit allen Dingen so verhält. Ich habe gesagt: Dieser Tisch, diese Mauern haben einen ähnlichen Stand und zwar solcher Art, dass man auf die Frage: „Existiert das hier?" nur mit Mehr oder Weniger antworten kann, nicht mit Ja oder Nein. Und Sie werden mir vielleicht entgegnen, dass ich mich irre oder dass ich übertreibe, da diese Dinge eine physische, positive Existenz haben, die zu einem Mehr oder Weniger nicht imstande und solcher Art ist, dass man sehr wohl antworten muss: Ja, physisch existieren diese Dinge.

Es ist wahr. Ich kann auf die Frage nach der Existenz mit Ja oder Nein antworten, aber nur, weil das Ja eine Art einklagbares Minimum von einer beinahe rein pragmatischen Natur bescheinigt, die nur in einem äußerst geringen Ausmaß durch einige der elementarsten Disziplinen des Physikers beherrscht wird, und zwar im makroskopischen Maßstab.

Es erübrigt sich für meine Absicht, subtilere Fragen aufzuwerfen, die sich im Zusammenhang mit dem Standpunkt des Physikers in einem anderen Maßstab als eben dem makroskopischen stellten. Derartige Probleme könnten uns fehlleiten. Wir müssen im Tenor einer gemeinsamen, konkreten und als Mensch gemachten Erfahrung bleiben. Eben von diesem Standpunkt aus sage ich, dass dieser Tisch trotz seiner hinreichenden physischen Existenz immer noch ein kaum entworfener bleibt, wenn ich an das denke, was ihm an geistiger Erfüllung fehlt. An verstandesmäßiger Erfüllung zum Beispiel. Denken wir an das, was er gegenüber einem Geist wäre, der imstande ist, alle menschlichen, historischen, ökonomischen, sozialen und kulturellen Eigenarten und Bedeutungen eines Tisches der Sorbonne zu unterscheiden! Bedeutungen, die ihm mit Sicherheit inhärent und dennoch völlig virtuell sind, solange sich nicht ein Geist findet, der imstande ist, die erfüllte verstandesmäßige Existenz dieses Tisches zu umfassen, sie auf sich zu nehmen, dieser Erfüllung einen Platz zu geben, eine Anstrengung vorzunehmen, um die Existenz eines solchen Gegenstandes in diesem Sinne aufsteigen zu lassen. Diese rein verstandesmäßige Erfüllung ist aber immer noch nur ein Aspekt des Problems. Es gibt andere Formen der geistigen Erfüllung. Denken wir an das Abenteuer, dass dieser Tisch erleben könnte, wenn es sein Schicksal wäre, von einem Künstlergeist aufgegriffen zu werden und in einem Gemälde nach der objektiven Existenz (in dem Sinn, in dem, wie wir alle wissen, Descartes diesen Ausdruck auffasste) zu streben, die ihm ein Maler zuteil werden lassen könnte. Wagen wir den Versuch. Stellen wir uns diesen Tisch als im Stil der Intimität und beinahe der Innerlichkeit verarbeitet vor, auf den sich ein Vermeer so ausgezeichnet versteht; oder so, wie er als ein Requisit eines Philosophenkolloquiums erschien, das von einem Tizian oder einem Rembrandt gemalt wurde. Oder stellen wir ihn uns in der eklatanten Mittellosigkeit oder der geheimnisvollen Evidenz vor, die ein Van Gogh ein wenig brutal in seinen Darstellungen dieses Sessels oder jenes Tisches eines Kämmerchens in Arles an den Tag legt. Hier handelte es sich sehr wohl um Aufstiege der Existenz. In solchen Fällen ist der Künstler für das Leben der Wesen verantwortlich, die noch keine Seele, die nur die einfache und platte physische Existenz haben. Er entdeckt das, was diesem Ding insofern noch fehlte. Die Erfüllung, die er ihm verleiht, ist die authentische Erfüllung eines Wesens, das gewissermaßen nur den Platz einnahm, der ihm im Modus der physischen Existenz zugefallen war, aber das in anderen Modi der Existenz in seiner Ausführung noch dürftig blieb. Sodass dieser Tisch, wenn er vom Tischler physisch hergestellt worden ist, vonseiten des Künstlers oder des Philosophen noch zu schaffen bleibt. Und wenn jemand von Ihnen geneigt wäre, zu denken, dass diese Erfüllung durch den Künstler eher ein Luxus ist, eine Aufgabe, die nicht notwendig ist und die der Gegenstand überhaupt nicht erforderlich macht, so denke ich, dass keiner von Ihnen gewillt wäre, zu sagen, dass seine Erfüllung durch einen Philosophen einen Luxus und eine nicht notwendige Aufgabe darstellt. So spüren wir zum Beispiel sehr wohl, dass es unter diesen verschiedenen künstlerischen Erfüllungen, die ich soeben in der Fantasie skizziert habe, wahrscheinlich eine gibt, die, wenn nicht gar wahrer, so wenigstens authentischer ist als eine andere, da sie auf einem Weg erfolgt, auf dem das Objekt den Fadenlauf seines existenziellen Schicksals wirklich erforderlich macht, ohne ihn aus sich selbst heraus erwirken zu können. Wir spüren auch, dass wir diese verstandesmäßige Erfüllung der Bedeutungen, von der ich als Erstes gesprochen habe, im Hinblick auf die philosophische Erfüllung des Gegenstandes keinesfalls gering schätzen dürfen. Und werden wir selbst auf authentische Art und Weise Philosophen sein, wenn wir uns nicht von dem Werk betroffen fühlen, das der geistige Aufstieg von Gegenständen dieser Art darstellt? Liegt darin nicht unsere Aufgabe? Fühlen wir uns nicht etwa auf dieselbe Art und Weise für diese Aufgabe verantwortlich, wie sich der Künstler gegenüber der Art der Erfüllung verantwortlich fühlt, nach der er seinerseits sucht? Wenn wir soeben von der Person und vom Menschen als zu vollbringende Werke sprachen, stellten wir nur fest, dass diejenigen, die dieses Werk betrifft, in ihnen auch ein Vermögen finden, zu finden oder zu spüren glauben, das einer Art Pflicht entspricht. Während wir jetzt Wesen gegenüberstehen, deren existenzieller Gehalt (reduziert auf dieses Minimum, das die physische Existenz ist) sich nur durch das Vermögen eines anderen Wesens gänzlich erfüllen kann. Bestimmt ein tiefgehender Unterschied, der die praktischen Bedingungen des Problems modifiziert, ohne aber seine Essenz zu modifizieren. Diese Arten von Wesen müssen auch unter dem Aspekt des zu vollbringenden Werks betrachtet werden, und zwar eines Werks, gegenüber welchem wir nicht ohne Verantwortung sind.

Aber lassen wir diese Frage der Verantwortung für den Augenblick beiseite. Wir haben hier nur ihren Grundstein gelegt und werden auf sie zurückkommen, wenn wir schließen. Was ich gerade gesagt habe, genügt, um das Problem darzustellen, oder genauer: um festzustellen, wie sich das Problem darstellt. Wenn es wahr ist, dass, wie wir gerade gesehen haben, das noch nicht vollbrachte Werk als existenzielle Dringlichkeit dennoch zwingend geboten ist, will sagen: zugleich als Fehlen und Anwesenheit eines zu erfüllenden Wesens, das sich als solches mit einem Anspruch an uns manifestiert; wenn das wahr ist, dann sind die eigentliche Art und Weise, wie das zu vollbringende Werk existiert, und das Problem, das ich hier in Aussicht nehme, ein und dieselbe Sache.

Dennoch kann ich mich einer Unsicherheit nicht erwehren. Zwar wird derjenige, der der Tatsache sehr wohl ansichtig wird, die gerade dargestellt wurde, derjenige, der spürt, wie jedes Wesen, das auf einer Ebene der Existenz vage und unzureichend erfasst wird, auf anderen Ebenen von Anwesenheiten oder Abwesenheiten seiner selbst sozusagen begleitet wird, auf diesen, indem es sich sucht, noch stärker wird und sich so vielleicht dort am intensivsten in seiner wirklichen Existenz setzt; eben derjenige wird vom Reichtum einer Wirklichkeit in Staunen versetzt werden können, die so durch so viele Ebenen der Existenz hindurch vervielfacht wird. Aber wenn ich von zu vollbringenden Werken als wirkliche Wesen spreche, wenn ich anerkenne, dass ein physisches Wesen – vorhin habe ich diesen Tisch genannt, ich hätte auch einen Berg, eine Welle, eine Pflanze, einen Stein nennen können – gleichsam verdoppelt wird, und zwar über ihm durch Bilder von ihm, die immer erhabener werden, dann mangelte es mir an philosophischer Wachsamkeit, wenn ich mich nicht auch fragte: „Bin ich gerade dabei, diese Welt, die mir angesichts so vieler widerhallender Antworten so reichhaltig, so geadelt erscheint, und die mir angesichts so vieler fehlender Antworten auch so erschütternd erscheint, mit imaginären Entitäten zu bevölkern?" Denn schließlich sind wir als Philosophen durch die Erinnerung an Ockhams berühmtes Rasiermesser beunruhigt und darauf gedrillt, uns zu fragen, bis zu welchem Grade wir die Wesen willkürlich vervielfachen können. Ich bekräftige oder ich glaubte, bekräftigen zu können, dass es sehr wohl eine Notwendigkeit für diese Vervielfachung gibt und dass diese nicht im Geringsten eine logische ist, sondern eine Notwendigkeit, die wir fühlen und die wir erleiden. Aber ich befürchte immer noch, dieser Art von Aberglauben zu verfallen, dessentwegen ich mich von Anfang dieses Vortrags an beunruhigte, wenn ich es nicht schaffe, eine auf Erfahrung gegründete Verbindung mit dem Modus der Existenz des zu vollbringenden Werks zu finden sowie mit den Wesen, die gemäß diesem Modus existieren (zumindest behaupte ich, dass sie das tun). In gutem philosophischen Glauben kann ich, solange das Werk im Konkreten noch zu vollbringen ist, diese Erfüllung nur virtuell nennen.

Ich muss sofort einräumen – und das macht meine Ausgangsbedingungen nun vollständig –, dass wir gewiss unsere Zeit verschwendeten bei dem Versuch, eine unmittelbare oder repräsentative Erfahrung des Inhalts dieser Abwesenheiten zu erlangen, dieser auszufüllenden Lücken, dieser Vervollständigung der Existenz, die all diese Dinge erforderlich machen, die nur zur Hälfte existieren. Gerade indem ich anerkenne, dass all das unter die Wirkung einer Art intellektuellen Anschauung fällt, riskierte ich, in Träumerei oder philosophischen Aberglauben zu verfallen. Ich werde sogar strenge Vorsichtsmaßnahmen ergreifen. Ich werde jeden Appell an die Idee der Finalität vermeiden; wir werden sogleich sehen, warum, denn ich werde darauf zurückkommen. Da ich nach dem Verhältnis zwischen der virtuellen Existenz und der konkreten Existenz suche (ich bitte Sie, mir diese vorläufigen Ausdrücke nachzusehen, die notwendig sind, um nichts als Positives und Gewisses vorzubringen), scheint mir, dass ich hierbei nur einen einzigen auf Erfahrung gegründeten

Halt vorfinde, und das ist derjenige des Übergangs von einem Modus auf einen anderen, diese progressive Transposition, durch welche sich das, was zunächst nur im Virtuellen war, in einer errichtenden Gangart verwandelt, indem es sich allmählich im Modus der konkreten Existenz niederlässt.

Eine Metamorphose ... Bestimmt kennen Sie diesen so amüsanten Text des chinesischen Philosophen Zhuangzi: Eines Nachts träumte Zhuangzi, er wäre ein sorglos gaukelnder Schmetterling. Dann erwachte er und wurde gewahr, dass er der bedauernswerte Zhuangzi war. „Nun aber", fügt er hinzu, „kann man nicht wissen, ob es Zhuangzi ist, der, nachdem er geträumt hatte, er wäre ein Schmetterling, erwacht ist oder ob es der Schmetterling ist, der geträumt hat, dass er der wache Zhuangzi würde." „Aber", so der Philosoph weiter, „zwischen Zhuangzi und dem Schmetterling gibt es dennoch eine Grenze. Diese Grenze ist ein Werden, ein Übergang, der Akt einer Metamorphose."

Nichts ist philosophischer. Und wenn ich recht darüber nachdenke, habe ich hier wohl das Prinzip einer Lösung für mein Problem.

Ich kann weder die platte und einfache Existenz zum Beispiel des physischen Dings, die in jedem Fall konkret gegeben ist, ohne seinen Halo aus Rufen nach einer Erfüllung gesondert erfassen; noch die reine Virtualität dieser Erfüllung ohne die vagen Gegebenheiten, die sie im Konkreten entwerfen und erforderlich machen. Aber in der Erfahrung des Vollbringens erfasse ich die schrittweise Metamorphose des einen in das andere, ich erkenne, wie sich diese virtuelle Existenz nach und nach in konkrete Existenz verwandelt. Indem ich dem Bildhauer bei der Arbeit zusehe, sehe ich, wie sich die Statue, die zunächst ein vom Marmorblock absolut verschiedenes, zu vollbringendes Werk war, mit jedem Schlag des Meißels und des Holzhammers nach und nach im Marmor verkörpert. Nach und nach verwandelt sich der Marmor in Statue. Nach und nach verwandelt sich das virtuelle Werk in wirkliches Werk. Jeder Akt des Bildhauers, jeder Schlag des Meißels auf den Stein konstituiert die bewegliche Grenze des stufenweisen Übergangs von einem Modus der Existenz auf einen anderen.

Obschon ich diese Erfahrung nicht wirklich habe, wenn ich den Bildhauer betrachte. Es ist der Bildhauer selbst, der diese Metamorphose, indem er nach und nach die errichtenden Schritte ausführt, gleichzeitig leitet und sie auf ihren Wegen erlebt.

Ich würde mich nicht so weit vorwagen, zu sagen, dass diese errichtende Erfahrung die einzige ist, auf die wir uns hier stützen könnten. Ich würde nicht bekräftigen, nicht einmal glaube ich, dass diese aktive Erfahrung des Vollbringens, wie sie der Bildhauer erlebt, den einzigen Weg zur Erfüllung erkundet. Ich würde die Gattung des Ereignisses nicht aus dem philosophischen Horizont ausklammern wollen; andere glaubten, sich auf es berufen zu können, wenn sie sich über analoge Probleme Gedanken machten: Wachstum,

Evolution, dynamisches Schema, Entwicklung, die zu einer Emergenz führt. All das, was diese Wörter implizieren, verdient sehr wohl Aufmerksamkeit. Aber so sehr man sich auch bemühen kann, eine Art intimes und konkretes Gefühl dafür zu bekommen, was man die innere Strömungsrichtung der spontanen Errichtungen nennen könnte, so gibt es in der Erfahrung ihrer Regulierungen nichts, das gleichzeitig so direkt, so intim, so selbst erlebbar ist wie das, was wir in der persönlichen Erfahrung des Vollbringens finden. Und sobald wir willens sind, eine etwas panische Errichtung in uns bewusst mitzuerleben, eine Errichtung also, deren Kräfte genauso wenig wie deren Akte wirklich die unsrigen sind, wird es gefährlich. Ich wiederhole es: Ich verwerfe weder derlei Erfahrungen als unmöglich oder illusorisch, noch die Philosophien als falsch oder abergläubisch, die versucht haben, sich auf ein solches Bewusstsein zu stützen. Ich sage nur, dass sie mich beunruhigen. Auf den ersten Blick können diese Philosophien überwältigender erscheinen, weil sie das Einssein nicht nur mit partikulären Werden suchen, sondern sogar (wenigstens in der Ordnung des Lebens) mit ausgedehnten kosmischen Werden; aber wir können sicher sein, dass sie nur ihre spekulative Rekonstruktion anstreben, da sie sich von der direkten und selbst erlebbaren Erfahrung, die sie postulieren, so sehr entfernen. Während die Erfahrung des errichtenden Vollbringens, die auf das Engste mit der Genese eines singulären Wesens verbunden ist, durch das errichtende Agens eine direkte und unbestreitbare Erfahrung der Akte, Bedingungen und Schritte ist, gemäß welchen ein Wesen von diesem rätselhaften und fernen, aber intensiven Modus der Existenz, von dem ich soeben gesprochen habe, auf die Existenz auf der Ebene des Konkreten übergeht.

Gerade auch deshalb klammere ich die Idee der Finalität aus den Gegebenheiten eines solchen Problems aus. Ich bestreite keineswegs, dass sie eine gültige philosophische Konzeption ist. Ich sage nur, dass sie hier nicht im Geringsten weiterhilft. Zusammenfassend bezeichnet sie einfach die Hypothese, derzufolge im Vorgehen des errichtenden Agens, das von seinem Können Gebrauch macht, dasselbe Vektionsprinzip wirkt wie in den spontanen Prozessen, die bis zu einem gewissen Grad zu denjenigen des Vollbringens formal analog sind, aber in denen die Freiheit und die Wirksamkeit eines solchen Agens weder verwickelt noch durch die Erfahrung nachweisbar sind.

Ich sage daher all diesen verlockenden Spekulationen, denen man auf den Gebieten nachgehen kann, die ich gerade erwähnt habe, überhaupt nichts Schlechtes nach. Aber es erscheint absolut gewiss, dass die einzige intime, unmittelbare und direkte Erfahrung, über die wir in dem Problem verfügen, das ich in Aussicht nehme, im Vollbringen liegt, so wie das errichtende Agens es praktiziert und verspürt. Dort, wo wir uns durch unsere persönliche Wirksamkeit der Tatsache annehmen, dass ein Wesen zu einer konkreten und möglichst vollen Anwesenheit gelangt, haben wir es mit einer Art der Erfahrung zu tun, deren Rückwirkung, wie Sie sicherlich spüren, auf das weit reichende Problem, das ich zu Beginn dargestellt habe, evident ist.

Und auf Anhieb manifestieren sich in diesem errichtenden Agens drei Merkmale, auf die es unsere Aufmerksamkeit zu richten gilt. Ich führe sie einzeln an: Freiheit, Wirksamkeit, Irrbarkeit.

Als Erstes die Freiheit: wenigstens eine praktische Freiheit, ein Vermögen, in der Indifferenz zu wählen. Der Maler hat am Ende seines Pinsels ein Tüpfelchen Farbe; er ist darin frei, es hier oder da auf der Leinwand zu setzen; er ist darin frei, auf seiner Palette ein Blau oder ein Rot zu wählen, und in dieser uneingeschränkten Wahlfreiheit beginnt – auf die eine oder andere Weise, um welches zu vollbringende Werk es auch immer gehen mag – die Handlung dieses errichtenden Agens.

Ein weiteres Beispiel, wenn Sie einen etwas abrupten Vergleich oder Übergang verzeihen; die absteigende Dialektik Platons und das Problem, das Aristoteles mit seiner Behauptung aufstellte, dass es sich dabei um einen abgeschwächten Syllogismus handle. Folgen wir Platon, wenn er auf demiurgischem Weg den Sophisten errichtet, um ihn zu definieren. Oder wenn er das Modell des Angelfischers errichtet, indem er unaufhörlich weitere Determinationen hinzufügt, zum Beispiel den Menschen, der, sei es durch List oder Gewalt, andere Wesen fängt, und so weiter. Warum wählt er die eine eher als die andere? Auf diese Frage zu antworten heißt, danach zu suchen, ob eine Dialektik der Errichtung existiert. Aber in jedem Fall besteht nicht der geringste Zweifel, dass, was auch immer der Leitfaden dieser Errichtung sein mag, der Errichter hier frei in der Wahl ist. Eben das antwortete übrigens Raimundus Lullus dem Aristoteles. Eine Erfahrung, die wir sogleich untersuchen werden, leitet diese Wahl, indem sie das Fortschreiten des Wesens in Richtung seiner Erfüllung zu erfassen erlaubt, dessen Vollendung in unseren Händen liegt. Der Maler hat seine Gründe, warum er auf seiner Palette die Farbe wählt, die er gleich verwenden wird. Aber es steht in seiner Macht, zu wählen.

Als Zweites: die Wirksamkeit. Ob er manuell oder geistig agiert, der Errichter, der Schöpfer (wenn Sie mir erlauben, diese beiden Wörter um der Ökonomie meiner Darstellung willen unterschiedlos zu verwenden) – der Schöpfer, sagte ich, *bewirkt* die Schöpfung. Wenn ich ihnen, wie ich es auch tatsächlich versuche, darlege, dass es ein Wesen der Statue gibt, bevor sie der Bildhauer gemacht hat, bestreite ich in nichts, sogar im Gegenteil, dass der Bildhauer darin frei war, sie nicht zu machen, und dass es sehr wohl er ist, der sie gemacht hat. Fichte sagte: Jede Entscheidung ist Erzeugung.

Die Statue wird sich nicht von selbst machen; die zukünftige Menschheit auch nicht. Die Seele einer neuen Gesellschaft macht sich nicht von selbst, man muss an ihr arbeiten, und diejenigen, die an ihr arbeiten, bewirken sehr wohl ihre Entstehung. Die Entfaltung eines Wesens in der Welt, nun gut; aber eine Entfaltung, die nicht möglich ist, wenn sie sich sozusagen nicht von der Anstrengung, dem Akt des Agens, nährt. Wenn unser Bildhauer müde wird, da er den Glauben an sein Werk verloren hat, nicht imstande ist, die künstlerischen Probleme, die sich ihm stellen, zu lösen, um weiter voranzukommen, und den Modellierstab fallen lässt oder aufhört, mit dem Holzhammer auf den Meißel zu schlagen, verbleibt das zu vollbringende Werk als missglücktes unausgereift und auf halbem Wege … Eugène Delacroix sagte, dass so viele Werke von Michelangelo deshalb unvollendet geblieben sind, weil er unlösbare Probleme anging. Er spürte nicht, um sich eines anderen Vokabulars zu bedienen, dass es in seinem Vorhaben eine Art „Letalfaktor" gab. Genau gesagt: den Unterschied zwischen dem Vorhaben und dem Errichtungsverlauf. Aber ich werde sogleich darauf zurückkommen. Eine Sache ist gewiss. Wenn der Schöpfer – nicht imstande, das Problem zu lösen, dem er in einer bestimmten Etappe des Schaffens gegenübersteht, zu keiner Entscheidung, Entdeckung oder Handlung fähig – aufhört zu handeln, dann hört die Schöpfung auf, zur Welt zu kommen. Sie schreitet nur um den Preis dieser Anstrengung des Schöpfers voran.

Und als Drittes habe ich eben die Irrbarkeit angekündigt. In ihr liegt ein essenzieller Punkt. Ich betone ihn umso mehr, als ich bei allem, was ich über die Frage gelesen habe, die ich Ihnen auseinandersetze, den Eindruck hatte, dass das einer der Punkte war, den man am ehesten ausließ, dem man jedenfalls nicht ausreichend Aufmerksamkeit entgegenbrachte.

Nachdem es seine Freiheit und seine Wirksamkeit eingebracht hat, bringt das Agens auch seine Irrbarkeit, seine Fehlbarkeit, seine Unterwerfung unter die Prüfung des Gelingens oder des Misslingens ein. Es kann, wie ich gesagt habe, seinen Pinselstrich frei nach Belieben platzieren. Aber wenn es ihn schlecht setzt, ist alles gescheitert, wird alles zunichte. Der Gebrauch, den es von seiner Freiheit macht, kann gut oder schlecht sein. Seine Wirksamkeit kann aufsteigen lassen oder zugrunde richten. Nachdem es gehandelt hat, kann es die geheimnisvolle Stimme hören, wie sie sagt: „Harold, du hast dich geirrt!"[1] Und diese geheimnisvolle Stimme ist eben jene tragische Feststellung, die all diejenigen, die die Künste ausüben, nur zu gut kennen: das Werk, das misslingt, das jämmerlich zusammenbricht, obwohl es auf so gutem Wege schien, weil es einen Fehler in der Wortwahl gegeben hat, im Pinselstrich, in den tausenden Konventionsbeziehungen, die es augenblicklich abzuwägen gilt, kurzum: weil die unmittelbare Sanktion dieses Misslingens, von dem ich soeben gesprochen habe, ein Scheitern gewesen ist, ein existenzieller Rückgang, das Aufhören dieses Aufstiegs des Wesens, welchen der leidenschaftlich über diese zerbrechliche Genesis gebeugte Schöpfer sicherstellte.

---

1   „Harold, tu t'es trompé!" (Lamartine [1825] 1850, 458.) Anm. d. Übers.

Und ich spreche nicht einfach von dem kleinen Abenteuer des Aquarellmalers, dessen Pinselstrich zu schnell getrocknet ist, oder des Bildhauers, der seinen Marmor aufgrund einer schlechten Spaltfläche zerspringen ließ. Ich denke an solcherlei Dinge: Novalis sagte: Es gibt eine Reihe von idealen Ereignissen, die parallel zu realen Ereignissen verlaufen. „So bei der Reformation; statt des Protestantismus kam das Luthertum hervor." Ich denke noch an diese Wette von Pascal, deren Kern nicht darin liegt, uns zu sagen, dass man wählen muss, sondern uns zu versichern, dass wir, da wir gewählt haben, dem ausgesetzt sind, es gut oder schlecht gemacht zu haben.

Ich lege Gewicht auf den Gedanken, dass das Werk, so sehr es in Arbeit ist, auch in Gefahr ist. In jedem Augenblick, bei jedem Akt des Künstlers, oder eher *durch* jeden Akt des Künstlers kann es leben oder sterben. Die gewandte Choreographie des Improvisators, der im gleichen Augenblick die Probleme erkennt und löst, vor die ihn dieses hastige Fortschreiten des Werks stellt, die Angst des Freskanten, der weiß, dass kein Fehler zu reparieren sein wird und dass alles in der Zeit gemacht werden muss, die ihm bleibt, bevor der Putz getrocknet ist, oder die Arbeiten des Komponisten oder des Literaten auf ihren Tischen, die das Recht haben, in aller Ruhe nachzudenken, zu überarbeiten und auszubessern; ohne ein anderes Drängen oder Antreiben als das der Abnutzung ihrer Zeit, ihrer Kräfte und ihres Könnens; nichtsdestoweniger haben die einen wie auch die anderen unaufhörlich, in einem langsamen oder schnellen Fortschreiten, auf die stets von neuem gestellten Fragen der Sphinx zu antworten – rate oder du wirst verschlungen werden. Doch es ist das Werk, das sich entfaltet oder auflöst, das fortschreitet oder verschlungen wird. Ein empfindbares Fortschreiten durch die Dunkelheit, in die man tastend vordringt, wie jemand, der in der Nacht einen Berg hinaufkletterte, stets unsicher, ob sein Fuß nicht auf einen Abgrund stoßen wird, unaufhörlich durch den langsamen Aufstieg geleitet, der ihn bis zum Gipfel ziehen lassen wird. Vielmehr eine dramatische und fortwährende Erkundung, als sich den spontanen Wegen eines Schicksals zu überlassen ...

Wenn Ihnen das, was ich Ihnen sage, richtig erscheint, erkennen Sie, dass wir einer Art Dreipersonenstück gegenüberstehen. Einerseits das noch virtuelle und unausgereifte zu vollbringende Werk; andererseits das Werk im Modus der konkreten Anwesenheit, in dem es sich verwirklicht; schließlich der Mensch, der die Verantwortung all dessen hat, der durch seine Akte versucht, die geheimnisvolle Entfaltung des Wesens zu verwirklichen, für das er die Verantwortung übernommen hat.

So bin ich veranlasst, in diesem Dreipersonenstück vom zu vollbringenden Werk als eine darin vorkommende Figur zu sprechen. Ich würde beinahe wagen, es eine Person zu nennen, wenn es nicht ein wenig meinem Aberglauben zuzuschreiben wäre, diesen Wesenszug der Person, den das zu vollbringende Werk hat, so stark zu spüren, wie ich es eben tue. Jedenfalls erscheint mir diese Zweiheit – bestehend aus dem Werk, das noch unausgereift ist, und dem Werk, das bereits mehr oder weniger ausgemeißelt, geschrieben und vor den Augen oder den Seelen der Menschen skizziert worden ist – für die Fragestellung der Errichtung in ihren wichtigsten Formen und auf allen Gebieten essenziell zu sein.

Aber wie ist dieses noch zu vollbringende Werk zu bezeichnen, wie ist es zu benennen, wie ist es zu beschreiben, insofern es als einer der Terme des Problems eingreift, wenn nicht als eine der Figuren des Schauspiels.

Sagen wir nicht, dass es eine „Unternehmung" sei, aus Gründen, die ich sie bitte, sogleich erläutern zu dürfen; sagen wir nicht, dass es etwas Zukünftiges ist, da diese Zukunft auch nicht eintreten kann, wenn es ein Scheitern gibt. Ich schlage einen Ausdruck vor, von dem ich sehr gut weiß, dass man seine Angemessenheit bestreiten kann, und den ich im Übrigen ihrer Kritik unterwerfe: Ich spreche von der „geistigen Form" des Werks. Anderswo habe ich schon einmal folgenden Ausdruck verwendet: „Der Engel des Werks", ganz einfach, um der Vorstellung von etwas zu entsprechen, das aus einer anderen Welt zu kommen und die Rolle eines Vorboten zu spielen scheint. Aber Sie können sich selbstverständlich denken, dass ich dieses Wort nur in Begleitung all der gebotenen philosophischen „gewissermaßen" ausspreche. Und zweifellos könnte ich mich für diesen Vergleich der geistigen Form und des Engels hinter der Autorität des William Blake verschanzen. Im Grunde und um eine strengere und technischere Sprache zu sprechen, sage ich, dass das zu vollbringende Werk eine gewisse Form hat. Eine Form, die von einer Art Halo der Hoffnung und des Staunens begleitet wird, dessen Widerschein für uns wie ein Glanz ist. All das lässt sich ganz offensichtlich durch einen Vergleich mit der Liebe kommentieren. Im Grunde gäbe es kein Schaffen, wenn nicht der Dichter das Gedicht schon ein wenig liebte, bevor er es geschrieben hat, wenn nicht all diejenigen, die an eine künftige, noch hervorzubringende Welt denken, in ihren diesbezüglichen Träumen eine in Staunen versetzende Ahnung der herbeigerufenen Gegenwart vorfänden, wenn, in einem Wort, die Erwartung des Werks amorph wäre. Ich lasse mich hier nicht zu einer Art Mystik der schöpferischen Anspannung hinreißen, ich stelle bloß fest, dass sich der Schöpfer dieser Art Mystik, durch welche sich seine Anspannung als gerechtfertigt erweist, wohl kaum entziehen kann. Wenn es im Werk nicht etwas gäbe, das die Gabe einer Seele oder eines Lebens – jedenfalls einer unermesslichen Arbeit – zu verdienen scheint, gäbe es, namentlich im künstlerischen Schaffen, eine Art der Entwürdigung, da man aus seinem eigenen Menschsein ein Mittel für das Werk macht. Genau das erlaubt es wohl, gleichsam von einer Wirklichkeit des Werks zu sprechen, das noch nicht existiert und das vielleicht nie vollbracht sein wird. Ich postuliere nicht das, worum es in dieser zweifachen Existenz geht, in die das Wesen des Werks verwickelt ist, wenn ich diese Existenz im Akt der Metamorphose, den ich zu erfassen suche, wirklich besitze.

Eben deshalb lasse ich, wie ich Ihnen gesagt habe, um diese geistige Form zu bezeichnen, alles beiseite, was sich auf die Idee der Unternehmung beziehen könnte. So, wie ich einerseits mit der Zukünftigkeit des gelungenen Werks die Idee der Finalität verworfen habe, so verwerfe ich andererseits das Projekt, das heißt das, was das Werk in uns selbst in einer Art Begeisterung entwirft und uns sozusagen entgegen wirft, um es im Augenblick seiner Erfüllung wiederzufinden. Denn mit diesen Begriffen streicht man auf eine weitere Art und Weise jede Erfahrung, die im Verlauf des Vollbringens empfunden wird, aus den Gegegebenheiten der Frage. Namentlich verkennt man die so bedeutende Erfahrung des progressiven Fortschreitens des Werks in Richtung seiner konkreten Existenz, und zwar im Verlauf der Überfahrt, die zu dieser führt. Erlauben Sie mir, hier eine Idee aufzugreifen, die mir seit langem wichtig ist (ich habe sie vom ersten Werk an, das ich veröffentlicht habe, vorgebracht), indem ich also die Unternehmung und die Überfahrt einander gegenüberstelle. Berücksichtigt man hier nur die Unternehmung, streicht man die Entdeckung, die Erkundung und jede auf Erfahrung gegründete Einbringung, die während der abnehmenden Geschichte des Fortschreitens des Werks auftaucht. Die so beschriebene Bahn entspricht nicht einfach der Begeisterung, der wir uns hingegeben haben. Sie ist auch die Resultante aller Zusammenstöße. Eine essenzielle Form meiner selbst, die ich als Struktur und Grundlage meiner Person annehme, verlangt im Verlauf meiner Lebensüberfahrt, tausende Male meine Treue zu beweisen, tausende Male die schmerzhafte Erfahrung dessen auf mich zu nehmen, was in dieser Form durch die Welt hindurch kanalisiert wird, und schließlich verlangt sie tausende teure Versagungen dessen, was nicht mit ihr vereinbar ist. Aber insbesondere was die abnehmende Entwicklung des errichtenden Prozesses betrifft, kann ich nicht einfach übersehen, dass eben im Verlauf der Überfahrt der Erfüllung viele absolut erneuernde Akte, viele konkrete Vorschläge auftauchen, die als Antwort auf die momentane Problematik jeder einzelnen Etappe plötzlich improvisiert werden. Ohne all die Motivation zu vergessen, die im Verlauf jeder einzelnen Entscheidung auftaucht, und das, was diese Entscheidung selbst hinzufügt. Zu errichten heißt, einem Weg zu folgen. Wir bestimmen das kommende Wesen, indem wir seinen Weg erkunden. Das sich entfaltende Wesen verlangt nach seiner eigenen Existenz. In all dem hat sich das Agens dem eigentlichen Willen des Werks zu fügen, hat es diesen Willen zu erraten, hat es sich zugunsten dieses autonomen Wesens aufzuopfern, das es dem spezifischen Existenzrecht des Wesens gemäß aufsteigen zu lassen versucht. In all den Formen des Schaffens ist nichts wichtiger als diese Aufopferung des schaffenden Subjekts im Verhältnis zum zu vollbringenden Werk. In der Ordnung der moralischen Errichtung entspricht das der Pflicht, den alten Menschen abzulegen, um den neuen Menschen zu finden. In der sozialen Ordnung entspricht das der Gesamtheit an Opfern, welche die Bildung der allen gemeinsamen Seele, die es zu errichten gilt, jedem einzelnen Mitwirkenden abverlangt. Ich könnte analoge Dinge nennen, die die intellektuelle Errichtung betreffen. Ich ziehe für all das deshalb gerne die künstlerische Errichtung als Beispiel heran, weil sie von allen vielleicht die reinste, die direkteste und diejenige ist, in der die Erfahrung, die ich suche, am zugänglichsten und am eindeutigsten selbst zu erleben ist. Aber vergessen wir nicht, dass das, was wir zu finden haben, auf allen Gebieten der Errichtung gültig ist.

Gehen wir ganz dicht an diese Erfahrung heran. Worin erlaubt sie uns, ohne Aberglauben, ohne Willfährigkeit gegenüber schwachen Hypothesen über diese geistige Form, um die es gerade ging, als positive, experimentelle Wirklichkeit zu sprechen, die sich dem Geist widersetzt, auf welche der Geist sich stützt, und gegenüber welcher der Geist die gegenseitigen aktiven und passiven Beziehungen vertauscht?

Hier sind wiederum drei wesentliche Punkte zu unterscheiden.

In diesem Dialog des Menschen mit dem Werk ist die Tatsache, dass es eine *Befragungssituation* aufstellt und aufrechterhält, eine der auffälligsten Anwesenheiten des zu vollbringenden Werks.

Denn vergessen wir nicht, dass die Einwirkung des Werks auf den Menschen niemals den Aspekt einer plötzlichen Offenbarung annimmt. Das zu vollbringende Werk sagt uns zu keinem Zeitpunkt: Hier, genau das bin ich, genau das muss ich sein, ein Modell, dass du nur noch zu kopieren hast. Ein unausgesprochener Dialog, in dem das Werk, rätselhaft und beinahe ironisch, zu sagen scheint: Und was wirst du jetzt tun? Durch welche Handlung wirst du mich verbessern oder verschlechtern?

Was wirst du tun? Ich stelle mir vor, dass das für Gott in etwa der Name des Menschen ist, dieses Menschen, dem er die Freiheit gegeben hat, zu tun, was er möchte, dessen Akt er aber abwartet, um ihn dann aufzugeben oder zu erlösen. Ebenso mahnt uns das Werk, das darin irgendwie ein wenig göttlich ist, zu wählen, zu antworten. Was wirst du tun? Wie der *deus absconditus* überlässt es uns der Ahnung. Hören wir uns den inneren Monolog des Malers an, einen Monolog, der in Wirklichkeit ein Dialog ist: „Diese Ecke meines Gemäldes ist noch ein wenig blass, eine lebhafte Note, ein Farbglanz wäre hier nötig. Ein lebhaftes Blau, eine orange Note?... Da ist ein Bereich nicht genug ausgefüllt; setze ich eine Figur hinein? Ein Landschaftsdetail? Oder kann ich im Gegenteil diese Figuren hier streichen, um den dunklen Raum der Umgebung besser zur Geltung zu bringen?" Ebenso der Literat: „Ich bräuchte hier ein fremdes, seltenes oder unerwartetes Attribut ... Da ein Substantiv, das in tiefgründigen und intimen Echos widerhallt ... Nach dem, was meine Figur gerade gesagt hat, muss ich dem anderen eine Erwiderung in den Mund legen, die geeignet ist, eine dramatische Entwicklung herbeizuführen ... Hier wiederum muss er einen Witz auf den Lippen haben ..." Dieser Witz ist gänzlich zu erfinden. Und dennoch ist er notwendig. Das Werk, diese ironische Sphinx, hilft uns nicht. Es erspart uns niemals die Erfindung. Beethoven komponiert die 5. *Sinfonie*. Die letzte Bewegung des Andante, die Stille breitet sich nach und nach aus. Einzig ein Paukenschlag füllt sie auf und belebt sie. Und jetzt muss sich von den Celli unisono eine große Phrase zu dem ruhigen und erhabenen Gesang erheben. Aber dieses Erfordernis, das die Situation auf intensive Art und Weise vorgibt, ist auch eine zu füllende Leere. Eine Leere, in der die Erfindung auch sehr fehlen, sich in vergeblichen und mutlosen Versuchen erschöpfen kann. Vielleicht entfaltet sich die Phrase, die das Werk erfordert, in einem glücklichen Augenblick spontan. Vielleicht beschreibt der Musiker all sein Papier und seine Skizzenhefte, vielleicht sucht er den Gesang, der dort aufsteigen muss, im Durcheinander seiner bereits gemachten Entwürfe oder seiner zum Teil wiederverwendbaren Werke. Eine unermessliche Erwartung, die unerfüllbar scheint und die dennoch erfüllt werden muss, denn in solchen Augenblicken ist jeder Fehler unverzeihlich. Das Werk erwartet uns dort, und wenn wir es versäumen, dann versäumt uns das Werk nicht. Wenn wir nicht die richtige Antwort geben, bricht es sofort zusammen; es verschwindet und kehrt in den weit entfernten Limbus zurück, aus dem es allmählich herauskam. Denn das Werk befragt uns gerade auf diese grausam rätselhafte Art und Weise und auf dieselbe Art und Weise antwortet es uns: Du hast dich geirrt.

Mitunter stellt sich die Befragungssituation auf diese Weise nochmals. Der Künstler spürt, dass das, was er gerade gemacht hat, gültig, aber dass es das noch nicht ganz ist. Es bräuchte einen neuen Schwung. Er müsste auf eine höhere künstlerische Stufe übergehen. Denken wir an die drei Fassungen des *Chiron* von Hölderlin; zuerst das Warten auf den Tag, dann die Wiederaufnahme des Gedichts als ein Warten auf den Tod; dann der Hunger nach dem für den Unsterblichen unmöglichen Tod. Das Gedicht ist bereits in diesen ersten beiden Fassungen schön. Aber es ist nicht erhaben. Der Dichter, der sein Gedicht in der zweiten Fassung noch einmal liest, spürt mit einer absoluten Gewissheit, in einer direkten und offenkundigen Erfahrung, dass noch eine Transfiguration vorzunehmen, ein letztes Motiv als neuer Keim in das Werk einzubringen ist, der es wie einen hohen Gipfel in den freien Himmel aufragen lässt. Aber ich wiederhole es, so klar und evident diese Forderung des Werks auch sein mag, sie erspart dem Erfinder nicht, erfinden zu müssen. Es bleibt noch alles zu tun, wie Balzacs Maler seinem Schüler sagt: „Nur der letzte Pinselstrich zählt."[2] Jene, die nicht so groß sind wie Beethoven oder Hölderlin, haben manchmal diesen tragischen Augenblick gespürt, in dem das Werk zu sagen scheint: „Ich bin da, scheinbar verwirklicht, aber ein größerer als du wüsste, dass ich meinen höchsten Glanz noch nicht erlangt habe, dass es noch etwas zu vollbringen gibt, das du nicht zu vollbringen weißt." Genau deshalb, das kann man ruhig sagen, taucht das Genie so oft in letzter Minute auf, in diesem allerletzten Augenblick, in dem eine letzte Retusche oder eine völlige

---

2   Balzac (1831) 2007, 137. Anm. d. Übers.

Umarbeitung über den Zugang des Werks zu seiner höchsten Erhabenheit entscheidet. Vergessen wir nicht, dass Rembrandt sein *Emmausmahl* sehr oft von neuem begonnen hat, bevor er zu dem einzigen dieser Emmausmahle gelangte, das die übliche Decke der Kunst zum Bersten bringt und uns in völlige Erhabenheit versetzt.

Das ist diese erste Form der Erfahrung des zu vollbringenden Werks, die ich die Befragungssituation genannt habe. Die geistige Form setzt die Natur einer Antwort und definiert sie mit Präzision; einer Antwort, die sie dem Künstler nicht einflüstert, sondern die sie von ihm verlangt.

Als Zweites möchte ich auf das aufmerksam machen, was ich die Ausbeutung des Menschen durch das Werk nenne.

Der Künstler gewinnt diesen Vorschlag, den er als Antwort auf die vom Werk gestellte Frage vorbringen muss, offensichtlich aus sich selbst. Er galvanisiert all sein Vorstellungs- oder Erinnerungsvermögen, er durchwühlt sein Leben und seine Seele, um in ihnen die gesuchte Antwort zu finden. Beethoven hat, wie wir wissen (ich habe soeben darauf angespielt), als er das musikalische Motiv suchte, das in der *Neunten* vor der *Ode an die Freude* kommt, schließlich in einem Werk, das er bereits vollbracht hatte, einem „Divertimento" ohne große Bedeutung wiedergefunden, das aber ein einfacher Rhythmuswechsel zu der Höhe erhoben hat, die das Werk erforderte. Charlotte nahm unter der Feder Goethes über das Wiedererinnern an seine Liebesbeziehungen zu Friederike Brion oder Charlotte Buff Gestalt an, usw. Doch ist es der Roman, den er gerade schreibt, der seine Seele durchwühlt und ihr, um sich von ihnen zu nähren, die brauchbaren Erinnerungen und Erfahrungen entnimmt. Muss man sagen, dass Dante die Erfahrungen seines Exils in der *Göttlichen Komödie* verwendete oder dass es die *Göttliche Komödie* ist, die Dantes Exil benötigt hatte? Wenn Wagner sich in Mathilde verliebt, ist es dann nicht *Tristan*, der einen verliebten Wagner braucht? Denn auf diese Weise sind wir vom Werk betroffen und werden von ihm benützt, und auf diese Weise werfen wir alles, was wir in uns finden und was auf seine Frage, auf seinen Appell antworten kann, in seinen Schmelztigel. Alle großen Werke vereinnahmen den Menschen vollständig, und der Mensch ist nur noch der Diener des Werks, dieses Monsters, das zu ernähren ist. Auf eine wissenschaftlichere Art und Weise kann man von einem regelrechten Parasitismus des Werks im Verhältnis zum Menschen sprechen. Und dieser Ruf des Werks ist gewissermaßen wie der Ruf des Kindes, das seine Mutter aus dem Tiefschlaf weckt. Sie spürt sofort, dass es sie braucht. Diesen Ruf des Werks kennt jeder, weil ihm jeder zu antworten hatte. Er weckt uns in der Nacht, um uns die verrinnende Zeit spüren zu lassen, die wir als streng bemessene für all das noch haben, was uns zu tun bleibt. Er ist es, der Cäsar weinen ließ, als er daran dachte, dass Alexander in seinem Alter bereits tot war. Er ist es, der den Bildhauer in der Nacht in sein Atelier hinabsteigen lässt, um dem noch feuchten Tonblock die drei Striche mit dem Modellierstab zu geben, die er noch brauchte. Er ist es auch noch in der moralischen Errichtung, der in der Nacht diejenigen weckt, die sich für die Leiden und die Übel der anderen verantwortlich fühlen. Ich sagte vorhin zu Beginn, dass es für unser Problem essenziell ist, zu spüren, dass uns das zu vollbringende Werk betrifft. Und auf diese Weise spüren wir es. Ich sage, dass es uns betrifft: Wir sind von ihm betroffen. Wir fühlen uns betroffen. Und das eben ist die Erfahrung dieses Rufs des Werks. Eben über diesen Ruf beutet es uns aus. Und wenn ich hier vielleicht einiges an persönlichem Aberglauben zur Diskussion stelle, selbst wenn man mir diese Idee abspricht, dass das Werk eine Person ist, so glaube ich, dass man mir wenigstens die Idee nicht absprechen kann, dass es, einmal fertiggestellt, im Verhältnis zu uns ein autonomes Wesen ist; autonom von der Sache und von der Bestimmung her – und dennoch wird es, während es zum Abschluss gelangt und damit es zum Abschluss gelangt, vom Besten genährt, das es in uns gibt. Dieser geistige Parasitismus, von dem ich sprach, diese Ausbeutung des Menschen durch das Werk ist die andere Seite dieser Aufopferung, durch welche wir aufgrund dieses Rechts auf Existenz, das das Werk gegenüber uns in seinem Appell geltend macht, so einige Leiden und Mühen akzeptieren.

Als Letztes werde ich mich schließlich bemühen, noch einen Inhalt der errichtenden Erfahrung auszumachen, dessen Ausdruck nicht so konkret und daher spekulativer ist als die beiden Inhalte, deren Bestandsaufnahme ich gerade gemacht habe. Es handelt sich um das, was ich die notwendige existenzielle *Bezugnahme* des konkreten Werks auf das zu vollbringende Werk nennen möchte. Oder, wenn Sie mir einen schulmeisterlichen Ausdruck gestatten, die *diastematische* Beziehung des einen mit dem anderen.

Hier also das, was ich sagen möchte. Solange das Werk vorankommt ... Formulieren wir es genauer. Der bereits erstarrte Tonblock, den der Modellierstab schon geformt hat, ist da, auf dem Bock, und doch ist er nur ein Entwurf. Natürlich ist dieser Block, von Beginn an bis zur Vollendung, genauso anwesend, genauso vollständig und genauso gegeben, wie es diese physische Existenz nur erfordern kann. Der Bildhauer führt ihn dennoch schrittweise zu diesem letzten Streich mit dem Modellierstab hin, der die vollständige Entäußerung des Werks als solches ermöglichen wird. Und während dieses langsamen Fortschreitens schätzt er unaufhörlich im Gedanken, natürlich auf eine völlig globale und approximative Art und Weise, die Entfernung ab, die diesen Entwurf noch von dem fertiggestellten Werk trennt. Eine Entfernung, die sich unaufhörlich verringert: Dieses Fortschreiten des Werks ist die progressive Annäherung der beiden existenziellen Aspekte des Werks, als zu vollbringendes oder als vollbrachtes. Genau in dem Augenblick, wo der letzte Streich des Modellierstabs erfolgt, wird jede Entfernung aufgehoben. Der modellierte Ton ist wie das treue Spiegelbild des zu vollbringenden Werks und das zu vollbringende Werk ist nunmehr wie verkörpert im Tonblock. Sie ergeben nur noch ein und dasselbe Wesen. Allerdings niemals zur Gänze. Ein trüber Spiegel, in dem sich das zu vollbringende Werk spiegelt, *ut in speculo per aenigmate*, nach dem paulinischen Wort, denn in jeder Verwirklichung, was es auch immer für eine sei, gibt es immer eine Dimension des Scheiterns. Sei es in der Kunst, sei es, und dort trifft das noch mehr zu, in den großen Werken der Errichtung von sich selbst oder von einem beliebigen großen moralischen oder sozialen Werk, man muss sich mit einer Art Harmonie zufrieden geben, mit einer hinreichenden Analogie, einer evidenten und dauerhaften Widerspiegelung dessen, was das zu vollbringende Werk im vollbrachten Werk war. Damit das Werk als vollendet bezeichnet werden kann, genügt eine gewisse Nähe der beiden Anwesenheiten des auf den beiden Ebenen der Existenz zu errichtenden Wesens, die so beinahe miteinander in Berührung kommen. Aber letztlich definiert diese hinreichende Nähe die Vollendung. Man kann sie nicht erklären ohne dieses Gefühl, diese Erfahrung einer mehr oder weniger großen Entfernung, die bewirkt, dass der Entwurf noch sehr weit von der Statue entfernt ist. Und dieses Abschätzen einer Entfernung, das geistig das Ausmaß der zu bewältigenden Aufgabe misst, darf man mit keiner konkreten Berechnung von positiven Determinationen verwechseln. Verwechseln wir die Evidenz der Vollendung nicht mit der bloßen Endlichkeit der Ausführung, mit einer Stilistik dessen, was man gemeinhin, in der Industrie oder im Handel, die „Fertigstellung" nennt. Eine grobe Verwechslung, welcher die Künstler, deren Entwürfe oder Skizzen besser sind als die letztendlichen Werke, mitunter in einigen Epochen erlegen sind. Wir sollten auch nicht glauben, wie man es allenfalls in einer platonischen Dialektik tun könnte, dass es sich um eine sukzessive Addition von Determinationen handelt, so dass deren Anzahl die Entfernung nicht im Verhältnis zur Vollendung, sondern im Verhältnis zum Ausgangspunkt ausdrücken würde. Wir wissen alle, dass der in physischer und geometrischer Hinsicht kompliziertere Entwurf mitunter viel weniger einfache Formen hat als das letztendliche Werk, das in seinen Formen oft strenger und reiner ist. Man stellte daher nicht gerade großen Kunstverstand unter Beweis, wenn man auf irgendeine dieser Weisen eine Lösung für das Problem der Vollendung suchte. Nun brauche ich Ihnen aber nicht zu sagen, dass in jeder Theorie der Errichtung eben das Problem der Vollendung sehr oft den Stolperstein darstellt. Ich kann mich sogar nicht erinnern, bei irgendeinem philosophischen Autor oder bei anderen, die dieses Problem der errichtenden Dialektik in Angriff genommen haben, etwas gelesen zu haben, dass auf dieses Problem der Vollendung antwortet, und zwar meine ich damit nicht auf hinreichende Art und Weise, sondern auf irgendeine Art und Weise. Weder bei Hegel noch bei Hamelin. Nicht zufällig ist diesbezüglich selbst der erfahrenste oder genialste Künstler besorgt und fehlbar. Ein da Vinci gehörte zu denjenigen, die sich nicht dazu entschlossen, ein Werk aufzugeben. Und man kann der Meinung sein, dass ein Rodin aus Angst, zu weit zu gehen, mitunter einen Augenblick zu früh aufgegeben hat. Eine schwierige Einschätzung, in der einander Faktoren bekämpfen wie das Bedauern darüber, das Werk vollständig zu entäußern, die Nabelschnur zu durchtrennen und zu sagen: Jetzt bin ich nichts mehr für es. Oder auch die Sehnsucht nach dem erträumten Werk, der Schrecken vor dieser unvermeidbaren Dimension des Scheiterns, von der ich soeben gesprochen habe. Und manchmal auch noch die Befürchtung, das beinahe schon befriedigende Werk durch einen Fehler im letzten Augenblick zu verderben. Aber durch all diese Qualen des letzten Augenblicks hindurch, der nicht der letzte sein möchte oder der vor der Überschreitung zittert, ist es nichtsdestoweniger sehr wohl eine direkte Erfahrung, die in diesem letzten Augenblick eintritt. Eine Erfahrung, deren Inhalt, auf welche Weise man ihn auch interpretiert, immer diese gegenseitige Bezugnahme des zu vollbringenden Werks und des vollbrachten Werks in der Einschätzung ihrer abnehmenden und am Ende beinahe aufgehobenen Entfernung voraussetzt.

Diese drei Aspekte der errichtenden Erfahrung belegen nicht nur, wie ich es hoffe, diese wirkliche Anwesenheit des zu vollbringenden Werks, nach der ich hier vor Ihnen suchte und deren drei Aspekte durch diese Erfahrung als Strahlen eines einzigen Lichts zum Vorschein gebracht werden. Ich glaube auch, dass der zuletzt betrachtete Aspekt diesen Reichtum des Wirklichen auf den verschiedenartigen Ebenen der Existenz, von denen ich sprach, als ich mein Problem darstellte, nicht nur auf positive Art und Weise, sondern, so würde ich zu sagen wagen, auf eine regelrecht empfindbare Art und Weise kommentiert. Denn es geht nicht um eine einfache harmonische Korrespondenz jedes Wesens mit sich selbst, so wie es durch diese verschiedenartigen Ebenen hindurch anwesend ist oder fehlt; auf jenen Ebenen, die ich Sie bitte, ein wenig wie die spinozanischen Attribute aufzufassen, in denen die Modi miteinander in Verbindung stehen. Man muss daher sehr wohl auch bedenken, dass es nicht nur Korrespondenzen und Echos gibt, sondern auch noch Handlungen und Ereignisse, durch welche diese Korrespondenzen gebildet und aufgelöst werden, durch welche sie wie in der Resonanz eines komplexen Akkords intensiviert oder aufgelöst werden. Dort, wo sich eine menschliche Seele mit all ihren Kräften des zu vollbringenden Werks angenommen hat, dort, an einem empfindbaren Punkt, blicken einander zwei Wesen, das eine vom anderen durch die Vielheit der Modi der Existenz hindurch verbannt, sehnsüchtig durch eben diese Seele hindurch an und machen einen Schritt aufeinander zu, zwei Wesen, die eines ergeben.

Hellsichtig und leidenschaftlich hilft hier nun diese menschliche Seele dem von sich selbst getrennten Wesen dabei, sich zu vereinigen. Aber vergessen wir nicht, dass auch sie in dieser Aufgabe Beistand erhält. In unserem Schaffen sind wir nicht alleine. In diesem Dialog, in dem das Werk uns befragt, in dem es uns ruft, führt und leitet es uns insofern, als wir mit ihm und für es die Wege erkunden, die es zu seiner endgültigen konkreten Anwesenheit bringen. Ja, von Angesicht zu Angesicht mit dem Werk sind wir nicht allein. Aber auch das Gedicht ist nicht allein, wenn es seinen Dichter findet. Das große, unermessliche Gedicht, das den heutigen Menschen erfüllte, das den kommenden Menschen erweckte, dieses Gedicht ist da, es wartet nur auf seinen Dichter. Wer von uns wird es schreiben?

Und das bringt mich zu meinen Schlussfolgerungen. Genau dort finde ich diese Verantwortung wieder, von der ich zu Beginn sprach und die uns in Bezug auf all das Unvollendete der Welt zukommt.

Unser Problem stellt sich nämlich nicht nur in der Zukunft; obschon es sich unseren Augen unter dem Aspekt einer künftigen Errichtung gewiss am offensichtlichsten darbietet und uns dort am unmittelbarsten anzieht. Aber all das, was wir gerade gesagt haben, verleiht uns einen universalen philosophischen Zugang zu jeder Wirklichkeit. Und als Erstes lehrt es uns, in allem, was sich uns in der Gegenwart oder in der Vergangenheit als fertig darstellt, unter diesem Aspekt des Werks eine Bewegung auf die Existenz wahrzunehmen, in die – diesseits – errichtende Kräfte und – jenseits – die Rufe und der Glanz eines möglichen Morgens verwickelt sind; kurzum, der Beistand, der einem zuteil wird und dessen Zeugnis der scheinbar inerte Gegenstand ist. Der empfindbare Aspekt der Welt, empfindbar oder dramatisch, von dem ich soeben sprach und der so eindeutig in der errichtenden Entwicklung erscheint, besteht als Schauspiel, das bereits zur Aufführung gebracht wurde und bis zu einem gewissen Grad schon verstrichen ist, in allen wirklichen Gegebenheiten fort. Und es ist mit Sicherheit von philosophischer Bedeutung, dorthin zu gelangen, ihn zu empfinden. Aber da ist noch mehr. Was wir in jedem Sachverhalt erfassen, im Zustand der zureichend geäußerten Existenz, ist von einem gewissen Standpunkt aus und bis zu einem gewissen Grad noch auf halber Strecke unterwegs. Wir sind für diese Unfertigkeit mitverantwortlich, wenn es uns doch namentlich durch die philosophische Errichtung möglich ist, ihr eine Erfüllung zukommen zu lassen, die noch nicht erlangt wurde.

Man darf dieser temporalistischen Tendenz nicht zu willfährig sein, dieser Tendenz, alle Dinge zu sehr unter dem Aspekt eines Ablaufens in der Zeit in einer Aufeinanderfolge von spontanen Etappen zu betrachten, von immer wieder aufwallendem Schwung, der sich aus sich selbst heraus von der Vergangenheit in Richtung Zukunft verlängert. Es ist zu einfach, zu sagen: „In der Vergangenheit ist das hier missglückt, sprechen wir nicht mehr darüber ... Was danach kam, ist besser." Ich habe es gerade gesagt: So viele Dinge sind auf halber Strecke geblieben, im Entwurfszustand. Es ist nicht gesagt, dass sie nicht bis zu einem gewissen Grad noch brauchbar wären für Vollendungen, die uns noch immer zukommen. Lassen Sie mich das näher erklären. Vor dem Kind und vor dem Jugendlichen, die wir waren, sind wir für all das verantwortlich, was einen Weg öffnete, auf dem wir nicht vorangekommen sind; für all das, was Kräfte hervortreten ließ, die später ungenutzt blieben; im Verlauf des Lebens, das nicht immer Erfüllung ist – erstarrte und abgestumpfte Kräfte.

Und wenn wir an eine irdische Welt denken, die es wert ist, vom wirklich erfüllten Menschen bewohnt zu werden, so nimmt sich dieser erfüllte Mensch, der an seiner erhabenen Stufe angekommen und Meister der Geschicke aller anderen Wesen dieser Welt geworden ist, dieser Geschicke an. Ich würde mir wünschen, dass Sie dieses Motiv mit mir spüren konnten, ein Motiv, das mich in philosophischer Hinsicht umtreibt, nämlich dass es von diesem Standpunkt aus kein einziges Wesen gibt – nicht die kleinste Wolke, nicht die kleinste Blume, nicht den kleinsten Vogel, nicht einen Fels, nicht einen Berg, nicht eine Meereswelle –, das nicht ebenso wie der Mensch oberhalb seiner selbst einen möglichen erhabenen Zustand hervortreten lässt und das also durch die Rechte, die es über den Menschen insofern hat, als dieser sich für die Erfüllung der Welt verantwortlich macht, durchaus ein Wort mitzureden hätte. Nicht nur für die philosophische Erfüllung, das ist evident, sondern eben für die konkrete Erfüllung des Grossen Werks.

Ich könnte diese Dinge kommentieren, indem ich Probleme darstelle, die sehr fachspezifisch philosophisch sind. Zum Beispiel, indem ich das Cogito unter diesem Aspekt des Werks in Erinnerung rufe, mit all seinen Implikationen, was das Vollbringen und den zuteil werdenden Beistand betrifft; indem ich alle Formen der Solidarität aufzeige, die dieser Aspekt zwischen uns, das heißt dem Ich des Cogito und allen kosmischen Gegebenheiten hervortreten lässt, die an seinem Werk in einer gemeinsamen Erfahrung mitarbeiten, in der alles gemeinsam seinen Weg zur Existenz sucht, aber das ist eine andere Geschichte. Ich möchte nur ungern zu diesem mitunter ein wenig trockenen Brot der technischen philosophischen Diskussionen zurückkehren, in welchen wir allzu schnell den lebendigsten Aspekt unserer Probleme aus den Augen verlieren.

Ich würde mir wünschen, ein bisschen dazu beigetragen zu haben, dass hier mehr Gewicht auf das tatsächlich Lebendige in dieser Frage gelegt wird, die ich Ihnen zu bedenken gebe. Ich habe gesagt, dass ich Ihnen diese Frage für meinen eigenen Nutzen zu bedenken gab. Aber was mir am meisten am Herzen liegt, hat nichts an Persönlichem, sondern muss im Gegenteil unter allen aufgeteilt werden und von Ihnen allen gespürt werden, wenn, was ich vor Ihnen skizziert habe, richtig ist. Ich meine diesen Ruf, der sich so inständig an jeden Einzelnen von uns richtet, sobald er sich am Schnittpunkt zweier Modi der Existenz spürt, sobald er, indem er sie auslebt – und das eben ist sein Leben –, diese Oszillation, dieses instabile Gleichgewicht, dieses empfindbare Zittern von jeder Wirklichkeit fühlt, eine Oszillation zwischen den Kräften, die diese Wirklichkeit diesseitig stützen, und einem Durchscheinen von Erhabenheit, das sich jenseitig abzeichnet.

Literatur

Baldwin, James Mark. (1906) 1908. *Das Denken und die Dinge oder Genetische Logik: Eine Untersuchung der Entwicklung und der Bedeutung des Denkens*. Übersetzt von W. F. G. Geisse. 3 Bde. Leipzig: Barth.

Balzac, Honoré de. (1831) 2007. *Das unbekannte Meisterwerk*. In *Das unbekannte Meisterwerk und andere Erzählungen*. Übersetzt von Heinrich E. Jakob, Viktor von Koczian, Max Krell et al. 124–164. Zürich: Diogenes.

Baudelaire, Charles. (1868) 1975. „Le Reniement de Saint-Pierre: Die Verleugnung des Heiligen Petrus". *Les Fleurs du mal: Die Blumen des Bösen*. In *Sämtliche Werke/Briefe in 8 Bänden*. Herausgegeben von Friedhelm Kemp und Claude Oinchois in Zusammenarbeit mit Wolfgang Drost und Robert Kopp. Übersetzung der Briefe von Guido Meister, Übersetzung der Gedichte und Kommentare von Friedhelm Kemp. Bd. 3. 310–311. München: Heimeran.

Becker, Oskar. 1927. *Mathematische Existenz: Untersuchungen zur Logik und Ontologie mathematischer Phänomene*. Halle an der Saale: M. Niemeyer.

Beck, Maximilian. 1928/1929. „Ideelle Existenz." *Philosophische Hefte*, Erster Band 1928/1929: 151–239.

Berdjaev, Nikolaj Aleksandrovič. (1933) 1951. *Das Ich und die Welt der Objekte: Versuch einer Philosophie der Einsamkeit und Gemeinschaft*. Übersetzt von Maximilian Braun et al. Darmstadt: Holle-Verlag.

Bergson, Henri. (1934) 1948. *Denken und schöpferisches Werden: Aufsätze und Vorträge*. Übersetzt von Leonore Kottje. Meisenheim am Glan: Westkulturverlag.

Bergson, Henri. (1907) 2013. *Schöpferische Evolution*. Übersetzt von Margarethe Drewsen. Hamburg: Meiner.

Bespaloff, Rachel. 1938. „La Métaphysique de Gabriel Marcel". *Revue philosophique de la France et de l'étranger*, Nr. 1/2 1938: 27–54.

Blondel, Maurice. 1935. *L'Être et les êtres*. Paris: Alcan.

Bochart, Samuel 1663. *Hierozoïcon, sive Bipertitum opus de animalibus Sacrae Scripturae*. London: T. Roycroft.

Boutroux, Pierre. 1903. „L'Objectivité intrinsèque des mathématiques." *Revue de Métaphysique et de Morale*, Nr. 5 1903: 573–592.

Bradley, Francis Herbert. (1902) 1920. *Appearance and Reality*. 2. Aufl. S. l.: George Allen & Unwin.

Bréhier, Émile. 1908. *La Théorie des incorporels dans l'ancien stoïcisme: Thèse pour le doctorat, présentée à la Faculté des lettres de Paris*. Paris: A. Picard et fils.

Brunschvicg, Léon. 1922a. *L'expérience humaine et la causalité physique*. Paris: Alcan.

Brunschvicg, Léon. 1922b. *Les étapes de la philosophie mathématique*. 2. Aufl. Paris: Alcan.

Carrel, Alexis. 1935. *L'homme, cet inconnu*. Paris: Plon. Digitalisiert von der BNF: http://gallica.bnf.fr/ark:/12148/bpt6k242675.

Carrel, Alexis. (1935) 1938. *Der Mensch – das unbekannte Wesen*. Übersetzt von W. E. Süskind. Stuttgart/Berlin: Deutsche Verlags-Anstalt.

Chaslin, Philippe. 1926. *Essai sur le mécanisme psychologique des opérations de la mathématique pure*. Paris: Alcan.

Collier, Arthur. (1713) 1837. *Clavis Universalis; or, a New inquiry after truth*. In *Metaphysical Tracts by English Philosophers of eighteenth century*. Heraugegeben von Samuel Parr. Bd. 1. London.

Cournot, Antoine-Augustin. (1872) 1934. *Considérations sur la marche des idées et des événements dans les temps modernes*. Herausgegeben von François Mentré. 2 Bde. Paris: Hachette.

Couturat, Louis. 1905. *L'Algèbre de la logique*. Paris: Gauthier-Villars.

da Vinci, Leonardo. (1651) 1882. *Das Buch von der Malerei: nach dem Codex Vaticanus (Urbinas) 1270*. Übersetzt von Heinrich Ludwig. 3 Bde. Wien: Braumüller.

Descartes, René. (1641) 1996a. *Meditationes de prima philosophia*. Bd. 7 von *Œuvres de Descartes en 11 volumes*. Herausgegeben von Charles Adam und Paul Tannery. Paris: Vrin.

Descartes, René. (1641) 1996b. *Méditations et Principes*. Bd. 9 von *Œuvres de Descartes en 11 volumes*. Herausgegeben von Charles Adam und Paul Tannery. Paris: Vrin.

Descartes, René. (1641) 2008. *Meditationes de prima philosophia: Lateinisch-Deutsch*. Übersetzt und herausgegeben von Christian Wohlers. Hamburg: Meiner.
Descartes, René. (1649) 1996. *Die Leidenschaften der Seele: französisch-deutsch*. 2., durchgesehene Aufl. Übersetzt und herausgegeben von Klaus Hammacher. Hamburg: Meiner.
Descartes, René. (1701) 2011. *Regulae ad directionem ingenii. Cogitationes privatae: Lateinisch-Deutsch*. Übersetzt und herausgegeben von Christian Wohlers. Hamburg: Meiner.
Dessoir, Max. 1906. *Ästhetik und allgemeine Kunstwissenschaft*. Stuttgart: Ferdinand Enke.
Devant, David. 1936. *Secrets of my magic: with contributions by thirty other Famous Magicians including Oswald Williams, Horace Goldin, Cecil Lyle*. London: Hutchinson & Co.
Dewey, John. 1903. *Studies in Logical Theory*. Chicago: University of Chicago Press.
Dupré, Ernest. 1925. *Pathologie de l'imagination et de l'émotivité*. Paris: Payot.
Durkheim, Émile. (1912) 1984. *Die elementaren Formen des religiösen Lebens*. Übersetzt von Ludwig Schmidts. Frankfurt am Main: Suhrkamp.
Frank, Simon L. (1915) 2000. *Der Gegenstand des Wissens: Grundlagen und Grenzen der begrifflichen Erkenntnis*. Übersetzt von Vera Ammer. Werke in acht Bänden. Herausgegeben von Peter Schulz, Peter Ehlen, Nikolaus Lobkowicz und Leonid Luks. Bd. 1. Freiburg: Alber.
Gilson, Étienne. 1913. *Index scolastico-cartésien*. Paris: Alcan.
Ghéréa, Ioan D. 1940. „Existences." *Revue de la métaphysique et de la morale*, Nr. 4 1940: 376-385.
Goblot, Edmond. 1918. *Traité de logique*. Paris: Colin. Digitalisiert von der BNF: http://gallica.bnf.fr/ark:/12148/bpt6k5480162m.
Goethe, Johann Wolfgang von. 1832. *Faust: Der Tragödie zweiter Teil*. Stuttgart: Cotta.
Gonseth, Ferdinand. 1936. *Les Mathématiques et la réalité: essai sur la méthode axiomatique*. Paris: PUF-Alcan.
Hamelin, Octave. (1907) 1925. *Essai sur les éléments principaux de la représentation*. 2. Aufl. Paris: Alcan.
Hamelin, Octave. 1920. *Le Système d'Aristote*. Paris: Alcan.
Heidegger, Martin. (1929) 1998. *Was ist Metaphysik?* Frankfurt am Main: Vittorio Klostermann.
Heinemann, Fritz. 1936. „Léonard de Vinci: Sa phénoménologie du monde visible." *Revue philosophique de la France et de l'étranger*, Nr. 11/12 1936: 364-397.
Heinemann, Fritz. 1937. „Les problèmes et la valeur d'une phénomenologie comme théorie de la réalité; Être et apparaître." In *Travaux du IXe Congrès international de philosophie*, Heft X: 64-71.
Hempel, Carl Gustav und Oppenheim, Paul. 1936. *Der Typusbegriff im Lichte der neuen Logik*. Leiden.
Hugo, Victor. 1859a. „Eviradnus". In *La Légende des siècles: Première série; Histoire, les petites épopées*. 2 Bde. Bd. 1. 169-227. Paris: Michel Levy frères und Hetzel. Digitalisiert von der BNF: http://gallica.bnf.fr/ark:/12148/btv1b86171329.
Hugo, Victor. 1859b. „Le petit roi de Galice". In *La Légende des siècles: Première série; Histoire, les petites épopées*. 2 Bde. Bd. 1. 135-167. Paris: Michel Levy frères. Digitalisiert von der BNF: http://gallica.bnf.fr/ark:/12148/btv1b86171329.
Hugo, Victor. 1880. „Conclusion". In *Religion et Religions*. 17. Aufl. 129-139. Paris: Calmann Lévy.
Hume, David. (1739-1740) 1989. *Ein Traktat über die menschliche Natur: in 2 Bänden*. Übersetzt von Theodor Lipps. Bd. 1. Erstes Buch. *Über den Verstand*. Hamburg: Meiner.
Husserl, Edmund. 1891. *Philosophie der Arithmetik*. Halle an der Saale: Pfeffer.
Husserl, Edmund. 1929. *Formale und transzendentale Logik*. Jahrbuch für Philosophie und phänomenologische Forschung. Bd. 10. Halle an der Saale: M. Niemayer.
James, William. 1890. *The Principles of Psychology*. Bd. 1. New York: Holt.
Jaspers, Karl. 1935. *Vernunft und Existenz: 5 Vorlesungen, gehalten vom 25.-29. März 1935*. Groningen: Wolters.
Kant, Immanuel. (1781/1789) 1998. *Kritik der reinen Vernunft*. Herausgegeben von Jens Timmermann. Hamburg: Meiner.
Karrer, Otto. 1926. *Meister Eckhart: Das System seiner religiösen Lehre und Lebensweisheit*. München: Josef Müller.
Kipling, Rudyard. (1901) 1908. *Kim*. New York: Doubleday, Page & Co.

Lalande, André. (1926) 1993. *Vocabulaire technique et critique de la philosophie*. 2 Bde. Paris: PUF.
Lamartine, Alphonse de. (1825) 1850. „Le dernier chant du pèlerinage d'Harold." In *Œuvres complètes de M. A. de Lamartine*. Bd. 1. 395–459. Paris: C. Gosselin.
Lavelle, Louis. (1934) 1952. *Die Gegenwart und das Ganze: Entwurf einer Philosophie des Seins und der Teilhabe*. Übersetzt von Hans Bürg. Düsseldorf: Schwann.
Lavelle, Louis. 1937. *De l'Acte*. Paris: Aubier.
Lavelle, Louis. 1941. „De l'insertion du moi dans l'être par la distinction de l'opération et de la donnée." *Tijdschrift voor Philosophie*, Nov. 1941: 713–736.
Leconte de Lisle, Charles Marie René. 1889. „Le Vipère". In *Poèmes barbares*. Paris: Lemerre. Digitalisiert von der BNF: http://gallica.bnf.fr/ark:/12148/bpt6k54323169.
Leconte de Lisle, Charles Marie René. (1895) 1937. „Le Secret de la Vie". In *Œuvres de Leconte de Lisle: Poèmes tragiques*. Paris: Lemerre. Digitalisiert von der BNF: http://gallica.bnf.fr/ark:/12148/bpt6k374147q.
Leclère, Auguste und Michel Souriau. 1938. „Introduction au symbolisme mathématique". *Revue philosophique de la France et de l'étranger*. Nr. 5/6 1938: 363–405.
Leibniz, Gottfried Wilhelm. (1704) 1996. *Neue Abhandlungen über den menschlichen Verstand*. Übersetzt von Ernst Cassirer. Philosophische Werke in vier Bänden in der Zusammenstellung von Ernst Cassirer. Bd. 3. Hamburg: Meiner.
Leibniz, Gottfried Wilhelm. (1714) 2002. *Monadologie und andere metaphysische Schriften: Französisch-deutsch*. Übersetzt und herausgegeben von Ulrich Johannes Schneider. Hamburg: Meiner.
Lévy-Bruhl, Lucien. 1903. *La Morale et la science des moeurs*. Paris: Alcan.
Lichtenstein, Leon und André Metz. 1932. „La philosophie des mathématiques selon M. Émile Meyerson." *Revue philosophique de la France et l'étranger*, Janvier à Juin 1932: 169–206.
Lods, Adolphe. 1930. *Israël, des origines au milieu du VIIIe siècle*. Paris: La Renaissance du livre.
Lotze, Hermann. 1909. *Mikrokosmos*. Bd. 3. Leipzig: Hirzel.
McTaggart, John McTaggart Ellis. 1921–1927. *The nature of existence*. Herausgegeben von Charly Dunbar Broad. 2 Bde. S. l.: Cambridge University Press.
Maier, Heinrich. 1926. *Philosophie der Wirklichkeit*. Herausgegeben von Anneliese Maier. Bd. 1. *Wahrheit und Wirklichkeit*. Tübingen: Mohr.
Maine de Biran, François-Pierre-Gonthier. 1937. *Les Rapports des sciences naturelles avec la Psychologie*. Œuvres de Maine de Biran. Bd. 10. Paris: Alcan.
Marcel, Gabriel. (1925) 1961. *Ein Mann Gottes: Schauspiel in vier Akten*. Übersetzt von Hans Berstl. Dramen der Zeit. Bd. 26. Emsdetten: Verlag Lechte.
Marcel, Gabriel. (1927) 1955. *Metaphysisches Tagebuch*. Übersetzt von Hanns Winter. Wien-München: Herold.
Marcel, Gabriel. (1935) 1954. *Sein und Haben*. Übersetzt von Ernst Behler. Paderborn: Ferdinand Schöningh.
Meinong, Alexius. 1907. *Über die Stellung der Gegenstandstheorie im System der Wissenschaften*. Leipzig: Voigtländer.
Meinong, Alexius. 1910. *Über Annahmen*. 2., umgearbeitete Auflage. Leipzig: Barth.
Meinong, Alexius. 1913. *Abhandlungen zur Erkenntnistheorie und Gegenstandstheorie*. Gesammelte Abhandlungen. Bd. 2. Leipzig: Barth.
Mendelssohn, Moses. (1767) 2013. *Phädon oder über die Unsterblichkeit der Seele*. Mit einer Einleitung und Anmerkungen herausgegeben von Anna Pollok. Meiner: Hamburg.
Merian, Johann Bernhard. 1793. „Sur le phénomenisme de D. Hume". *Mémoires de l'Académie royale des sciences et belles-lettres depuis l'avènement de Frédéric-Guillaume II au trône*, 1793: 417–437.
Meyerson, Émile. 1921. *De l'explication dans les sciences*. Paris: Payot. Digitalisiert von der BNF: http://gallica.bnf.fr/ark:/12148/bpt6k64772z.
Milhaud, Gaston. 1894. *Essai sur les conditions et les limites de la certitude logique: thèse proposée à la Faculté des lettres de Paris*. Paris: Alcan. Digitalisiert von der BNF: http://gallica.bnf.fr/ark:/12148/bpt6k5506521z.

Milton, John. 1825. *A Treatise on Christian Doctrine: Compiled from the Holy Scriptures Alone.* Übersetzt von Charles R. Sumner. Cambridge University Press.

Nietzsche, Friedrich. 1887. *Die fröhliche Wissenschaft: Neue Ausgabe mit einem Anhange: Die Lieder des Prinzen Vogelfrei.* Leipzig: E. W. Fritzsch.

Nicod, Jean. 1929. *La Géométrie dans le monde sensible.* Vorwort von Bertrand Russel. Paris: Alcan.

Olgiati, Francesco. 1934. *Cartesio.* Mailand: Vita e Pensiero.

Pascal, Blaise. (1670) 1937. *Gedanken.* Übersetzt von Wolfgang Rüttenauer. Leipzig: Dieterich.

Pascal, Blaise. (1670) 2012. *Gedanken.* Übersetzt von Ulrich Kurzmann. Herausgegeben von Eduard Zwierlein. Frankfurt am Main: Suhrkamp.

Rabaud, Étienne. 1937. „Adaptation et statistique". *Revue philosophique de la France et de l'étranger,* Nr. 9/10 1937: 28–42.

Reininger, Robert. 1931. *Metaphysik der Wirklichkeit.* Wien: Braumüller.

Renan, Ernest. 1888. „Caliban, Suite de *La Tempête*." In *Drames philosophiques,* 1–103. Paris: Calmann-Lévy.

Ritter, Heinrich. 1852. *Geschichte der Philosophie.* Bd. 11. Hamburg: Friedrich Perthes.

Russel, Bertrand. 1904a. „Meinong's Theory of Complexes and Assumptions (I)." *Mind,* Nr. 50 1904: 204–219.

Russel, Bertrand. 1904b. „Meinong's Theory of Complexes and Assumptions (II)." *Mind,* Nr. 51 1904: 336–354.

Russel, Bertrand. (1919) 1923. *Einführung in die mathematische Philosophie.* Übersetzt von Emil Julius Gumbel und Walter Gordon. München: Drei Masken Verlag.

Ryle, Gilbert, Richard Bevan Braithwaite und George Edward Moore. 1933. „Symposium: Imaginary Objects." *Proceedings of the Aristotelian Society: Supplementary Volumes,* Nr. 12 1933: 18–70.

Sageret, Jules. 1936. „La physique nouvelle implique-t-elle une crise philosophique ?" *Revue philosophique de la France et de l'étranger,* Nr. 3/4 1936: 170–196.

Sartre, Jean-Paul. (1940) 1971. *Das Imaginäre: phänomenologische Psychologie der Einbildungskraft.* Übersetzt von Hans Schöneberg. Reinbek bei Hamburg: Rowohlt.

Saulnier, Claude. 1940. *Le Dilettantisme: essai de psychologie, de morale et d'esthétique.* Paris: Vrin.

Saurat, Denis. 1920. *La pensée de Milton.* Paris: Alcan.

Schrecker, Paul. 1938. „Le parallélisme théologico-mathématique chez Malebranche." *Revue philosophique de la France et de l'étranger,* Nr. 3/4 1938: 215–252.

Shakespeare, William. (1623) 1962. *Der Sturm: Englisch und Deutsch.* Übersetzt von August Wilhelm Schlegel und Ludwig Tieck. Reinbek bei Hamburg: Rowohlt.

Sorel, Georges. (1908) 1928. *Über die Gewalt.* Übersetzt von Ludwig Oppenheimer. Innsbruck: Universitäts-Verlag Wagner.

Souriau, Étienne. 1925. *Pensée vivante et perfection formelle: thèse présentée à la Faculté des lettres de l'Université de Paris.* Paris: Hachette.

Souriau, Étienne. 1938. *Avoir une âme: essai sur les existences virtuelles.* Paris: Les Belles Lettres.

Souriau, Étienne. 1939. *L'Instauration philosophique.* Paris: Alcan.

Souriau, Paul. 1901. *L'Imagination de l'artiste.* Paris: Hachette.

Strada, Jules de. 1865. *Essai d'un „ultimum organum", ou Constitution scientifique de la méthode.* 2 Bde. Paris: Hachette.

Spinoza, Baruch de. (1663) 2006. *Descartes' Prinzipien der Philosophie in geometrischer Weise dargestellt mit einem Anhang, enthaltend Gedanken zur Metaphysik.* Übersetzt und herausgegeben von Wolfgang Bartuschat. Werke in drei Bänden. Bd. 3. Hamburg: Meiner.

Spinoza, Baruch de. (1677) 2010. *Ethik in geometrischer Ordnung dargestellt: Lateinisch-Deutsch.* Übersetzt und herausgegeben von Wolfgang Bartuschat. Sämtliche Werke. Bd. 2. Hamburg: Meiner.

Valton, Edmond-Eugène. 1905. *Les monstres dans l'art: êtres humains et animaux, bas-reliefs, rinceaux, fleurons.* Paris: Flammarion. Digitalisiert von der BNF: http://gallica.bnf.fr/ark:/12148/bpt6k2054636

Vendryès, Joseph. 1921. *Le langage: introduction linguistique à l'histoire*. Paris: La Renaissance du livre.
Vigny, Alfred de. 1824. *Éloa; ou, La soeur des anges: Mystère*. Paris : A. Boulland. Digitalisiert von der BNF: http://gallica.bnf.fr/ark:/12148/bpt6k10456442.
Vigny, Alfred de. 1864. „La colère de Samson". In *Les destinées: poèmes philosophiques*. 79–91. Paris: Michel Lévy frères. Digitalisiert von der BNF: http://gallica.bnf.fr/ark:/12148/bpt6k70632p.
Wells, Herbert George. 1902. *The Discovery of the future*. S. l.: Unwin.
Whitehead, Alfred North und Bertrand Russell. 1925. *Principia Mathematica*. 2. Aufl. Bd. 1. Cambridge: University Press.
Witasek, Stephan. 1904. *Grundzüge der allgemeinen Ästhetik*. Leipzig: Barth.

Anmerkungen des Übersetzers

Thomas Wäckerle

Étienne Souriau – ein vergessener Philosoph. Mit dieser Feststellung beginnen Isabelle Stengers und Bruno Latour ihren Kommentar zur Neuauflage des 1943 erstmals erschienenen Buches *Les différents modes d'existence*. Was in Frankreich 2009 eine Wiederentdeckung bedeutete, dürfte für viele Leserinnen und Leser im deutschen Sprachraum 2015 wohl eine Neuentdeckung sein: Étienne Souriau – ein unbekannter Philosoph? So eindeutig lässt sich das gewiss nicht formulieren. Unter anderem in der Filmwissenschaft wird Souriau schon länger rezipiert (vgl. z. B. Kessler 1997), vor allem mit seinem Konzept der Diegese leistete er dort einen wichtigen Beitrag zur Terminologie.

Aber auch abseits der – wenn man so will – manifesten Rezeption ist dieses Buch für Leserinnen und Leser im deutschen Sprachraum keine Tabula rasa. Schlägt man es heute auf, eröffnen sich Bezüge zum Denken anderer Autoren, die damals noch nicht angelegt waren. Ich möchte nur kurz auf einige von ihnen eingehen, die nicht allgemein durch Denkfiguren, sondern konkret durch Begriffe angezeigt werden und bei denen mir die Gefahr am größten erschien, dass sie in der Übersetzung verloren gehen könnten, blieben sie hier unerwähnt.

Stengers und Latour verweisen auf eine Verbindung zwischen Étienne Souriau einerseits und Gilles Deleuze und Félix Guattari andererseits, namentlich über die Begriffe des *zu vollbringenden Werks* (*l'oeuvre à faire*) und der *Errichtung* (*l'instauration*). Sie stellen den ersten Begriff jenem des „geplanten Kunstwerks" (*l'oeuvre d'art à faire*) in Deleuze' *Differenz und Wiederholung* an die Seite (Deleuze [1968] 1997, 249). Für Souriau ist das „zu vollbringende Werk" jedoch nicht das Ergebnis einer Planung. Es wird nicht hervorgebracht – um mit Stengers und Latour zu sprechen –, indem man eine gestrichelte Linie mit einem durchgehenden Strich nachzieht. Ich habe mich im vorliegenden Text daher nicht an die Übersetzung aus *Differenz und Wiederholung* angelehnt.

Für den Begriff der *Errichtung* besteht eine von Gilles Deleuze und Félix Guattari markierte Referenz. In *Was ist Philosophie?* verweisen sie auf Étienne Souriaus 1939 veröffentlichtes Buch *L'instauration philosophique* (Deleuze und Guattari [1991] 1996, 49). Auf Deutsch liest man dort für das französische „instauration" die Begriffe „Begründung", „Errichtung" und „Gründung". Im vorliegenden Band wird durchgängig mit „Errichtung" übersetzt. Zieht man die Verbindungslinie zur Souriau-Rezeption von Bruno Latour selbst weiter, trifft man auch im Deutschen auf „Instauration", und zwar in der Übersetzung von Latours Buch *Existenzweisen* (vgl. Latour [2012] 2014, 660). „Instauration" zeigt dort eine Abgrenzung zu „Konstruktion" und „Konstruktivismus" an (vgl. Latour [2012] 2014, 236).

Das französische „trajet" erfordert im Hinblick auf die Verbindung zwischen Souriau und Latour eine weitere Begriffsklärung. In *Existenzweisen* wird „trajet" meist mit „Weg" und im speziellen Zusammenhang mit Souriaus Begriff der Errichtung (bzw. Instauration) mit „Trajekt" wiedergegeben (Latour [2012] 2014, 341), wohl auch um die Verbindung mit dem für Latour wichtigen Begriff „Trajektorie" zu unterstreichen. In diesem Buch ist der Begriff „trajet" vorwiegend im Kommentar von Stengers und Latour zu finden. Souriau selbst verwendet ihn im Haupttext *Die verschiedenen Modi der Existenz* nicht. In dem als Supplement abgedruckten Vortrag „Über den Modus der Existenz des zu vollbringenden Werks" spielt er jedoch eine wichtige Rolle, er wird als Antagonist zum Begriff „projet" vorgebracht. Souriau verbindet dort „trajet" mit dem Ungewissen, Abenteuerlichen, mit dem, was auch misslingen kann. Ich habe daher überwiegend mit „Überfahrt", an wenigen Stellen mit „Wegstrecke" oder „Verlauf" übersetzt. Wenn der Begriff „projet" in Abgrenzung verwendet wird, liest man „Unternehmung", andernfalls „Projekt".

Einerseits eröffnen sich neue Bezüge, andererseits verschwimmen solche, die im damaligen Diskurs so aktuell waren, dass sie keiner gesonderten Erläuterung bedurften. Souriau zitiert oft, ohne die Quellen genau anzugeben. Wo es mir möglich war, habe ich diese als Anmerkung des Übersetzers angeführt.

Die Form zweier Quellennachweise sei hier noch abschließend erwähnt. Man findet einige Verweise auf das *Vocabulaire technique et critique de la philosophie* (vgl. Lalande [1926] 1993 in der Bibliographie zu den Texten Souriaus). Von Souriau wird es als *Vocabulaire historique et critique* ausgewiesen, häufig nur mit abgekürztem Titel (z.B.: *Voc. hist. et crit.*). Die Verweise Souriaus bleiben hier unverändert.

Bei den Nachweisen zu Zitaten aus Blaise Pascals *Pensées* wird hier in einigen Fällen neben der betreffenden Stelle in der verwendeten deutschen Übersetzung in Klammern auch die jeweilige Fragment-Nummer nach der Ordnung der von Léon Brunschvicg herausgegeben Ausgabe angeführt (z.B.: Brun. 72).

Literatur

Deleuze, Gilles und Félix Guattari. (1991) 1996. *Was ist Philosophie?* Übersetzt von Bernd Schwibs und Joseph Vogl. Frankfurt am Main: Suhrkamp.
Lalande, André. (1926) 1993. *Vocabulaire technique et critique de la philosophie*. 2 Bde. Paris: PUF.
Latour, Bruno. (2012) 2014. *Existenzweisen: Eine Anthropologie der Modernen*. Übersetzt von Gustav Roßler. Berlin: Suhrkamp.
Kessler, Frank. 1997. „Étienne Souriau und das Vokabular der filmologischen Schule". *montage/av: Zeitschrift für Theorie und Geschichte audiovisueller Kommunikation*, 6/2 1997: 132–139.